遅刻してくれて、ありがとう ㊤

常識が通じない時代の生き方

トーマス・フリードマン

伏見威蕃

日経ビジネス人文庫

日本語版文庫への序文

『遅刻してくれて、ありがとう』の文庫版にようこそ。本書の英語版を書き終えたのは3年ほど前だが、それ以後に起きたさまざまな出来事は、私たちが加速の時代に生きているという主題が正しかったことを裏付けた——テクノロジーの急激な変化、グローバリゼーション、気候変動はいずれも地球を作り変えた。私たちの学び方、働き方、教育方法を一変させ、戦争、平和、ビジネス、貿易、コラボレーションといったグローバル規模の交流方法も変えた。日本語版文庫へのこの新しい序文では、テクノロジー、グローバリゼーション、環境圧迫における加速がすべて集中したために、予想外のことが起きた——世界がフラット化しただけではなく、壊れやすくなった——ことを論じていきたい（この序文は2020年5月31日付《ニューヨーク・タイムズ》に掲載された評論を改稿したものである）。

なによりも恐ろしいのは、私たちが自分たちの手で世界をそんなふうにしてしまったことだ。まわりに目を向けてみよう。これまでの20年間、私たちは経済、地政学、金融などの大きなシステムが圧迫されたときにレジリエンスを提供してくれる人工と自然のクッション、冗長性、規制と規範を、絶え間なく取り除いてきた。短期の効率や成長に拘泥するか、なにも考えずに、そういったクッションを無謀にも捨て去った。

それと同時に、私たちは極端な行動に走った——政治や金融の常識的な境界線ばかりではなく地球の限界値《プラネタリー・バウンダリー》を押しひろげ、突き破った。さらにその間ずっと、世界をテクノロジーによって接続し、相互接続し、さらに相互依存するようにした。グローバル市場、通信システム、インターネット、海外旅行への障害となる〝摩擦《フリクション》〟を取り除き、潤滑油を加えることでそれを実現した。そうしてグローバリゼーションを従来よりもずっと速く、深く、安価に、緊密にした。

この3つの動向が重なると、世界は衝撃や極端な行動を引き起こしやすくなる——だが、衝撃を和らげるクッションは減っている——しかも、ネットワーク化された企業や個人が、それをグローバルに伝播する。

いうまでもないが、新型コロナウイルス・パンデミックという危機の拡大によって、最近の世界でこのことが如実に示された。しかし、安定を損ねる危機が頻繁に起きるという現在の傾向は、9・11テロ、2008年の世界金融危機、新型コロナウイルス、気候変動などにより20年以上かけて積みあげられたものなのだ。

パンデミックはいまや生物学だけの問題ではない——地政学、金融、大気の問題でもある。それに、私たちが行動を改め、母なる地球に対する扱いを改めない限り、その影響が増大し、私たちを苦しめることになる。

パターンに注目してほしい。私が述べた危機の前には、〝軽い〟心臓発作とでもいうようなものが起きている。私たちが極端な行動に走って、壊滅的な失敗から私たちを護っていたクッションを剝ぎとったことを警告するものだ。だがいずれの場合も、私たちはその警告を真剣に受けとめず——いずれの場合も、全地球的な心臓疾患になってしまった。

「私たちがグローバル化されたネットワークを創ったのは、効率と生産性を向上させ、もっと便利に暮らせるようにするためだった」『*Indispensable: When Leaders Really Matters*（かけがえのない存在：リーダーがほんとうに重要になるとき）』の著者ゴータム・ムクンダは説明する。「しかし、短期の効率やたんなる金銭欲のために、バッファーやバックアップ能力、サージ防護機器を絶え間なく取り除くと、システム耐性が弱まるだけではなく、被害をいたるところにひろげてしまう」

9・11から話をはじめよう。アルカイダとその指導者ウサマ・ビンラディンは、1979年以降の中東に出現した政治的病原体だと見なすことができる。「1979年にイスラムはブレーキを失った」——過激主義に対する抵抗力が大きく損なわれた——と、アラブ政治の専門家マムーン・ファンディーはいう。

その年、イスラム過激派にメッカのアル＝ハラム・モスク（大モスク）を占拠され、イラン革命によってホメイニ師が権力を握ったことで、サウジアラビアのイスラムの盟主という立場がぐらついた。これらの出来事によって、シーア派のイランとスンニ派のサウジアラビアのあいだに、どちらがイスラム世界の真のリーダーであるかをめぐる争いが起きた。おりしも石油価格が高騰したために、両国の原理主義者政権はそれぞれ、自分たちがイスラムの正統な後継者だという思想を、世界中のモスクやイスラム学校でひろめる資源を手に入れた。

それによって両国は、芽吹きはじめていた宗教・政治の多元主義の流れを弱め——厳格な原理主義とそれに追随する暴力的な過激派集団の力を強めた。

思い出してもらいたい。中世のイスラム世界が文化、科学、経済において膨大な影響力があったのは、イベリア半島を支配していたイスラム勢力が豊かで多様性のある混合文化《ポリカルチャー》を誇っていたからだ。

自然でも政治でも、多様性に富む生態系は、つねに単一文化《モノカルチャー》よりもレジリエンスが強い。農業でも単一《モノカルチャー》栽培はきわめて病気にかかりやすい——1種類のウイルスか細菌で作物が全滅するおそれがある。政治の単一文化《モノカルチャー》はきわめて病的な思想にかぶれやすい。

イランとサウジアラビアのせいで、アラブ－イスラム世界は1979年以降、一段とモノカルチャーになっている。今後も暴力的なイスラム主義者の聖戦主義が、イスラム復興の原動力でありつづけ――外国、ことにアメリカの影響力を中東から拭い去ることを不可欠な第一段階だと見なして――広範に普及するだろう。

この思想の病原体は、モスクやカセットテープやその後のインターネットによって感染拡大し、パキスタン、北アフリカ、ヨーロッパ、インド、インドネシアにひろがっている。

この思想がアメリカをも揺るがすおそれがあることを示す警鐘が、1993年2月26日の午後零時18分に鳴り響いた。レンタカーのバンに満載した爆薬が、マンハッタンのワールド・トレード・センタービルの地下駐車場で爆発した。目論見どおりにビルが倒壊することはなかったが、主要部分に大きな損害が生じ、6人が死亡、1000人以上が負傷した。

テロ攻撃の首謀者のパキスタン人、ラムジ・ユセフはその後、FBIの取り調べの際に、ただ1つ無念だったのは、110階建てのツインタワー北棟が崩壊して、となりの南棟に激突し、数千人が死ぬという事態にならなかったことだと語った。

次に起きたことは、だれもが知っている。2001年9月11日、ツインタワー両棟が直撃を受け、世界的な経済・地政学的危機が起きた。その結果、アメリカ政府は暴力的なイスラム過激主義をはねつける免疫をつけようとして、政府運営の大規模監視システム、他国への法的手続きなしの身柄移送、空港の金属探知機、そして中東への侵攻に数兆ドルを費やした。

アメリカと同盟国は、政治、ジェンダー、宗教、教育の多元主義がさかんになることを願って、イラクとアフガニスタンで独裁者を倒した――それが狂信や独裁主義を抑える抗体になるだろうと考えていた。不幸なことに、私たちはそれらの遠い土地でどういうやり方をすればよいのかわからずに、やり損ねた。その地域にもとからある多元主義の抗体も強力ではないとわかった。

いずれにせよ――生物学でも地政学でも――アルカイダというウイルスは、イラクとアフガニスタンの宿主から新しい要素を取り入れて、突然変異した。その結果、暴力的なイスラム過激主義は、ゲノムの微妙な変化によってＩＳ（イスラム国）と呼ばれる組織に形を変え、毒性をいっそう強めた。

このＩＳの登場と、タリバンの組織内の同様の突然変異によって、アメリカはその地域での駐留をつづけざるをえなくなり、アウトブレイクはどうにか抑えているが、それ以上の成果はあげていない。

２００８年の世界金融危機も、おなじような展開だった。それより10年以上前に、ＬＴＣＭという略称のウイルス――ロングターム・キャピタル・マネジメント――によって警告は発せられていた。

ＬＴＣＭは１９９４年に投資銀行家ジョン・メリウェザーが、数学者、熟練の起業家、ノーベル賞受賞者2人のチームを結成して立ちあげたヘッジファンドだった。金融工学を駆使して債券価格を予想し、裁定取引で巨額の利益を出すためにきわめて巨大なレバレッジをかけて資産12億５０００万ドルを運用していた。

なにもかもがうまくいっていた――破綻するまでは。

《ビジネス・インサイダー》が２０１４年にＬＴＣＭの回顧記事を掲載している。「１９９８年8月、ロシアが債務不履行に陥った。３日後、世界中のマーケットが下落した。投資家たちが手あたり次第に市場から撤退し、資金を引き揚げはじめた。スワップ・スプレッド（スワップ金利と国債利回りの差）は信じられないレベルになっていた。なにもかもが大暴落した。ＬＴＣＭは１日で運用資産の15％に相当する５億５３００万ドルを失った。１カ月の損失は20億ドルにのぼった」

ヘッジファンドが損失を出し、破綻して消滅するのは、めずらしいことではない。しかし、ＬＴＣＭはきわめて例外的な存在だった。

ＬＴＣＭは世界的金融機関の多くから資金を調達し、それを巨大なレバレッジをかけて運用していた――取引に透明性がなかったので、どの取引先にもＬＴＣＭのエクスポージャーの全容がわからなかった――ＬＴＣＭが破綻した場合、ウォール街と海外の投資ファンドや銀行が巨額損失をこうむることは間違いなかった。

損害額は１兆ドル以上になる可能性があった。ウォール街の強気筋に集団免疫をつけるために、ＦＲＢ（連邦準備理事会）が主導して救済策を練り、民間金融機関14社がＬＴＣＭに36億５０００万ドルを拠出した。

危機は抑え込まれた。その教訓は明白だった。いろいろな意味で極端かつ巨額な賭けを、こんな巨大なレバレッジをかけて行なうのを許してはならない。しかも1社がさまざまな金融機関から投融資を受けていたのに、透明性がまったくなかった。

10年後、教訓は忘れ去られ、２００８年に全面的な金融危機が起きた。

そのときは、私たち全員が危険な賭けの当事者だった。４つの金融商品（その後、金融病原体になる）が相互に作用して、２００８年の世界金融危機を引き起こした。原因となった金融商品は、サブプライムローン、変動金利型住宅ローン担保証券（ＡＲＭ）、商業不動産担保証券（ＣＭＢＳ）、債務担保証券（ＣＤＯ）だった。

銀行と、銀行よりも規制が緩い金融機関が、サブプライムローンと変動金利型住宅ローンを使って、きわめて無謀な融資を行なった。そして、そういった金融機関とその他の会社が、それらのローンを束ねて債務担保証券に変えた。その間、格付機関はそれらの債券をじっさいよりもリスクが小さいと分類した。

システム全体が、住宅価格が上昇しつづけることに依存していた。住宅バブルがはじけると、住宅所有者の多くがローンを返済できなくなった――金融感染症が世界中の銀行や保険会社の大部分にひろがり、いうまでもなく何百万もの家族経営の店も病魔に襲われた。

私たちは金融の常識の限界を越えてしまった。世界の金融システムはきわめて強力に相互接続され、これまでになく巨大なレバレッジが使われているため、商業銀行が破綻し、株が暴落して、経済パンデミックが起きるのを防ぐには、中央銀行が巨額資金を投入して救済するしかなかった。

２０１０年、私たちは危機再燃に対して金融システムに免疫力をつけようとして、ドッド・フランク法（ウォール街改革および消費者保護法）をアメリカで成立させ、自己資本比率と流動性比率のあらたな国際的規制であるバーゼルⅢが世界中の金融システムに採用された。しかし、その後、ことにトランプ政権下で、金融サービス業界がロビー活動を行なって、こうしたクッションを弱めるのにしばしば成功しているので、あらたな金融感染症が発生するおそれがある。

その新しい感染症は、いっそう危険なものになるかもしれない。なぜなら、アルゴリズム取引が、いまや世界の取引量の半分以上を占めているからだ。アルゴリズムがミリ秒（１０００分の１秒）やマイクロ秒（１００万分の１秒）単位でデータを処理し、株式、債券、商品を売り買いする。

嘆かわしいことに、金銭欲に対する集団免疫はない。

新型コロナウイルス・パンデミックについて詳しく述べる必要はないと思うが、それにも警告があった。その警告は、2002年末、中国南部の広東で発せられた。SARSと短縮して呼ばれている一種のコロナウイルス――SARS-CoV――による呼吸器疾患だった。

アメリカ疾病対策センター(CDC)のウェブサイトは指摘している。「その後の数カ月間にSARSは北米、南米、ヨーロッパ、アジアの24カ国以上に伝播し」、そして封じ込められた。世界中で8000人以上が発病し、774人が死んだ。アメリカでは8人の感染確定例が報告されたが、死者は出なかった。

SARSを引き起こしたコロナウイルスは、コウモリとパームシベットが媒介した。それが突然、人間にうつったのは、人口密度の高い都市部が野生動物の生息地にどんどんひろがって、自然のクッションを破壊し、単一栽培の穀物やコンクリートがそれに取って代わったからだ。

自然が豊かな生息地を破壊すると同時にそこに生息していた野生動物を狩るようなやり方で開発を加速すると、「頂点捕食者やその他の象徴的な種が減ることで、種の自然なバランスが崩壊し、人間が支配する生息地でも生きられ、さまざまな環境に順応できる種が栄えるようになる」。コンサベーション・インターナショナルのチーフ・サイエンティストのヨハン・ロックストロームは私に説明した

それに当てはまるネズミ、コウモリ、パームシベット、数種類の霊長類は、人間に伝染

する可能性のある多数の既知のウイルスを持っている。これらの動物が狩られ、罠で捕らえられて、市場に出されると——ことに食料、昔ながらの薬、料理、ペットとして中国、中部アフリカ、ベトナムで売られると——それらのウイルスとともに進化してこなかった人類を危険にさらす。

SARSは2003年2月に中国本土から香港に飛び火した。劉剣倫《リウ・チェンルン》教授が、SARSに感染しているのに気づかないまま、香港のメトロポール・ホテルの911号室に泊まったのがきっかけだった。

そう。911号室。私のでっちあげではない。

《ワシントン・ポスト》は報じている。「劉はチェックアウトするまでのあいだに、致死性のウイルスをすくなくとも8人の客にじかに感染させた。その8人がそれと知らずにシンガポール、トロント、香港、ハノイに移動し、そこでまたウイルスの感染が拡大した。重度の急性呼吸器症候群の患者は、これまでのところ世界各地で合計7700人以上にのぼり、世界保健機関（WHO）の推定では4000人以上が劉のメトロポール・ホテル宿泊が感染源であることが突き止められている」

だが、特記すべきなのは、SARSが全面的なパンデミックにならず、2003年7月に——迅速な隔離と、多数の国の公衆衛生機関の緊密な世界的協力によって——封じ込められたことだ。各国政府が協力すれば、しっかりしたクッションの役目を果たすことが実証された。

残念ながら、それは当時だけのことだった。新型コロナウイルスは、SARS－CoV－2というふさわしい名称を付けられた――第2弾だということを強調するためだった。COVID－19という疾病を引き起こすこのコロナウイルスがどこから出現したのか、まだ確実にはわかっていないが、中国の武漢で野生動物、おそらくコウモリから人間にうつされたのだという疑いがもたれている。自然にもとからある生物多様性とクッションを剝ぎとりつづけている限り、おなじようなウイルス感染はますます多発するだろう。

「膨大にひろがりつづける都市部周辺で生態系が単純になり、多様性が減ると、私たちはますますこれらのあらたに出現する疫病のターゲットとなる健全な生態系でクッションになってくれる多様な種が失われるからだ」グローバル・ワイルドライフ・コンサベーション代表で霊長類に関する世界的権威のラス・ミッターマイヤーは説明する。

しかしながら、武漢でコロナウイルスが人間の体内にはいってから5カ月ほどのあいだに、アメリカ人10万人が死に、4000万人以上が失業したことは明白な事実なのだ。

コロナウイルスがヨーロッパとアジアからアメリカに到達したとき、ほとんどのアメリカ人は、この病原体がいとも簡単に上陸することを認識していなかった。ABCニュースの調査によれば、12月以降、パンデミックがはじまった3月まで、中国発アメリカの大都市着のフライトは、3200便にのぼった。そのうち50便は、武漢からの直行便だった。

武漢から！　パンデミック前にアメリカ人は武漢という地名すら知らなかったのではないか？

　飛行機、列車、船の世界的ネットワークが大幅に拡大するいっぽうで、国際的な協力と統治の枠組みというクッションがほとんどないという状況だったので、80億人もの人口を抱えている地球で（1918年のインフルエンザ流行のときは18億人だった）、今回のコロナウイルスは瞬く間に世界中にひろがった。


　こういったことはすべて、私たちの目前にそびえている――それも最悪のものになるおそれがある――地球全体の大惨事、つまり気候変動を知らせるために明滅している巨大な警告灯なのだ。それを認めないのは、現実から目をそらすに等しい。

　これから起きることを、私は気候変動とは呼びたくない。むしろ〝地球異様化〟と呼びたい。なぜなら、気候がますます異様になるということが、じっさいに起きているからだ。異常気象の頻度と激しさ、被害がすべて増大している。大雨は豪雨になり、暑さは猛暑になり、乾季は旱魃《かんばつ》になり、降雪は豪雪になり、ハリケーンはますます大型になっている。

　天候はきわめて複雑な現象で、気候変動の1つの出来事に左右されるわけではないが、異常気象による事件がますます頻繁に起こり、ヒューストンやニューオーリンズのような稠密《ちゅうみつ》な都市での被害額が増大していることに議論の余地はない。

自然があたえてくれる生態のクッションをすべて保護するよう努力するのが、私たちにとってもっとも賢明な方策だろう。そうすれば、気候変動の避けられない影響をどうにかさばき、手に負えない結果を回避することに専念できる。

そもそも気候変動はCOVID−19のような生物的パンデミックとは異なり、〝ピーク〟を境に衰えることはない。アマゾンの森林が伐採され、グリーンランドの氷床が溶けてしまったら、もとに戻すことはできない――それらが引き起こす異常気象とともに生きていくしかない。

1つの小さな例を、《ワシントン・ポスト》が指摘している。ミシガン州ミッドランド郡のエデンビル・ダムが、2020年5月に春の異常な豪雨のために決壊し、1万1000人が避難した。「一部の住民にとっては意外な出来事だったが、水文《すいもん》学者や土木技師には大きな驚きはなかった。気候変動と開発による水の流出量の増加によって、点検整備がじゅうぶんではなかったダムに、従来よりもずっと強い水圧がかかった。ミッドランドの発電用ダムは、いずれも20世紀初頭に建設されたものだった」

だが、COVID−19のパンデミックとは異なり、気候変動の場合は、それとともに生きながら制御するのに必要な抗体すべてを、私たちは持っている。要するに、レジリエンスをあたえてくれるクッションを維持し、強化すればいいだけだ。それには、CO_2排出を減少させ、CO_2を吸収して水を濾してくれる森を保護し、森の健康を守る生態系と種の多様性を維持し、嵐の急増を防ぐマングローブを保護しなければならない。さらに、各国政府の対応を連携させ、目標と限界を設定し、実績を監視する必要がある。

過去20年をふりかえると、先に述べた4つの世界的災難には、いずれも“黒いゾウ《ブラック・エレファント》”という特徴があることがわかる。環境保護主義者のアダム・スウェイダンの造語で、“黒《ブラ》い白鳥《ック・スワン》”——重大な波及効果をもたらす、希有で、確率が低く、予想外の出来事——と“部屋のなかのゾウ”——みんなに見えているが、だれも取り組みたくない問題——をかけ合わせた言葉だ。

もうすこしわかりやすく説明しよう。私がこれまで読者諸氏を案内してきたこの旅は、決まり切っていて避けられないもののように思えるかもしれないが、じつはそうではない。肝心なのは、これまでとは違う選択肢、違う価値観を持つことだ。人類とその指導者たちは、グローバル化したこの時代に、時と場合に応じて、それを集中的に駆使しなければならない。

厳密にいえば、グローバリゼーションは避けられないが、それをどう形作るかは私たちしだいなのだ。

ベンチャー・キャピタリストで政治経済学者のニック・ハノーアーは、ある日、私にこういった。「病原体は避けられないが、それがパンデミックになるのは避けられる」

私たちは効率という名目でクッションを取り除くことにした。資本主義を暴走させ、政府の能力がもっとも必要とされるときに、それを縮小させた。パンデミックに際して、協力しないことを決めた。アマゾンの森林を伐採することを決めた。自然のままだった生態系を侵し、野生動物を狩ることにした。フェイスブックは、トランプ大統領の煽動的な書き込みを制限しないことにした、ツイッターは制限した。イスラム教の聖職者の多くは、未来に過去を葬らせるのではなく、過去に未来を葬らせるという決定を下した。

以下が本書の至高の教訓だ。世界がより深く絡み合うにつれて、すべての人間の言動──相互依存している世界に私たちそれぞれが持ち込む価値観──が、これまでになく重要になっている。したがって、〝黄金律〟もこれまで以上に需要になっている。

自分が他人にやってもらいたいことを、他人に対してやろう。なぜなら、ますます多くの人々があなたに対して物事をやるようになり、その場所、方法、日にちはどんどん増えているし、あなたもこれまでになく、彼らに対しておなじことをやれるようになっているからだ。

トーマス・L・フリードマン

献辞

本書は私の7冊目の著書で、もしかすると最後になるかもしれない。1989年に『ベイルートからエルサレムへ——NYタイムズ記者の中東報告』を上梓してからずっと、この旅の道連れになってくれた師であり友人でもある異色の集団がいたのは、きわめて幸運だった。最初の著書から付き合ってくれた友人も多く、ほとんどがその後のすべての著書にも関わってくれた。着想を徹底して考えるのを手伝ってくれ、たいへんな雅量を示して、数多くの著作やコラムに長い歳月や時間を割いてくれた。したがって、本書を以下の人々に捧げる。ナフム・バルネア、スティーブン・P・コーエン、ラリー・ダイアモンド、ジョン・ドーア、ヤロン・エズラヒ、ジョナサン・ガラシ、ケン・グリーア、ハル・ハーベイ、アンディ・カーズナー、エイモリー・ロビンス、グレン・プリケット、マイケル・マンデルバウム、クレイグ・マンディ、マイケル・サンデル、ジョーゼフ・サスーン、ダヴ・サイドマン。彼らの知的火力は畏怖に値し、彼らの雅量は格別に大きく、彼らの友情は大いなる恵みだった。

遅刻してくれて、ありがとう㊤　目次

日本語版文庫への序文　3

献辞　19

第1部　熟考　23

第1章　遅刻してくれて、ありがとう　24

第2部　加速　49

第2章　2007年にいったいなにが起きたのか？　50

第3章　ムーアの法則　80
第4章　スーパーノバ　173
第5章　市場　232
第6章　母なる自然　310
第3部　イノベーティング　355
第7章　とにかく速すぎる　356
第8章　ＡＩをＩＡに変える　384

下巻　目次

第3部　イノベーティング（承前）
第9章　制御《コントロール》対混沌《ケイオス》
第10章　政治のメンターとしての母なる自然
第11章　サイバースペースに神はいるか？
第12章　いつの日もミネソタを探して
第13章　故郷にふたたび帰れる（それに帰るべきだ）
第4部　根をおろす
第14章　ミネソタから世界へ、そして帰ってくる
〈その後〉　それでも楽観主義者でいられる
謝　辞
訳者あとがき

第1部

熟考

第1章

遅刻してくれて、ありがとう

人はさまざまな理由からジャーナリズムの世界にはいる。理想主義的な理由からはいる人も多い。調査報道ジャーナリスト、番記者、ニュース速報レポーター、解説報道ジャーナリストなど、多くの分野に分かれるが、私はずっと解説報道ジャーナリストになりたいと思っていた。私がジャーナリズムに身を置いたのは、難しい英語をわかりやすい英語に〝訳す〟のが好きだからだ。

問題が中東であっても、環境、グローバリゼーション、アメリカ政治であっても、複雑な問題に取り組んで、自分でも納得できるように解きほぐし、読者が理解を深める手助けをするのが、私のよろこびなのだ。私たちの民主主義がうまく機能するには、有権者が社会の仕組みを知ることが必要だ。それによって、聡明な政策を選択でき、有権者を惑わせたり、最悪の場合には誤った方向へ導いたりする、デマゴーグ、狂信的な思想家、陰謀理論マニアの餌食になるのを避けられる。2016年のアメリカ大統領選挙の経緯を見守っていたとき、マリ・キュリーの言葉がかつてないほど状況にふさわしく、的を射ていると感じられた。「人生で恐れるべきことはなにもありません。理解する必要があるだけです。いまは恐れを和らげるために、もっと理解を深めるべき時機です」

現在、多くの人々が恐怖をおぼえ、拠り所を失っていると感じているのは、意外ではない。私は本書で、いまの私たちが歴史的にも大きな転換点となる時期をくぐり抜けていることについて述べたい。かつて、ドイツの金属加工職人で印刷業者のヨハネス・グーテンベルクは、ヨーロッパで革命的な印刷技術を発明し、それが宗教改革への道を拓いたが、それ以降、現在の状況に匹敵するほどの事態はなかったといえるだろう。地球上の3つの大きな力――テクノロジー、グローバリゼーション、気候変動――が、いまはすべて同時に加速している。その結果、私たちの社会、職場、地政学的要素が変容しつつあり、認識をあらたにする必要が生じている。

多くの分野で変化の速度が一気に変わると、私たちはそれらに圧倒されてしまう。そういう状況を、いま味わっている。IBMのコグニティブ・ソリューションおよびIBMリサーチ担当上級副社長のジョン・E・ケリー3世は以前、私にこう語ったことがある。「私たち人類は直線的に変化する世界に生きています。距離、時間、速度が直線的に変化する世界です」しかし、現在のテクノロジーの発展は、「幾何級数的な曲線を描いています。私たちがこれまで実感した幾何級数的な経験は、たとえば自動車が急加速したり急ブレーキをかけたりするときの加速や減速くらいです。そういうとき、人間は一瞬、大きな不安をおぼえたり居心地悪く感じたりします」。そういう経験で、気分が高揚することもある。「すごい、５秒でゼロから時速１００キロに加速したぞ」と思うのだ。だが、それを長旅でずっと味わいたくはないだろう。しかしながら、私たちはまさにそういう旅をしているのだと、ケリーはいう。「多くの人々のあいだに、つねにこういう加速状態に置かれているという感覚が生まれています」

そういうときには、パニックを起こしたり、現実から逃れてひきこもったりせずに、立ちどまってじっくり考える必要がある。それは、気晴らしでも逃避でもない。周囲の世界への理解を深め、生産的に取り組む可能性を高める方法なのだ。

なぜそうなのか？「機械の一時停止《ポーズ》ボタンを押すと、機械は停止する。しかし、人間の一時停止ボタンを押すと、人間はスタートするんだ」世界的企業に倫理とリーダーシップを助言する会社ＬＲＮのＣＥＯで『人として正しいことを』の著者、私の友人であり師でもあるダヴ・サイドマンはそう説く。「つまり、じっくり考えはじめ、思い込みを洗い直しはじめ、なにが可能であるかについて考えを組み立てはじめる。もっとも重要なのは、心の底に根付いている信念と、ふたたび結びつくようになることだ。そこではじめて人は、より優れた道をあらたに心に描けるようになる」

だが、もっとも肝心なのは、「一時停止のときになにをやるかだ」とサイドマンはつづけた。「ラルフ・ウォルドー・エマーソンが、絶妙なことをいっている。〝立ちどまる《ポーズ》たびに、私は使命《コール》を聞く〟」

その言葉は、私が本書でやろうとしていることを、いたって簡潔にまとめている。一時停止し、《ニューヨーク・タイムズ》のコラムニストとして長年、週に2度乗っていた回転木馬からおりて、歴史の根本的な転換点にいることの意味を、もっと深く考えようと、私は決意した。

めまぐるしい変転に対して私が個人的な独立宣言を行なった正確な日にちは憶えていないが、たしか2015年のはじめで、それは純然たる偶然の賜物だった。私は頻繁に、ワシントンDCの中心街にある《ニューヨーク・タイムズ》支局近くで、朝食をはさんで友人たちと会ったり、政府高官、アナリスト、外交官の話を聞いたりする。1人で食べて朝食の時間を無駄にするのではなく、1日のあいだにできるだけ学びの機会を詰め込もうとして、私はそうしてきた。だが、首都圏の朝の道路と地下鉄の状況は予測できないので、朝食の相手がときどき10分、15分、あるいは20分も到着が遅れることがある。相手はかならずあわてていて、座ると同時に謝る。「地下鉄のレッド・ラインが遅れて……」、「環状線が渋滞で……」、「目覚まし時計が鳴らなくて……」、「子供のぐあいが悪くて……」。

あるとき、相手の遅刻がちっとも気にならないことに、ふと気づいて、私はいった。「いや、やめてくれ、謝らないでほしい。それどころか、遅刻してくれて、ありがとう」

なぜなら、あなたが遅れてきたおかげで、自分のための時間をつくることができたからだと、私は説明した。じっと考える時間が〝見つかった〟。となりのテーブルのカップルの話（とても面白かった！）を盗み聞きできたし、ロビー活動（まことにけしからん！）の人間観察もできた。そして、もっとも重要なのは、その空き時間に、何日ものあいだ考えあぐねていた思いつきをまとめられたことだった。だから、謝ってもらう必要はない。それで、「遅刻してくれて、ありがとう」なのだ。

最初にその言葉を口にしたときは、あまり考えもせずにそういった。しかし、2度目には、スケジュールにない思いがけない空き時間が持てるのは、いい気分だと悟った。それに、そう感じるのは、私だけではなかった。理由もわかっていた。私も多くの人々とおなじように、めまぐるしい変化の速度に打ちのめされ、疲れ果てていた。自分（と客）が速度をゆるめるのを許可する必要があった。ツイートしたり、写真を撮ったり、そういったものを人と共有したりせずに、自分1人で考えにふけるのを許可する必要があった。遅れてきた相手に、なにも問題はなかったというと、そのたびに、最初は不思議そうな顔を向けられるが、やがて頭のなかで電球がともったみたいに、「いいたいことはわかる……〝遅刻してくれて、ありがとう！〟か。いやほんとうだね」というような言葉が返ってくる。

聖職者で著作家のウェイン・ミュラーは、読者が襟を正さずにはいられない著書『*Sabbath*（安息日）』で、人からしょっちゅう「とにかく忙しいんです」といわれると述べている。「私たちはその言葉を、すくなからず自慢げにいいあう」と彼は書いている。

「まるで、疲労はトロフィーで、ストレスに耐える力はほんとうの人格を示しているかのようだ。……友人や家族といっしょにいられないこと、日暮れを楽しむ時間が持てない（ことによると、いつ日が沈んだかも知らない）こと、意識して息をする時間すらなしにやるべきことを終えるのが、成功した人生のモデルになってしまった」

それよりも、立ちどまることを学びたい。編集者で作家のリーオン・ウィーゼルタイアーは私に、こう語ったことがある。科学技術者は私たちに、忍耐が美徳だったのは、昔は〝ほかの選択肢がなかった〟からだと思わせようとしている。長いあいだ待つほかなかったのは、モデムが遅すぎ、ブロードバンドが導入されておらず、ｉＰｈｏｎｅを新型にアップグレードしていなかったからだ、と。「だから、いまは待つことが、テクノロジーの面から時代遅れになったのだと彼らはいいます」ウィーゼルタイアーはつづけた。「〝もう忍耐など必要ない〟というのが彼らの姿勢です。しかし、昔の人々は、忍耐には知恵が宿り、知恵は忍耐から生まれると信じていました。……忍耐は、速さが欠けているというだけのことではなかった。内省と思考のための自由時間だったのです」現在、私たちはいまだかつてなかったほど豊富な情報と知識を生み出している。「しかし、知識が役立つのは、それについてじっくりと考えたときだけです」

それに、立ちどまることによって改善されるのは、知識だけではない。信頼を築く力も改善される。「それによって、その場限りではない、深くたしかな結びつきが、他の人々とのあいだに形作られる」とサイドマンは語る。「奥深い人間関係を創生する私たちの能力――愛し、気遣い、希望し、信頼し、共通の価値観に基づく自主的なコミュニティを築く力は、人類に特有の能力だ。自然界や機械と私たちを区別する、もっとも重要な唯一のものなんだ。より速いものや、より速くしようとすることが、すべていいとは限らない。私は孫たちのことも考えるように生まれついている。チーターではないんだよ」

したがって、本書執筆のきっかけが、あるところでの一時停止だったことも、おそらく偶然ではない。きっかけは、なんと駐車場でのふとした出会いであり、私がいつもとは違って急ぐのをやめて、風変わりな頼みごとをしてきた見知らぬ男としばらく話をしたことだった。

駐車場係

2014年10月初旬だった。私はベセズダの自宅から中心街にあるハイアットリージェンシー・ベセズダへ行き、地下の公共駐車場に車を入れた。ホテルの〈デイリー・グリル〉で友人と朝食をとる予定だった。駐車場に入れたときに、時刻が印字された駐車券を取った。食事を終えて、車に乗り、出口に向かった。精算所へ行って、係に駐車券を渡した。だが、係は駐車券を見る前に、私の顔をしげしげと見た。

「どなただか、存じあげていますよ」係は外国のなまりがある年配の紳士で、笑みを浮かべてそういった。

「すごいね」私はせわしなく答えた。

「コラムも読んでいます」係がいった。

「それはすごい」私は、早く家に帰りたかった。

「いつも賛成とは限りませんが」

「それはすごい」私は答えた。「つまり、いつも読んでいるんだね」

それからふたことみこと交わし、係がお釣りをくれて、私は車を出しながら考えた。〝駐車場係が私の《ニューヨーク・タイムズ》のコラムを読んでいるとは、うれしいことだ〟


1週間くらいたって、私はおなじ駐車場に車をとめた。週に一度くらい、ベセズダから地下鉄のレッド・ライン経由でワシントンDCの中心街に出るときには、そこに駐車する。いつものように時刻が印字された駐車券を取って、地下鉄で首都へ行き、社で1日働いて、地下鉄で帰った。駐車場へおりていって、車に乗り、出口へ向かうと――精算所でおなじ係に会った。


私は駐車券を渡したが、今回、係の男はお釣りを渡す前にいった。「フリードマンさん、私も書いているんです。自分のブログがあります。見ていただけますか?」

「どうやって見られるのかな?」私はきいた。係が領収書用の小さな白い紙に、ウェブ・アドレスを書いた。〝odanabi.com〟と記されていて、お釣りといっしょに渡された。

私は車を出しながら、ぜひそれを見てみようと思ったが、車を走らせるうちに、べつの考えが浮かんだ。「驚いたな！　いまや駐車場係が私の競争相手だ！　駐車場係がブログをやっている！　彼もコラムニストだ！　いったいどうなっているんだ？」

そこで、家に帰り、彼のウェブサイトを見た。英語で書かれ、出身地であるエチオピアの政治・経済問題に的を絞っていた。さまざまな民族・宗教コミュニティの関係や、エチオピア政府の非民主的な行為を話題の中心に据え、アフリカにおける世界銀行の活動にも触れていた。きちんと設計されたブログで、強固な民主主義寄りの姿勢を示していた。英語は完璧ではないが、まずまずだった。ただ、私が強い関心を抱くような話題ではなかったので、あまり時間をかけて読むことはしなかった。

しかし、翌週、私は彼のことをずっと考えていた。どうしてブログをはじめたのか？明らかに教育のある人間が、昼間は駐車場で働いている。でも、夜にはブログが書け、それをプラットフォームに、グローバルな対話に参加し、自分を駆り立てる問題、つまりエチオピアの民主主義と社会について世界に語ることができる。そういう私たちの世界について、彼はどんな意見を持っているのだろうか？

立ちどまらなければならない、と私は判断した――そして、彼についてもっと知る必要がある。問題は、個人のメールアドレスを知らないことで、連絡をとるには、連日地下鉄で通勤し、公共駐車場に車をとめて、偶然にばったり会うのを願うしかない。だから、私はそうした。

何日かは無駄足だったが、ある朝、かなり早く着いたときに、ブロガー駐車場係が、精算所にいた。私は発券機の横で一時停止し、駐車してから、車をおりて、彼に手をふった。「やあ、フリードマンだよ」私はいった。「メールアドレスを教えてくれないか？　話がしたいんだ」

駐車場係が、紙切れを見つけて書いてくれた。アエレ・Z・ボジアという名前だとわかった。その晩、私はメールして、経歴やいつブログをはじめたかということを、すこし教えてほしいと頼んだ。21世紀に物を書くことについての本を書こうと考えていて、人々がブログや意見を書く世界にどのように参入するのかということに興味がある、と伝えた。

ボジアが、2014年11月1日にメールの返事をくれた。「Odanabi.com に最初の記事をアップしようと思ったのは、ブログをはじめたその日です。……もちろん、それをやる動機についても質問なさっているのであれば、私の生まれた国、エチオピアには、私が憂えている問題が数多くあるからです。それについて、私個人の視点から考えてみたいのです。あなたのメッセージにすぐに応答できないことを許していただきたいと思います。仕事のあいまにやっているものですから。アエレ」

11月3日、私はふたたびボジアにメールを送った。「こちらに来る前に、エチオピアではなにをなさっていたのですか？　あなたがいちばん憂えている問題はなんですか？　急がなくていいです。ありがとう。トム」

その日に返信があった。「すばらしい。偉大な相互関係ができあがりましたね。あなたは私がいちばん憂えている問題を知りたいと思っているし、私は、私が憂えている問題を、私が的を絞っている有権者やもっと幅広い大衆にどうやって伝えるのが最善かを、あなたから教わろうと思っています」

私はすぐさまそれに応答した。「アエレ、取引成立だ！　トム」ボジアが自分の人生について語ってくれれば、コラムの書き方について、知っていることをすべて教えると、私は約束した。ボジアがすぐさま同意し、私たちは会う日を決めた。2週間後、ホワイトハウスに近いワシントンDC中心街のオフィスから帰ってきた私と、駐車場から出てきたボジアは、ベセズダの〈ピートのコーヒー&ティー〉で会った。ボジアは、窓ぎわの小さなテーブルに向かって座っていた。ボジアの髪と口髭は胡麻塩で、首にグリーンのウールのマフラーを巻いていた。どうしてオピニオン・ライターになったのかというところから、ボジアが話をはじめた——つづいて、私も自分の話をした——ピートのお勧めコーヒーを飲みながら。

ボジアは、私と会ったときには63歳だった。在位期間の長かったエチオピア皇帝の名を冠したハイレ・セラシエ1世大学（現在のアディスアベバ大学）で経済学を専攻したと、ボジアは説明した。エチオピア正教会のキリスト教徒で、独自の言語を持つ最大民族のオロモ族だったボジアは、学生時代から民族活動家で、エチオピアを民主化して、オロモ族の文化と夢を推し進めようとしてきたという。

「私の活動はすべて、エチオピアの人々が、それぞれが属している民族集団に誇りを持ち、市民権を得たエチオピア人であることを誇れるようにすることを目的としていました」とボジアは説明する。そういった活動がエチオピア政府の逆鱗に触れ、2004年に政治亡命せざるをえなくなった。

教育のある移民らしい威厳をそなえたボジアは、夜に本気でブログに打ち込めるように、昼間は生活の資を稼ぐための仕事をしていた。「ただ書きたいから書いているのではありません。技法を学びたいと思っています。［でも］推し進めたい運動があります」

エチオピアの首都アディスアベバ近くの町にちなんで、ボジアは自分のブログをOdanabi.comと名付けた。現在、オダナビは町を挙げてオロミア州政府の行政と文化の中心となるよう、売り込みをしている。ボジアははじめ、エチオピアのさまざまなウェブ・プラットフォーム——Nazret.com、Ayyaantuu.net、AddisVoice.com、オロモ族のGadaa.comなど——に書くようになったが、現在進行中の議論に参加したいという自分の熱意と、そういったサイトのペースが、嚙みあわなかった。「意見を表明するチャンスをあたえてくれたことについては、そういうウェブサイトに感謝していますが、プロセスが遅すぎました」そこで、「駐車場で働いていて、金銭的に制約がありましたが、自分の意見を発表する場を持つために、［自分の］ウェブサイトを立ちあげなければならなかったんです」。ボジアのサイトは、低額の料金でBluehost.comを使っている。

エチオピアの政治分野は、過激派に支配されている、とボジアは語った。「論理的な思考ができる中道の基盤がありません」アメリカについて感心し、エチオピアに導入したいと思ったのは、「人々が自分たちの権利のために戦ういっぽうで、他者の視点にも目を向けている」ことだった（アメリカでは議論によって人々がより密接になっているという見方は、分断された国から来て地下駐車場で働いている外国人ならではかもしれないが、ボジアの楽観的な考え方が私は大好きだ！）。

ただ精算所でお釣りを出しているだけのように見えるかもしれないが、つねに人々を観察し、彼らが自分をどういうふうに表現して意見を伝えようとしているかを見極めようと努力している、とボジアは私に語った。「ここに来るまで、私はティム・ラサートのことを知りませんでした」〈ミート・ザ・プレス〉の偉大な司会者のラサートは、２００８年に急死した。「よく知らなかったのですが、［彼の番組を］ずっと見るようになって、影響を受けました。問題に取り組むとき、彼は相手を極端に追い込むようなことはしません。あくまで事実を示そうとするし、相手の気持ちをかなり尊重します」その結果、「彼が討論を終えたときにはいつも、重要な情報をあたえられたと感じます」――そして、インタビューを受けた人々の意識のなにかを誘発する。ティムが生きていたら、この評価をさぞかしよろこんだことだろう。

あなたのブログを何人が読んでいるか、知っていますか？　私はきいた。

「月ごとに、話題によって変動しますが、安定した読者がいます」自分が使っているウェブ分析ツールによれば、30カ国で読まれていると、ボジアは教えた。だが、そこでボジアはつけくわえた。「私のウェブサイト管理をなんらかの方法で手伝ってくださったら、ほんとうにうれしいのですが」この8年間、週に35時間、駐車場で働いてきたのは、「生活のためです。私がほんとうに心血を注いでいるのは、ウェブサイトです」。

できるだけ手伝うと、私は約束した。自分のウェブの読者属性を知っている駐車場係の頼みを断るわけにはいかない。だが、質問せずにはいられなかった。「どういう感じですか——昼間は駐車場係、夜はウェブ活動家として、グローバルなブログを運営するのは？ワシントンDC近郊にいながらにして、30カ国の人々とつながっているわけですね」——まだ国の数はすくないとはいえ。

「いまの時点で、私は多少なりとも力を強めたと感じています」ボジアは、ためらうことなく答えた。「最近は、時間を無駄にしたのを悔やんでいます。あちこちのブログに意見を書き送るのではなく、3～4年前に自分ではじめていればよかった。そのときから自分のブログの発展に集中していれば、読者はもっと増えていたでしょう。……いま自分がやっていることに、心の底から満足しています。自分の国に役立つ、積極的なことをやっているわけですから」

暖房と照明

そんなわけで、その後の数週間に、私はコラムを書く手法を記したメールを2通送り、私が伝えようとしたことをボジアが理解しているのを確認するために、もう一度〈ピートのコーヒー&ティー〉で会った。それがどれほどボジアの役に立ったかはわからないが、私のほうはこの出会いから大きなことを学んだ——予想以上に。

まず、ボジアの世界にほんのすこしはいっただけで、目からうろこが落ちる思いだった。10年前だったら、私たち2人に共通点はほとんどなかっただろうが、いまは同僚のようだった。2人とも、自分が優先することを幅広い読者に伝え、グローバルな討論に参加し、世界を自分のほうへ傾けようとしていた。2人とも、より大きな潮流の一部でもあった。「これほど多くの人々が歴史を創り、歴史を記録し、歴史を公表し、歴史を増幅する時代は、いまだかつてなかった」と、ダヴ・サイドマンが評している。前の時代には、「歴史を創るには軍隊が必要だったし、歴史を記録するには映画スタジオか新聞が必要だった。公表には出版社が必要だった。いまではだれでも波を起こせる。いまではだれでもキーボードを叩くだけで、歴史を創れる」。

そして、ボジアはまさにそれをやっていた。芸術家や作家が副業をやるのは、大昔から行なわれていたことだ。いま斬新なのは、無数の人々がものを書くという副業をやっていて、書かれていることに説得力があれば、無数の人々がそこから影響を受け、きちんとした意見だとわかれば、それがあっという間に全世界にひろまり、しかもコストがほとんどかからないことだ。

ボジアとの取引で自分の側の約束を果たすために、私はオピニオン・ライティングの技法について、従来よりもずっと深く考える必要に迫られた。ボジアと会ったとき、私はコラムニストとして20年近く働いていた。その前は、17年間、記者《レポーター》として報道に携わっていた。彼との出会いによって私は、立ちどまり、オピニオン・ライティングとレポーティングの違いと、コラムをじっさいに〝機能させる〟のはなにかということを、書かなければならなくなった。

ボジアに送ったメール2通で私は、コラムを書く特定の形式はないし、教える教室もなく、だれもがある程度異なった書き方をしていると説明した。しかし、おおよその指針を示すことはできる。記者《レポーター》は、目に見える事柄や複雑な事柄を説明するため、あるいは見通せない事柄や隠された事柄を見つけ出し、暴くために、事実を掘り起こすのに専念する――そのために、どこへでも行く。公平に、情報を伝えるためにそこへ行く。生のニュースは、絶大な影響を及ぼす場合が多いが、それはつねに、情報量、暴露度、解説量に正比例している。

オピニオン・ライティングは、まったく違う。コラムニストやボジアのようなブロガーは、ただ情報を伝えるだけではなく、影響をあたえて反応を引き起こすのが目的で、特定の視点から注目に値する主張をして、1つの問題について、これまでとは違うように考え、感じるように、読者を説得する。読者の考えや感じ方を強めようとしたり、最初から考え直すよう仕向けたりする。

私はボジアに説明した。したがって、コラムニストである私は、「暖房ビジネスもしくは照明ビジネスの世界にいる」。コラムやブログはすべて、読者の頭のなかの電球を点灯させる——読者が改めて見直すきっかけをつくるようなやり方で、問題に光を当てる——か、問題について、もっと熱意を持って、あるいは違ったふうに感じたり行動したりするように、読者の心の底の感情をかきたてなければならない。理想的なコラムは、その両方をやる。

そして、それができたときには、ただちにわかる——読者の反応によって。読者は「そのことを知りませんでした」というかもしれない。それはいい反応だ。ある程度の光を新しくともしたことになる。「問題をそんなふうに見てはいませんでした」もっと大きな光をともしたことになる。「こういった物事を結びつけていませんでした」また新しい光。さらに、コラムニストの大好きな反応は、年に4回ある。「私が感じていても表現できなかったことを、そのまま書いてくれました——ありがたいことです」しかし、次のようなものもある。「あんたがクビになるといい。あんたは馬鹿だ。だれがあんたをこの仕事に雇ったんだ？　あんたの解雇通知の上で踊ってやる。購読は解約したよ」もめごと《ヒート》も引き起こす……。

だが、その熱や光をどうやって発生させるのか？　オピニオンはどこから生まれるのか？　オピニオン・ライターすべてが、まったく違う答えを出すはずだ。ごく手短にいえば、コラムのアイデアは、あらゆるところから湧き出る。納得がいかない新聞の見出し、見知らぬ人間のちょっとした仕草、リーダーの感動的なスピーチ、子供の純真な質問、学校で乱射事件を起こす犯人の残虐さ、心が痛む難民の話。すべてが熱や光を創出する原材料になる。あとは、いくつもの物事を関連付けて、自分の意見を支える洞察を示せるかどうかが、すべてを左右する。

だが、もっとおおざっぱにいうなら、コラムを書くことは、化学反応を起こす行為だと、私はボジアに説明した。自分自身でそれを呼び起こさなければならないからだ。コラムは、ニュース速報のような書き方では書かれない。コラムは、創造されなければならない。

この化学反応を起こす行為には、ふつう、3つの基本的要素を混ぜ合わせる。1つ目は、自分の価値観、優先事項、願望だ。2つ目は、最大の力、つまり世界最大の歯車や滑車は物事をどう動かしていると自分は考えるか。3つ目は、大きな力に影響を受けるとき、人々や文化がどう反応するか、あるいは反応しないかについて、自分はなにを学んだか。

私が価値観、優先事項、願望というときは、自分がもっとも憂えている事柄と、もっとも実現してほしいと思っている事柄を指している。その価値体系があれば、なにが重要で考えを述べる価値があるかを決めることができ、どういうことをいえばいいかも明確になる。オピニオン・ライターとして、考えを変えるのはかまわない。ただ、考えがないのはだめだ。支持することがなにもなかったり、八方美人だったり、楽で安全なことだけを支持したりするのはだめだ。オピニオン・ライターはすべて、なにを支持し、なにに反対するべきかという本人の思考を形作っている、なんらかの価値体系の枠組みから登場しなければならない。資本主義者なのか、共産主義者なのか、リバタリアンなのか、ケインズ主義者なのか、保守派なのか、リベラルなのか、ネオコンなのか、マルキシストなのか？

世界を動かす仕組みの大きな歯車と滑車を、私は〝機械《マシーン》〟と呼ぶことにする（経済を〝マシーン〟と表現した有名ヘッジファンド投資家、レイ・ダリオに感謝）。オピニオン・ライターになるには、マシーンの仕組みをどう考えるかについて、自分の作業仮説を準備しなければならない。なぜなら、自分の価値観を掲げて、マシーンをその方向へ押すのが、基本的な目標だからだ。マシーンの仕組みについてなんの理論もなかったら、自分の信念に沿わない方向へ押してしまうか、あるいはまったく動かせないだろう。

そして人々と文化の要素とは、マシーンが動くときにさまざまな人々や文化がどのような影響を受けるか、そしてそれらの反応が今度はマシーンにどのような影響を及ぼすか、だ。結局、コラムで重要なのは人々だ。彼らがいったり、やったり、憎んだり、願ったりすることなのだ。コラムで伝えるデータを集めるのは好きだが、忘れてはいけない――他の人々と話をするのもデータである。大きな反応があるコラムは、つねに数字ではなく人々にまつわるものだ。それに、史上最大のベストセラー本が、人々の物語の集大成だということも忘れてはならない。その本の題名は『聖書』である。

3つの基本的要素を混合し、すり合わせたところから生まれたコラムが、もっとも有効だと、私はボジアに説いた。自分がなにを主張しているかを伝えるきちんとした価値体系がなかったら、有能なオピニオン・ライターにはなれない。ダヴ・サイドマンは、『タルムード』の箴言で私を諭すことが多い。「心から出たことは、心にはいる」自分の心から出なかったことは、他人の心にははいらない。気遣いをかきたてるのは気遣い。感情移入をかきたてるのは感情移入。私たちが暮らしている世界を形作る最大の力をどう解釈し、どうすればそれに影響をあたえられるかということに取り組まなかったら、人目を惹くコラムを書くことはできない。マシーンに対する自分の見解が完璧であることはありえないし、見解がまったく変わらないこともありえない。コラムを書くことは、つねに進行している作業で、新しい情報を得たり、世界が変化したりするにつれて、構築し、再構築しなければならない。だが、説得力のあるやり方で点と点を結べなかったら――マシーンの歯車と滑車がこういう働きをして、この行動がこの結果を生むのだと説明できなかったら

——重要なことをやるように人々を説得するのは、きわめて難しい。最後に、私はボジアに説明した。現実の人々があたえてくれた刺激と情報に基づいていないと、オピニオン・コラムはぜったいに成功しない。

マシーンがどう機能しているかを分析し、さまざまな状況でそれが人々や文化にどう影響しているかを理解したうえで、きちんとした価値体系をまとめれば、世界観を持つことができ、あらゆる状況にそれをあてはめて、自分のオピニオンを打ち出せる。データ・サイエンティストが、非構造化データやノイズをすべて除去して、関連性のあるパターンを見いだすには、アルゴリズムが必要になる。それとおなじように、オピニオン・ライターは、熱と光を創出するのに、世界観を必要とする。

だが、その世界観がつねに新鮮で適切なものであるようにするには、報道と学習を、たえずつづけなければならない、と私はボジアに助言した。現在では、これまで以上に、そうする必要がある。これほど変化の速い世界で、実証済みの決まりきった手順や、独断主義に退化すると、トラブルを招くことになる。しかも、世界は相互依存が強まり、複雑になっているから、間口をひろげ、多くの視点を総合することが、これまでになく重要になっている。

この問題についての私の考えは、国防総合大学で戦略を教えているリントン・ウェルズから多大な影響を受けている。ウェルズによれば、凝り固まった解釈の枠内か枠外、もしくは縦割りの学問分野にしがみついたまま、この世界について見解を述べたり説明したりできると思うのは、とんでもない勘違いだという。問題について考える方法は3つあると、ウェルズはいう。〝枠内〟、〝枠外〟、そして〝枠がないところ〟だ。現在、問題を考えるにあたって持続可能な手法は、〝枠なしで考えること〟だとウェルズは主張する。

もちろん、それはオピニオンを持たないということではない。そうではなく、好奇心の範囲を制約せず、マシーンの仕組みを判断するのに、さまざまな分野の学問を取り入れることを意味する。ウェルズは、この手法――私が本書でこれから駆使する手法――は、〝徹底的に一切合財をひっくるめるもの〟だとしている。そのためには、できるだけ多くの関係者、プロセス、学問分野、組織、テクノロジーを分析の対象にしなければならない――それらの要素はふつう、切り離されるか、まったく除外されることが多いが、たとえば、現在の地政学の性質の変化を理解するには、コンピュータや長距離通信の現状、環境の現状、グローバリゼーションの現状、人口動態の現状をすべて融合させて、考えなければならない。すべてをひっくるめた全体像を描くには、それしか方法がない。

メールとコーヒーを飲みながらの話で、私がボジアに教えたのは、こういった事柄だった。しかし、本書を書き終える寸前、最後に会ったときに、私はあることをボジアに嬉々として打ち明けた。偶然にボジアと出会うまでは、自分の技法や、コラムを成功させる秘訣について、深く考えたことはなかったと、私は告白した。一時停止してボジアと話をしなかったら、急激な変化の時代に世界を読み解くための自分の枠組みを分解し、よく調べて、組み立て直すようなことは、やらなかったはずだ。

当然ながら、この経験で私の頭脳はうなりをあげて回転しはじめた。そして、当然ながら、ボジアとの出会いによって、私は彼に突きつめるよう求めたのとおなじ疑問を、自分にぶつけるようになった。自分の価値体系はなにか？　それはどこから生まれたのか？　現在のマシーンの働きを、どう考えているのか？　さまざまな人々と文化がマシーンに影響され、反応していることについて、自分はなにを学んだのか？

私は立ちどまったときに、そういうことを考えはじめた。本書でこれから、私の答えを示していく。

第2部では、現在のマシーンの働きについて、私がどう考えているかを述べる。非常に大きな力が、より多くの物事を作り変えていると、私は考えている。それがより多くの地域で、これまでになく、日々多様に進んでいる。ヒント――マシーンは、同時進行しているテクノロジー、グローバリゼーション、気候変動の加速に衝《つ》き動かされている。そして、それらの要素は、すべて相互に作用している。

第3部では、これらの加速する力が、人々や文化にどう影響しているかを取りあげる。具体的にいうと、その力が、職場、地政学、政治、倫理的選択肢、コミュニティをどう作り変えているか、ということだ。私が育ったミネソタの小さな町、私の価値観が形作られた町についても語る。

第4部では、そういったことすべてから、私が導き出した結論を示している。端的にいえば、本書は現在の世界についての膨大な1本のコラムである。世界中で変化を促進している重要な力を明確にし、人々や文化に対するその影響を説明し、もっとも適切と思われる価値観と対応を見いだすという狙いがある。それによって、世界各地の数多くの人々にとって最善の結果がもたらされ、彼らの激しい衝撃を和らげられるよう願っている。

立ちどまって他人と話をすると、どういう結果になるかは、だれにも予測できない。短編から長編小説が生まれるように、ボジアはブログの枠組みを手に入れたし、私は本書のための枠組みを手に入れた。本書は、史上でもっとも変化が激しい時期、この加速の時代に、繁栄し、レジリエンスを高めるための、楽観主義者のガイドブックだと思ってほしい。

レポーターとして記事や歴史的時期をふりかえって、ふたたび報道するとき、最初は見えなかった物事を発見してびっくりすることが多い。本書を書きはじめたときも、現在のマシーンを駆動しているテクノロジーの面での変わり目が、なんの変哲もなさそうな年——2007年に起きていたことが、たちまち明らかになった。

2007年にいったいなにが起きたのか？

第2部

加速

第2章 2007年にいったいなにが起きたのか？

ネットスケープ、グーグル、アマゾンを支援した伝説的なベンチャー・キャピタリストのジョン・ドーアは、いまでは正確な日にちを思い出すことができない。2007年1月9日に、サンフランシスコのモスコーニ・センターの壇上にスティーブ・ジョブズが登り、アップルが携帯電話を再発明したと宣言する直前だったことだけはたしかだという。だが、その携帯電話をはじめて目にしたときのことが、ドーアは忘れられない。ドーア、ジョブズ、ドーアの友人や近隣の住民が、パロアルトの自宅近くの学校で、ジョブズの娘が出場していたサッカーの試合を見ていた。試合が長引くと、ジョブズはドーアに、見せたいものがあるといった。

「スティーブは、ジーンズの前ポケットに手を入れて、最初のiPhoneを出した」ドーアは、そのときのことを私に語った。「そして、こういった。〝ジョン、この機械は会社を破産させそうになった。僕たちがやったなかで、いちばん難しかった〟そこで私が仕様についてたずねると、スティーブは説明した。5種類の周波数帯に対応していて、データ処理能力がきわめて高く、RAM［ランダムアクセスメモリ］が大容量で、フラッシュメモリはギガバイト単位だという。そんな小さな機器に、それほど大容量のフラッシュメモリがはいっているというのは、聞いたことがなかった。ボタンもないと、スティーブはいった――ソフトウェアがすべてをやるというんだ。さらに、1つの機器に、〝世界最高のメディアプレーヤー、最高の電話、ウェブに接続する最高の方法が盛り込まれている〟といった」

すぐさまドーアは、その電話向けのサードパーティによるアプリ開発を支援する資金を提供したいと申し出たが、ジョブズはそのときは興味を示さなかった。外部の人間に自分の優美な携帯電話をいじってほしくなかったのだ。しかし、1年後に考えを変えた。資金が投入され、スマートフォン（スマホ）用アプリ産業が爆発的に拡大した。スティーブ・ジョブズがｉＰｈｏｎｅを導入した瞬間は、テクノロジー――と世界――の歴史の重要な転換点になった。

インターネット創始者の1人、ビント・サーフは、私にこう述べた。「スマホの普及でインターネットがさらに重要になったのは、一段と利用しやすくなったからだ」しかし、インターネットもまた、「スマホを価値あるものにした」。スマホを使えば、インターネットのすべてのコンテンツと演算能力を利用できるからだ。この2つのテクノロジーが1年のあいだに合成したこと自体、歴史的に注目に値する。しかし、それだけではなかった。

ワインにも歴史にも、当たり年がある。2007年はまさに歴史の当たり年だった。2007年には、iPhoneが登場しただけではなかった。その年には、あらゆる業種の会社が多数出現した。そういった新規企業とイノベーションが、人間と機械のコミュニケーション、創造、共同作業、思考の手順を作り変えた。

例を挙げてみよう。2007年にVMware（ヴイエムウェア）という会社が、株式を公開した。デジタルのロゼッタストーンともいうべき同社の変換ソフトウェアは、1台のコンピュータでの複数OS（とアプリケーション）の同時使用を可能にし、OSごとにコンピュータを用意する必要がなくなった。それがクラウド・コンピューティングの成長を可能にする、重要なテクノロジーになった。いっぽう、2007年にソフトウェアフレームワーク、Hadoop（ハドゥープ）が登場したおかげで、コンピュータの扱えるデータ容量が爆発的に向上し、だれもが〝ビッグデータ〟を利用できるようになった。ソフトウェアを書き、共同製作するオープンソースのプラットフォーム、GitHub（ギットハブ）も同年に開発がはじまり、ネットスケープ創業者のマーク・アンドリーセンがかつて述べたように、ソフトウェアの「世界を食べる」能力が、大幅に拡大した。2006年9月26日には、ユーザーが大学生と高校生に限定されていたSNSのフェイスブックが、13歳以上で有効なメールアドレスを持っている人間すべてに門戸を開放し、世界規模に拡大しはじめた。2007年、新興企業の一部だったマイクロブログのツイッターが独自プラットフォームとして独立し、やはり世界規模に拡大しはじめた。もっとも人気のある社会動員ウェブサイトのChange.orgも、２００７年に登場した。

２００６年末、グーグルがユーチューブを買収し、携帯電話用のオープン・スタンダード・プラットフォームのアンドロイドを発表した。アンドロイドは、アップルのｉＯＳに対抗するＯＳとして、スマホが地球規模に拡大するのに寄与した。２００７年、ｉＰｈｏｎｅを独占的に扱っていたＡＴ＆Ｔが、〝ＳＤＮ〟と呼ばれる技術に投資し、スマホ革命によって増大した通信量すべてを処理する能力を急激に拡大させた。ＡＴ＆Ｔによれば、同社の全国ワイヤレス・ネットワークのモバイルデータ通信は、２００７年１月から２０１４年12月にかけて、10万％以上増加したという。

２００７年、〝サトシ・ナカモト〟と名乗る人物もしくは集団が、〝ビットコイン〟と呼ばれるデジタル通貨・支払システムの開発に着手した。ナカモトは２００８年10月31日に〝ビットコイン――ピアツーピア電子キャッシュシステム〟と題した論文で、その概念を発表した。「純粋なピアツーピア版の電子キャッシュで、金融機関を通さずに当事者同士がじかにオンラインで支払うことを可能にする」と論文は提案していた。10年後には、デジタル通貨としてのビットコインが、21世紀のグローバル金融システムのバックボーンになる可能性がじゅうぶんにあると見られるようになった。ウィキペディアによれば、「ナカモトはビットコインのコードを２００７年に書きはじめたと主張している」という。

また、2007年には、アマゾンがキンドルを発売し、クアルコムの3Gテクノロジーのおかげで、数千冊の本をどこにいてもあっという間にダウンロードできるようになり、電子書籍革命を引き起こした。Airbnb（エアビーアンドビー）も、2007年にサンフランシスコのアパートメントで考案された。2006年末、世界のインターネット・ユーザーは10億人いた。それが臨界点《ティッピング・ポイント》になったように思われる。2007年、ビッグデータ解析と拡張知能《オーグメンテッド・インテリジェンス》のリーディング企業であるパランティア・テクノロジーズが最初のプラットフォームをローンチした。同社は、インテリジェンス・コミュニティを含めたさまざまな顧客向けに、藁《わら》の山から針を見つける手助けをしている。「コンピュータの演算能力と記憶容量は、多くの物事から意味を導きだすという従来では不可能だったアルゴリズムが作れるレベルに達しました」パランティアの共同創業者アレクサンダー・カープは説明する。2005年、デルのマイケル・デルCEOは、すさまじいペースの仕事から離れて、会長職に退いた。2年後に、タイミングが悪かったと気づいた。「変化のペースがかなり加速しているとわかりました。従来と異なるいろいろなことを、われわれはやれると気づいたのです。そこで、会社経営に復帰しました……2007年に」

やはり2007年に、ニューヨーク州ヨークタウンハイツにあるIBMのワトソン研究所で意味解析・統合部を指揮するデービッド・フェルーチは、チームとともに、ワトソンと名付けた認知《コグニティブ》コンピューティング・システムの製作を開始した。「専用のコンピュータ・システムで、難解な質問、応答、分析、コンピュータによる自然言語理解といったことの限界を突破するために設計された」とHistoryofInformation.comは解説する。「ワトソンは、機械学習とAI（人工知能）を組み合わせた、初の認知コンピュータだ」

2007年、インテルは、マイクロチップにはじめて非シリコン素材――高誘電率ゲート絶縁膜／金属製ゲート電極（トランジスタ・ゲート電極とトランジスタ・ゲート誘電体のこと）――を導入した。このテクノロジー上の解決策は、きわめて重要だった。マイクロプロセッサのべつの部分では、非シリコン素材がすでに使われていたが、トランジスタに採用されたことで、ムーアの法則――マイクロチップの性能は約2年ごとに2倍になるという予想――に貢献し、法則どおりに演算能力の幾何級数的な成長が維持された。その時期、従来のシリコン・トランジスタでは、ムーアの法則が壁にぶつかることが、かなり懸念されていた。

「ムーアの法則も終わりかとおおぜいが考えていた時期に、非シリコン素材を使うという突破口がひらいて、カンフル剤になりました」と、当時、インテルの素材設計チームにいて、現在はハーバード大学工学・応用科学スクール（SEAS）で材料科学とコンピュータ科学を教えているサダシバン・シャンカルはいう。《ニューヨーク・タイムズ》記者でシリコンバレー担当のジョン・マーコフが、2007年1月27日付の記事でこのブレイクスルーについて評している。「世界最大の半導体メーカーであるインテルが、情報時代の基礎部分を見直し、より高速でエネルギー効率のいい新世代のプロセッサ開発への道を拓いた。この進歩は、40年以上前にインテルが現在の集積回路を開発して以来、シリコンチップ製造に使われる素材にもっとも大きな変化をもたらしたと、同社の研究者たちは語った」

これまで述べてきた数々の理由から、2007年は〝クリーンパワー革命のはじまり〟でもあったと、2006年から2008年にかけてエネルギー省次官補でエネルギー効率・再生可能エネルギー局担当だったアンディ・カーズナーはいう。「2005年か2006年にだれかが、クリーン・テクノロジーと再生可能エネルギーが2007年にどこまで進んでいるかを、自分の予想モデルが捉えているといったら、それは嘘だ。なぜなら、ソーラー・エネルギー、風力発電、バイオ燃料、LED照明、エネルギー効率のいい建築物、電気自動車が幾何級数的に増加しはじめた最初の年は、2007年だったからだ。グラフの曲線が急に曲がったのは、まさにその年だったんだ」

変化があったのは、再生可能エネルギー関連のみではなかった。ビッグデータ、GPSの進歩、水平掘削用の精密なソフトウェアによって、頁岩層から天然ガスを抽出する効率が大幅に改善され、2007年にシェールガス革命がにわかに活況を呈した。「水圧破砕は、何十年も前から行なわれていた」《ニューヨーカー》2014年5月2日号の小論で、ジョン・ブリンガードナーが指摘している。「しかし、1990年代の末に、ジョージ・ミッチェルというテキサスの山師が、さまざまなプロセスを何年も実験した末に、砂と水の組み合わせ（ハイボリューム・スリックウォーター・ハイドロフラクチャリングと呼ばれる）が、粘性の高い液体を使う従来の工法よりも低コストで効率的であることを突き止めた」だが、２００７年ごろに「ミッチェルの会社を２００２年に買収したオクラホマの石油・天然ガス業者デボン・エナジーが、ミッチェルの工法と水平掘削を組み合わせると、ガス田からさらに多くの天然ガスを採取できることを知った。他社もこの混合工法を真似するようになり、２００８年に天然ガス・ブームが起きた」。

アメリカの天然ガスの推定埋蔵量は、２００８年には２００６年の数字の35％増になった――アメリカの天然ガス供給の評価機関、ポテンシャル・ガス委員会（ＰＧＣ）が、ほぼ2年間のこの驚異的増加を報告している。「同委員会が報告を開始して以来、44年間で最大の急増」だと、２００９年6月17日付の《ニューヨーク・タイムズ》が報じている。

最後に挙げておきたい重大な出来事は、ＤＮＡシークエンシング（塩基配列の解析）のコストが急激に下がったことだ。バイオテクノロジー産業が、爆発的に拡大していたコンピュータの演算能力と記憶容量すべてを活用し、あらたなシークエンシング手法とプラットフォームに移行したためだ。Genome.gov によれば、この自動解読装置の変化が、遺伝子工学の転換点となり、「近年のＤＮＡシークエンシング・テクノロジーの急速な進化」をもたらした。２００1年には、たった１人のゲノム・シークエンシングに、１億ドルがかかった。だが《ポピュラー・サイエンス》2015年9月30日号はこう報じている。「昨日、個人遺伝子検査会社ベリタス・ジェネティクスは、画期的な段階に達したと発表した。限定されているが着実に拡大している個人遺伝子検査プログラムの参加者は、ゲノム・シークエンシングをわずか1000ドルで受けられるようになった」

59〜60ページの3つのグラフは、数多くのテクノロジーで明らかに2007年が転換点になったことを示している。

これまでずっと、テクノロジーはつねに段階的に変化してきた。演算能力の要素すべて——処理チップ、ソフトウェア、記憶チップ、ネットワーキング、センサー——は、一団になって進歩する傾向がある。それらの改善された能力が一定のところまで達すると、融合して1つのプラットフォームになり、そのプラットフォームがあらたな能力をきわめて、それが新しい標準になる。メインフレームからデスクトップへ、さらにノートパソコンから、モバイルアプリとスマホに移り変わるにつれて、各世代のテクノロジーは、前の世代のテクノロジーよりもさらに使いやすく、自然に使えるようになった。最初登場したメインフレーム・コンピュータを使うにはコンピュータ科学の学位が必要だった。現在のスマホは、幼い子供や、読み書きができない人々でも、利用できる。

だが、テクノロジーが段階的な変化を経ているいっぽうで、2007年前後に生まれたプラットフォームは、明らかに史上最大の前進を成し遂げた。それが、暮らし、商業、統

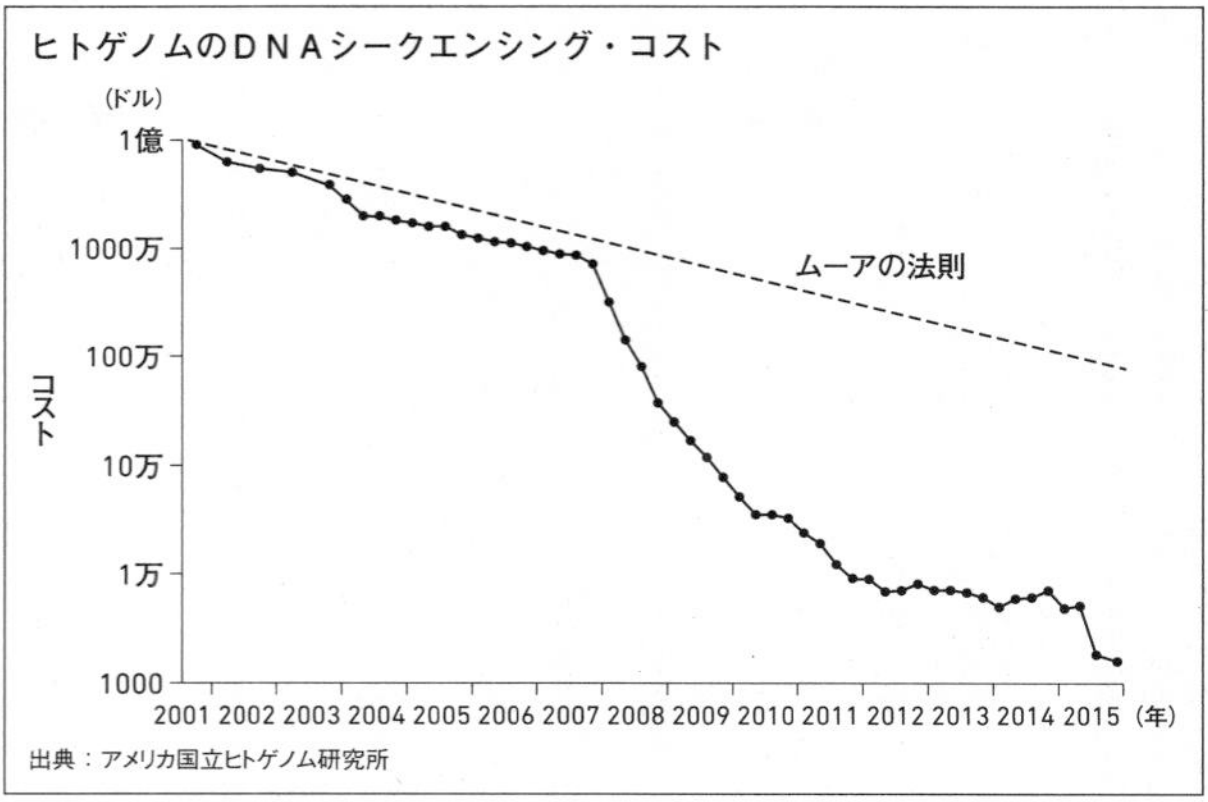
ヒトゲノムのＤＮＡシークエンシング・コスト
(ドル)
1億
1000万
100万
10万
1万
1000
コスト
ムーアの法則
2001 2002 2003 2004 2005 2006 2007 2008 2009 2010 2011 2012 2013 2014 2015 (年)
出典：アメリカ国立ヒトゲノム研究所

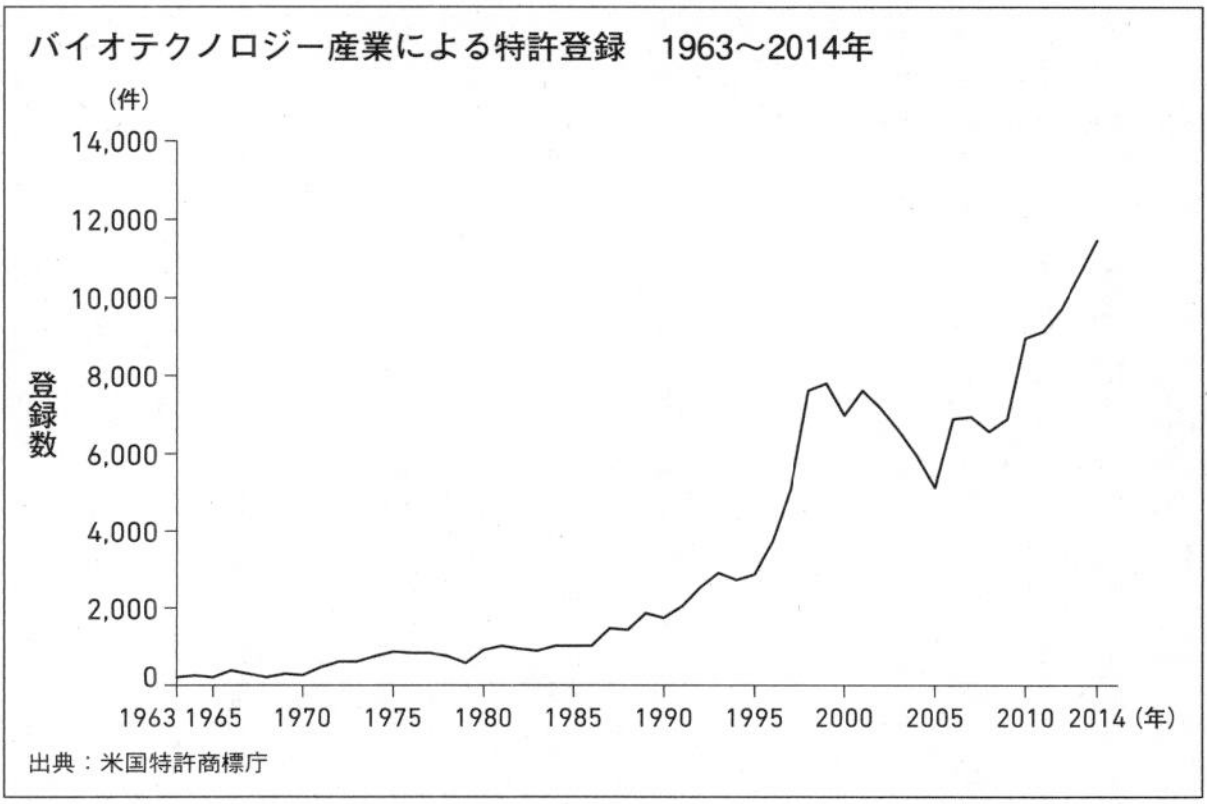
バイオテクノロジー産業による特許登録　1963〜2014年
(件)
14,000
12,000
10,000
8,000
6,000
4,000
2,000
0
登録数
1963 1965 1970 1975 1980 1985 1990 1995 2000 2005 2010 2014 (年)
出典：米国特許商標庁

太陽光（および太陽熱）発電の増加

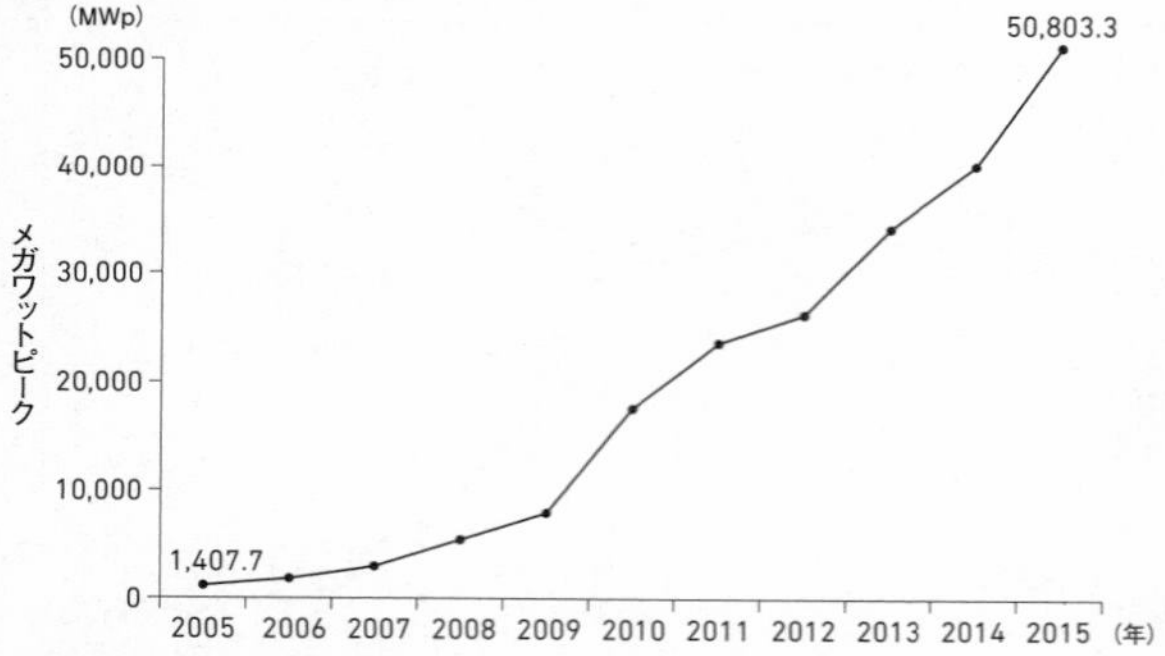

提供：SVPマーケット・リサーチ、ポーラ・ミンツ

治のあらゆる側面に、接続、共同作業、創造のあらたな能力をふんだんにもたらした。デジタル化できる物事が急に増えて、デジタル化されたデータすべてを保存する能力が拡大した。そのデータを処理してインサイトに変えるための、高速のコンピュータや革新的ソフトウェアがいくらでもあった。そして、組織や人々（大規模な多国籍企業から、インドの零細農家に至るまで）が、携帯コンピュータ、つまりスマホで、世界のどこからでも、それらのインサイトにアクセスしたり、インサイトに貢献したりすることができた。

　これが現在、マシーンを駆動している中心的なテクノロジー・エンジンだ。それは、気づくと私たちのすぐ側にあった。２００４年に私は、マシーンを駆動する最大の力だと当時思っていたことについて、本を書きはじめた。具体的にいうと、世界がきわめて密接につながって、これまでになく簡単に、費用もたいしてかからずに、より多くの地域で、より多くの人々が競争し、接続し、共同作業ができるようになったことが主題だった。それが『フラット化する世界――経済の大転換と人間の未来』だ。第1版は2005年に出版された。その改訂増補版として、2006年にリリース2・0、2007年にリリース3・0を出版した（邦訳では2・0が第1版、3・0が増補改訂版）。コラムニストとして、しばらくつづけていけるだけの、かなりしっかりした骨組みを築いたと考え、私はそこでやめた。

大きな過ちだった。2007年は、考えるのをやめるには、まったく不適切な年だった。2010年に腰を据えて、私の最新の著作で、マイケル・マンデルバウムとの共著の『かつての超大国アメリカ――どこで間違えたのか　どうすれば復活できるのか』を書きはじめたとたんに、どれほど不適切だったかということに、はじめて気づいた。その本でふりかえっているように、執筆をはじめたときにまっさきにやったのは、『フラット化する世界』第1版を本棚から取ることだった――2004年に書きはじめたときに、なにを考えていたかを思い出すためだ。索引のところをひらいて、項目を指でなぞっていくと、すぐにフェイスブックがないことに気づいた――2004年に私が、世界はフラットになったと宣言して走りまわっていたときには、フェイスブックはまだ存在していなかった。ツイッターはまだ鳥のさえずりを意味する言葉だったし、雲《クラウド》は空に浮かんでいただけだった。４Ｇは駐車スペース、〝願書《アプリケーション》〟は大学に提出する書類だった。ビジネス特化型ＳＮＳのリンクトインはほとんど知られておらず、たいがいの人は鎖の輪《リンク》から刑務所を連想した。ビッグデータはラッパーにぴったりの名前で、Skype（スカイプ）は、ふつうの人が見ればタイプミスだった。これらのテクノロジーはすべて、私が『フラット化する世界』を書いたあとで開花した――ほとんどが２００７年前後に。

　そこで、数年後に、私はマシーンがどういうふうに働いているかについて、自分の見方を真剣にアップデートしはじめた。重要な起動力になったのは、２０１４年に読んだ本――マサチューセッツ工科大学（ＭＩＴ）スローン経営大学院の教授２人、エリック・ブリニョルフソンとアンドリュー・マカフィーが書いた『ザ・セカンド・マシン・エイジ』だった。第１の機械時代は、産業革命で、それには１７００年代の蒸気機関の発明がともなっていたと、２人は述べている。その時代は「人間の筋肉を増強するパワー・システムだけが重要だった」と、マカフィーはあるインタビューで語っている。「その時代に発明がたてつづけにあって、パワーがどんどん増大した。だが、人間がすべての決定を下す必要があった」したがって、その時代の発明は人間の制御と労働を「さらに貴重で重要なものにした」。

　おおまかにいえば、労働と機械は補い合って完全なものになったと、マカフィーはつけくわえた。だが、第２の機械時代について、ブリニョルフソンはこう指摘する。「認知を必要とする仕事の自動化がはじまり、パワーをどう使うかを決める制御システムの多くが、自動化された。現在では、さまざまな分野で、AIを使う機械のほうが、人間よりも優れた決断を下すことができる」だから、人間と、ソフトウェアによって動く機械は、補完し合うのではなく、交替することが増えている。

それを可能にした原動力はいくつもあるが、そのうちの1つは、ムーアの法則が示しているような演算能力の幾何級数的な成長だと、2人は論じている。1965年にインテルの共同創業者ゴードン・ムーアがはじめて仮定したこの理論は、マイクロチップの性能——演算処理能力——は毎年倍増するとしていた。その後、修正され、新世代ごとに投資費用がかすかに増えつつ、2年ごとに倍増するとされた。ムーアの法則は、50年間、ほとんどそのパターンに沿って持ちこたえている。

こういった幾何級数的な成長を説明するのに、ブリニョルフソンとマカフィーは、ある王様にまつわる昔話を引き合いに出した。王様はチェスを発明した男にすっかり感心して、なんでも望みの物をあたえるといった。男は、家族に食べさせるのにじゅうぶんな米をいただければ、それで結構ですといった。王様は、「もちろん望みをかなえよう。どれほどほしいのか？」ときいた。男は、チェス盤の1つの升目にひと粒の米を置き、次の升目にはふた粒、その次には4粒というように、升目ごとに2倍にしてほしいと求めた。王様は承諾したが、2の63乗が途方もない数になることに気づいていなかったからだと、ブリニヨルフソンとマカフィーは指摘する。約922京の米粒が必要になる。それが幾何級数的な変化の力だ。もしあなたが50年のあいだなにかを2倍にしつづけると、膨大な数になり、やがて前代未聞のすごいものを目にすることになる。

ブリニョルフソンとマカフィーは、ムーアの法則はその昔話の〝チェス盤の後半〟にはいったと論じている。倍増の範囲と速度が増して、それまでに見てきたものとは力と能力が根本的に異なるものが見えはじめる。たとえば自動運転車。たとえば、チェスやクイズ番組〈ジェパディ！〉や、2500年前からあってチェスよりもはるかに複雑な囲碁でも人間を打ち負かした、自分で考えるコンピュータ。マカフィーはいう。「変化の度合いと、変化の度合いの加速が、いずれも同時に増大するときには、なにを見ることになるのか、見当もつかない！」

そのため、現在のマシーンについての私の見解は、ムーアの法則の着実な加速がテクノロジーに影響をあたえているという、ブリニョルフソンとマカフィーの基本的な推論を基にしているものの、現在のマシーンはさらに複雑化していると、私は考えている。チェス盤の後半に襲いかかったのは、純然たるテクノロジーの変化だけではないからだ。そのほかに、〝市場《ザ・マーケット》〟と〝母なる自然〟の加速という、2つの巨大な力が働いている。

〝市場《ザ・マーケット》〟は、グローバリゼーションの加速を短くいい表わすときに私が使う言葉だ。つまり、商業、金融、クレジット、ソーシャル・ネットワーク、コネクティビティ（接続性）

の世界的な流れ《フロー》は、総じて、市場、メディア、中央銀行、企業、学校、コミュニティ、個人を、いままでになく緊密に織り合わせている。そこから生まれる情報と知識のフローは、世界を相互に、高度に連結しているだけではなく、相互依存を強めている——あらゆる場所の人々が、ますます他のあらゆる場所の人々の行動から影響を受けるようになっている。

また、〝母なる自然〟は、気候変動、人口増加、生物の多様性の喪失を短くいい表わすときに私が使う言葉で、それらすべてが加速し、やはりチェス盤の後半にはいり込んでいる。

ここでまた、他の人の理論を基にする。〝加速の時代〟という言葉は、ウィル・ステフェンが率いる科学者チームがまとめた一連のグラフに由来する。ステフェンは当時、キャンベラにあるオーストラリア国立大学の気候変動に関する専門家で研究者だった。これらのグラフはもともと、2004年に出版された『*Global Change and the Earth System: A Planet Under Pressure*（グローバルな変化と地球システム——圧力にさらされた惑星）』に掲載されたもので、1750年から2000年にかけて、ことに1950年以降に、テクノロジー、社会、環境の影響が、互いを糧としながら加速してきたことに注目している。〝大加速〟は、おなじ科学者たちが2005年に唱えた造語で、これらの変化が全体に及び、広い範囲にひろがり、なおかつ互いに結びついているために、同時に地球を席巻して、地球システムの人類と生物物理の全般的状況を作り変えていることを表わしている。これらのグラフの改訂版は、《アンスロポセン・レビュー》2015年3月2日号に掲載された。本書の324〜325ページにも転載した。

「プロジェクトを開始したときには、1750年から2000年にかけての加速が最初に発表されてから、10年が過ぎていました」"大加速"チームに参画している、ストックホルム・レジリエンス・センターの戦略ディレクター、オーウェン・ガフニーは説明する。「軌跡が変わっているかどうかをたしかめるために、2010年の段階までグラフを更新したいと考えました」――もちろん変わっていた。加速していたのだ。

市場、母なる自然、ムーアの法則が同時に加速して、"加速の時代"を構成し、私たちがそこに置かれているというのが、本書の主張の眼目になっている。それが現在のマシーンを駆動する主要な歯車なのだ。これら3つの加速は、互いに影響し合っている。ムーアの法則の加速はグローバリゼーションを促進し、グローバリゼーションの加速は気候変動を促進する。そのいっぽうで、ムーアの法則の加速は気候変動などの難問を解決する可能性も高め、同時に、現代の生活のあらゆる面を変容させている。

スーパーコンピュータの設計者で、マイクロソフトの元最高研究・戦略責任者のクレイグ・マンディは、単純な物理学用語で、この時代を定義している。「数学上の定義で速度は一次導関数、加速度は二次導関数だ。つまり、加速度の関数につれて、速度は増えたり減ったりする。私たちがいまいる世界では、加速が増大していると思われる。[つまり]

変化の速度は速まる方向へ向かっている。変化率も速まっている。……そして、変化率が順応できる能力を超えたとき、〝常態の崩壊《ディスロケーション》〟が起きる。〝混乱《ディスラプション》〟は、自分や自分の会社が時代遅れに思えるような賢いことをだれかがやったときに起きる。それに対し、環境そのものが突然変わってしまい、追いつけないとみんなが感じることを、〝常態の崩壊〟と呼ぶ」

それがいま起きている。「世界はただ急速に変化しているだけではない」ダヴ・サイドマンはいう。「劇的に作り変えられている――これまでとはまったく異なるように機能しはじめている」それも、多くの分野でいっせいに。「その作り変えは、私たちがこれまで、私たち自身や私たちのリーダーシップ、機構、社会、道徳的な選択肢を作り変えてきた速度よりも、ずっと速く進んでいる」

じっさい、変化のペースの変わり方と、私たちが学習システムや訓練システム、管理システム、社会のセーフティ・ネット、政府による規制といったことを開発する力は釣り合っていない。そういう措置が講じられれば、一般市民はそれらの加速をかなり有効に利用でき、最悪の衝撃が和らげられるはずだ。これから検証していくように、現在、先進国でも発展途上国でも、この不釣り合いが政治と社会の混乱の主因になっている。世界のすべての国々で、それが統治にもっとも困難な課題をもたらしているといえる。

アストロ・テラーのグラフ

自動運転車などのイノベーションを生み出しているグーグルの研究開発機関、〝X〟のエリック・〝アストロ〟・テラーCEOが、この現象のもっとも明快な実例を私に説明してくれた。Xでテラーは、〝月ロケット打ち上げのキャプテン〟という、いかにもふさわしい肩書を持っている。想像してみるといい。毎日オフィスへ行って、同僚とともに月ロケットをこしらえる——つまり、SFの世界に属すると考えられているものを製品やサービスに仕上げ、私たちの仕事や暮らしを変えることを命じられているのだ。テラーの父方の祖父は水素爆弾を設計した物理学者のエドワード・テラー、母方の祖父はノーベル経済学賞を受賞したジェラール・ドブルーだ。いわゆる優秀な遺伝子の持ち主といえる。私たちは、ショッピングモールを改装したX本部の会議室にいた。テラーは、ローラーブレードをはいて、私たちのインタビューに現われた。会議が目白押しなので、遅れないようにローラーブレードで走りまわっていたのだ。

テラーはすぐさま、ムーアの法則とアイデアのフローの加速が、変化のペースを速めて、人間の適応能力を試していることについて説明しはじめた。

テラーは、小さな黄色い罫線入り付箋を出して、話をはじめた。「グラフの曲線を2本思い浮かべてほしい」そして〝変化の度合い〟と記したY軸と、〝時間〟と記したX軸を引いた。それから、最初の曲線を描いた――最初はほとんど水平だが、ゆっくりと加速し、グラフの末端に向けて急上昇する、大きな幾何級数的な曲線だった。ちょうどアイスホッケーのスティックのような形をしている。「この曲線は、科学の変化を表わしている」とテラーはいった。はじめのうちは徐々に上に曲がっているだけだが、前のイノベーションにあらたなイノベーションが重なるにつれて、傾斜が大きくなり、やがて空に向けて急上昇する。

どういうものがこの曲線の上に並ぶだろう？　たとえば起点には印刷機があり、つづけて、電報、手動タイプライター、テレックス、メインフレーム・コンピュータ、最初のワープロ、パソコン、インターネット、ノートパソコン、携帯電話、検索エンジン、モバイルアプリ、ビッグデータ、バーチャル・リアリティ、ヒトゲノム・シークエンシング、AI、自動運転車が並ぶかもしれない。

テラーは説明した。1000年前には、科学とテクノロジーの進歩を示す曲線は、きわめてゆるやかに上昇していて、劇的に変わったと世界の人々が見たり感じたりするまでに、100年かかることもあった。たとえば、ヨーロッパで13世紀に軍事に使われるようになった長弓《ロングボウ》は、開発から実用まで数百年かかっている。12世紀の基本的な暮らしは、11世紀とそう変わりがなかった。ヨーロッパやアジアの大都市で取り入れられた変化が、アフリカや南米はおろか、おなじ国の農村部に達するのにも、果てしない歳月を要した。世界中でいっせいに変化するようなものは、なに1つなかった。

だが、1900年になると、このテクノロジーと科学の変化プロセスが、「速度をあげはじめ」、曲線が上向きに加速しはじめた、とテラーはいった。「テクノロジーは、みずからを土台にする仕組みになっているからだ。新しい世代のイノベーションは、前の世代のイノベーションを土台にする」テラーは説明する。「したがって、1900年には、テクノロジーが20～30年単位で、世界が居心地悪くなるほど変わったと感じられるような大きな飛躍を遂げるようになった。自動車や飛行機が実用化されたのは、そのころだ」

やがて、曲線の傾きがほとんど垂直に近くなり、グラフから飛び出す。モバイル機器、ブロードバンド接続、クラウド・コンピューティングが組み合わさったからだ（これについてはあとで論じる）。これらの発展が、地球上の多くの人々にイノベーションの道具を拡散し、より遠くへ、より速く、より安価に変化を促進することを可能にした。

「そしていま、2016年には」テラーはつづける。「テクノロジーが過去のテクノロジーを土台にすることでタイムウィンドウがどんどん短くなっており、なにかが発表されてから、どこでも見られるほどに普及し、不安なほど世界が変わるまで、5～7年しかかからない」

このプロセスは、どんな感じなのか？　グローバリゼーションについての私の最初の著作『レクサスとオリーブの木』に、私はローレンス・サマーズが語った話を書いた。私たちはどこから来て、どこへ向かっているのかということについて、その話は核心を捉えていた。１９８８年のことだったと、サマーズはいった。マイケル・デュカキスの大統領選挙運動に参加していて、演説のためにシカゴへ行った。車が空港に迎えにきて、乗るとリアシートに電話が取り付けてあった。「１９８８年には、車に電話があるというのはすごいことだったから、家内に電話して、電話がついている車に乗っていると教えた」とサマーズは私に語った。思いつく相手に何人か電話すると、みんなおなじように興奮した。

それからわずか9年後、サマーズは財務副長官になっていた。西アフリカのコートジボワールを訪れたときに、最大都市アビジャンの上流にある村の、アメリカが資金提供している保健プロジェクトの落成式に出席することになった。簡易井戸の使用開始を祝うための式だった。だが、もっともサマーズの印象に残っているのは、村から下流に戻るために丸木舟に乗ったときに、コートジボワールの政府関係者が、彼に携帯電話を渡してこういったことだった。「ワシントンからの問い合わせです」9年前に、シカゴで移動電話付きの車に乗ったと自慢したサマーズが、アビジャンに戻る丸木舟の座席で、悠然と携帯電話を使っていた。変化のペースが速まっただけではなく、変化はいまやグローバルな規模で起きていた。

もう1本の線

それが科学とテクノロジーの進歩の現状だが、テラーが私のために描いてくれるグラフは、それで終わりではなかった。曲線は2本あると、テラーはいっていた。彼が描いた2本目は、遠い昔からはじまっているほぼまっすぐな線で、はじめは科学の進歩のずっと上にあった。だが、その後は上昇しているのがほとんどわからないくらいの傾きの線だ。「競い合う曲線があるというのは、明るいニュースだ」テラーは説明した。「これは人間——個人と社会——が、環境の変化に適応する度合いを示している」環境の変化とは、テクノロジーの変化（たとえばモバイル接続）、地球物理学的な変化（たとえば地球の温暖化や寒冷化）、社会の変化（たとえば異人種間の婚姻の許可）などだと、テラーはつけくわえた。「こういった大きな変化は、社会によって引き起こされるものが多かったから、私たちは適応してきた。心地よくないものもあった。だが、適応した」

じっさい、さいわいなことに、リテラシーが拡大し、知識が普及したおかげで、何世紀ものあいだ、適応のほうがすこし先んじていた。「私たちが適応できる度合いは、増大している」テラーはいう。「1000年前には、なにか新しいものに適応するのに、2世代か3世代を要したはずだ」1900年には、適応する期間は1世代に縮まっていた。「現在の私たちはもっと適応力が高く、10～15年で新しいものに慣れる」

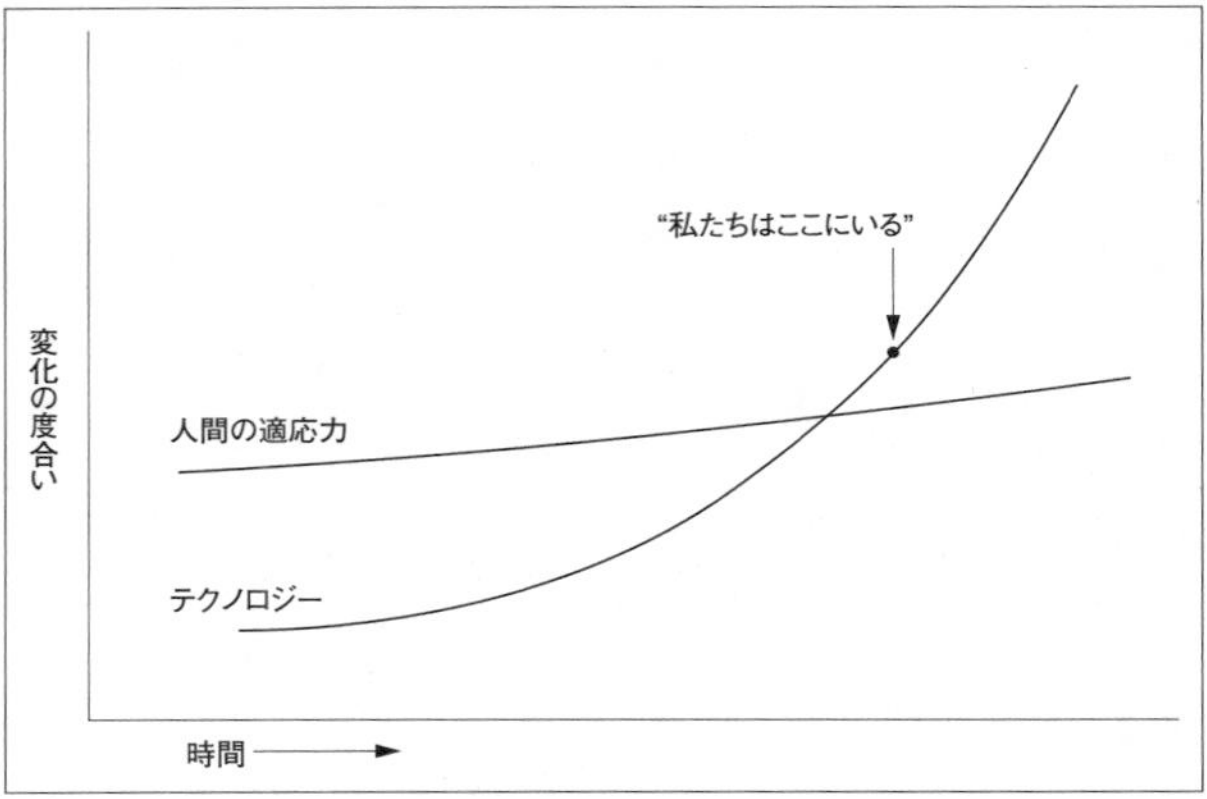

あいにく、それでは間に合わない。テラーがいうには、現在、科学とテクノロジーのイノベーション（それに同性婚のような新しい概念も加わるかもしれない）の加速度は、平均的な人間と社会構造が適応して吸収する能力を、はるかにしのいでいる。それを念頭に置いて、テラーはグラフに大きな点を書き入れた。急傾斜で上昇するテクノロジーの曲線上に、その点は置かれた。人間の適応力の曲線とテクノロジーの曲線が交差したところよりも、すこし上に当たる。

そこにテラーは、〝私たちはここにいる〟と書き加えた。本書のために描き直したグラフが、上図だ。

その点は重要な事実を示していると、テラーは説明した。人間と社会はこれまでずっと、だいたいにおいて変化に着実に適応してきたが、テクノロジーの変化は急激に加速し、それらの変化をほとんどの人間が吸収できる平均的な速度を超えてしまった。もう大半の人間が、ついていけなくなった。

「それが文化的な恐怖心（社会の変化や経済的圧力などによって自分たちは取り残され、疎外されていると感じること）の原因になっている」とテラーはいう。「それはまた、毎日のように登場する新テクノロジーのすべてから利益を最大限に引き出すことも妨げている。……内燃機関が発明されてから数十年のあいだに、つまり道路に大量生産の車があふれる前に、交通の法規や約束事は徐々に定まった。それらの法規や約束事は、いまも私たちにおおいに役立っているし、それからの100年間、高速道路などの発明に法律を適応させる時間はじゅうぶんにあった。しかし現在は、科学の進歩が、道路を使う私たちの方法に地殻変動のような大変化をもたらしている。議会や自治体は、血眼になって追いつこうとしている。ハイテク企業は、時代遅れで馬鹿げたルールに憤慨している。大衆は考えあぐねている。スマホの技術はウーバーを勃興させたが、ライドシェアリングをどう規制すればいいのかについて世間が判断を下す前に、自動運転車がそれらの規制を時代遅れにしてしまうかもしれない」

これが真の問題だ。加速がほんとうに激しいときに、適応するために減速すると、自分だけが極端に遅くなってしまい――そして、見当識を失う。時速8キロメートルで動いている空港の動く歩道が、周囲はすべておおむね変わりがないのに、急に時速40キロメートルに加速するようなものだ。多くの人々が、それでかなり混乱してしまう。

社会のためのテクノロジープラットフォームが、現在、5〜7年で変換するとしても、それに適応するには10〜15年かかる。テラーは説明する。「私たちはみんな、制御を失っているという気持ちになる。なぜなら、世界の変化に追いつくほど速く適応できないからだ。その変化に慣れたころには、もうそれは変化の主流ではなくなっている——新しい変化が起きているんだ」

手術支援ロボット、ゲノム編集、クローン、AIといった進歩のことは聞いていても、そういった発展が私たちをどこへ連れていくかは見当もつかないので、多くの人々はとまどうばかりだ。

「私たちの能力では、こういった分野のうちの1つを深く理解するだけで精いっぱいだ。人間の知識の総和は、一個人の学習能力を大きく上回っている。しかも、こういった分野の専門家ですら、次の10年や次の世紀になにが起きるかは予測できない」テラーはいう。「新テクノロジーの未来の可能性や、未来の意図せざる悪影響がはっきりとわかっていないと、重要な進歩を推し進めつつ、あらゆる悪い副作用から私たちを守る規制を作成するのは、不可能に近い」

べつのいい方をすれば、新テクノロジーを理解して、社会の安全を守るために新しい法律や規制を打ち立てるのに、現在のように10〜15年かかっているようでは、5〜7年で登場しては消えていくテクノロジーを規制できるはずがない。それが問題なのだ。

特許は、変化がもっとゆっくりと訪れる世界のために築かれたシステムの一例だと、テラーは説明する。特許の基本的な枠組みは、〝あなたのアイデアについて、20年間の独占権をあたえる（通常、出願から登録までの期間が、そこから引かれる）が、特許の有効期間が切れたら、だれでもその情報を得ることができる〟というものだ。しかし、新テクノロジーの大半は4～5年で時代遅れになるし、「特許が認められるには4～5年かかるので、テクノロジーの世界では特許は適切な仕組みではなくなっている」とテラーはいう。

国民を教育するやり方にも、大きな問題がある。私たちが子供のころは、成人するまでに12～16年ほど学校へ行って、それで終わりだった。しかし、変化のペースがこれほど速くなると、生涯、働く能力を維持するには、一生学びつづけなければならない。人口にかなり大きな割合を占める集団が、２０１６年のアメリカの選挙から判断して、「生涯学習をつづけざるをえないと考えて、20歳では労働市場に参入していない」とテラーはいう。彼らはそれを不満に思っている。

こういったことはすべて、「私たちの社会構造が変化の度合いについていけなくなっている」ことを示していると、テラーはいう。なにもかもが、つねに追いつき追い越せモードのように思える。どうすればよいのか？　テクノロジーの進歩を減速させたり、規制を放棄したりすることは望ましくない。テラーによれば、唯一の適切な対応は、「社会の適応能力を増大させることだ」。それにより、社会全体がテクノロジーに感じている不安か

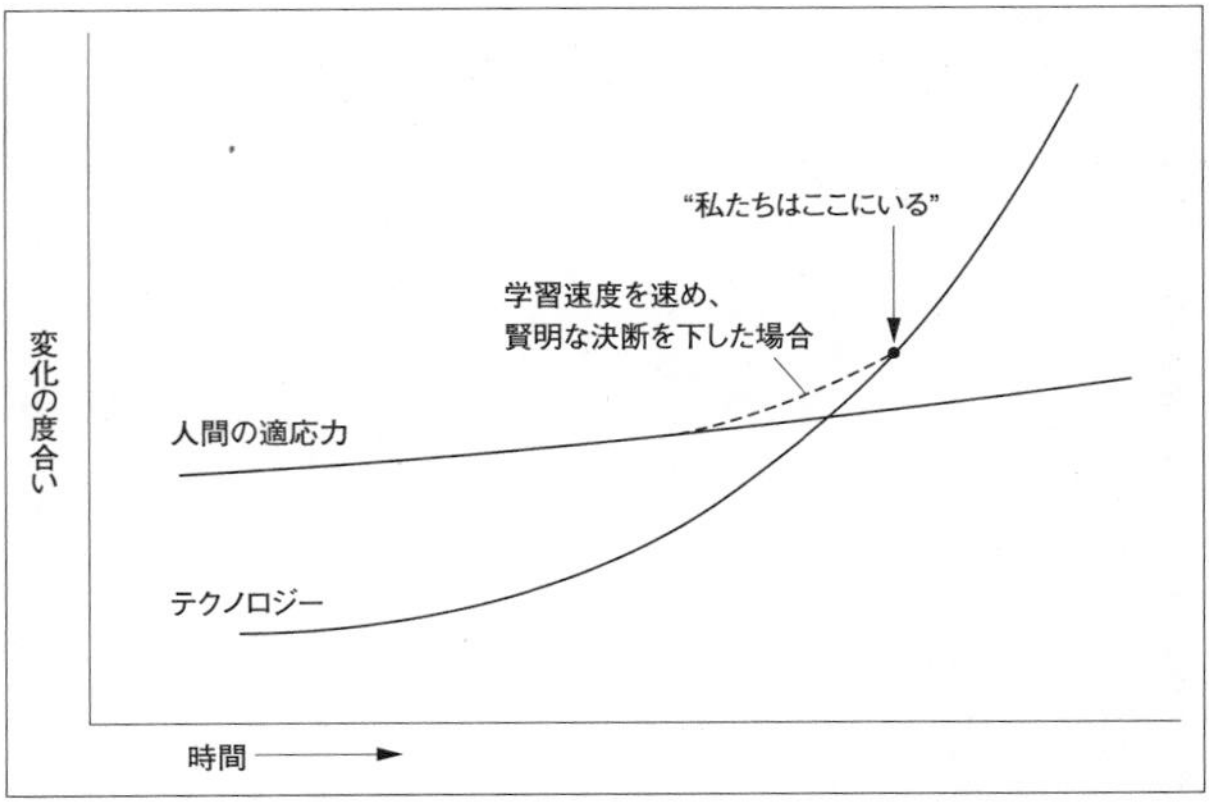

ら解放される。「テクノロジーの進歩を押し戻すか、あるいは人類があらたな難題に直面しているのを認識するか、という2つの選択肢がある。私たちが追いつけるように、社会のツールと機構の配線をやり直さなければならない。第1の選択肢――テクノロジーを減速させようとすること――は、変化に対する不快感をもっとも容易に解決できるが、人類はみずから引き起こした破壊的な環境問題に直面しているし、見て見ぬふりをしたら、けっしていい結果にはならない。世界の重大な問題の解決策は、ほとんどが科学の発達から生まれるはずだ」

テラーはなおも説く。「私たちの適応能力をすこしでも強化できれば、かなりの大きな変革がもたらされるだろう」そして、グラフに戻り、適応力の線の上に、それよりも速く上昇する破線を描き添えた。この線は学習速度を速め、賢明な決断を下すことを想定したもので、したがって、テクノロジー（科学）の変化の曲線と、ずっと上のほうで交わっている。

人間の適応力の強化の90％は「学習の最適化」、つまりテクノロジーのイノベーションを促進している要素を、私たちの文化や社会構造に応用することが占めると、テラーは論じている。近年、かなり改善が進んだ特許庁や、その他の政府監督機関などすべての機構が、より機敏になるよう努力をつづけなければならない。迅速に実験をやり、失敗から学ぶ意志を持たなければならない。新しい規制が何十年も維持されると思うのは間違いで、社会に役立つようなやり方で、たえず再評価されるべきだ。各大学はいま、変化のペースの変動に追いつけるように、従来よりも速く、そして頻繁に、カリキュラムを作り変える実験を行なっている。〝消費期限〟を設定されている講座もある。政府の規制も、おなじ手法を採用する必要がある。政府関係者は、イノベーター並みの創造力を必要とする。ムーアの法則の速度で活動しなければならない。

テラーはいう。「イノベーションは、実験、学習、知識の応用と、成功か失敗かの分析評価のサイクルだ。結果が失敗だったときには、サイクルを最初からはじめることになる」Xの社是の1つは、〝速く失敗しろ〟だ。テラーはチームに告げる。「今月、どれほど進展があったかには関心がない。私の仕事は、改善率をあげることだ――おなじ失敗にかける時間と金を、どうやって半分にするかということだ」

テラーによれば、イノベーションのサイクルがますます短くなり、適応の時間がますます減るなかで、私たちがいま経験しているのは要するに、「絶え間ない不安定と、たまの不安定の違いだ」。静止した安定の時代は過去のものだ、とテラーはつけくわえた。だからといって、あらたなかたちの安定が得られないわけではないが、「あらたなかたちの安定は、動的な安定にならざるをえない。自転車に乗っているときのように、じっと立っていることはできないが、動き出せばかなり楽になる安定のかたちがいろいろある。私たちにとって自然な状態とはいえない。しかし、人類はそういう状態のなかで存在することを、学ばなければならない」。

私たちはみんな、自転車に乗るコツをおぼえなければならない。

テラーはいう。それができたら、「曲がりなりにも私たちはまた平静になるだろうが、それにはかなり再学習が必要だろう。いまの私たちが、子供に動的安定の訓練をほどこしていないことは明らかだ」。

だが、未来の世代が繁栄し、彼らなりの安定を見いだすためには、それをやることが、いよいよ必要になるだろう。次の4つの章では、現在のマシーンの働きを左右する、ムーアの法則と市場と母なる自然の根元的な加速について述べる。テラーがいう動的安定を実現させるには、それらの力が世界をどう作り変えているかを理解し、それらが２００７年ころから著しく動的になった理由を解き明かさなければならない。

第3章　ムーアの法則

人々が接続するとき、世の中は変わる。
すべてのものが接続するとき、暮らしは変わる。

——クアルコムの社是

人間の意識が理解するのがもっとも難しいものの1つは、幾何級数的な成長の力だろう——なにかが何年ものあいだ2倍、3倍、4倍になりつづけたときに、なにが起きるのか、どれほど大きな数字になるのかということだ。だから、インテルのブライアン・クルザニッチCEOがムーアの法則のインパクト——50年にわたり、2年ごとにマイクロチップの性能が2倍になるとなにが起きるか——を説明するときはいつも、次の例を利用する。インテルの第1世代マイクロチップである1971年の4004と、現在の市場にインテルが出荷している最新鋭マイクロチップ、第6世代のインテル・コアを比較すると、性能は3500倍、エネルギー効率は9万倍向上し、コストは6万分の1になっているのだ。違いがもっと鮮明になるように、インテルのエンジニアたちは、1971年型のフォルクスワーゲン・ビートルが、ムーアの法則のもとでマイクロチップが改善されたのとおなじ比率で改善されたらどうなるかを、ざっと計算した。

すると、以下のような数字が出た。現在のビートルは、時速48万2800キロメートルで走れるはずだ。1リットルのガソリンで85万キロメートル走れるし、価格はたった4セントだ！　インテルのエンジニアたちはまた、自動車の燃費がムーアの法則とおなじ割合で改善されていたら、おおざっぱにいって、一度満タンにしただけで、一生走りつづけることが可能だと試算した。

現在、テクノロジーの変化のペースが、これほどすさまじいのは、マイクロチップの演算速度が着実に非線形に加速しているからだけではない。コンピュータのべつの構成要素もすべて、性能が向上している。現在のコンピュータにはすべて、5つの基本的構成要素がある。①演算をする集積回路、②情報を保存したり取り出したりする記憶装置、③コンピュータ内とコンピュータ間の通信を可能にするネットワーク・システム、④複数のコンピュータが多種多様なタスクを個別に、あるいは同時並行的に実行できるようにするソフトウェア、⑤センサー——動作、言語、光、熱、湿気、音などを感知し、インサイトを取り出せるようにデジタル・データに変えてくれる、カメラなどの小型機器。驚いたことに、ムーアの法則にはおおぜい親類がいる。本章では、この5つの構成要素すべてのパワーが着実に加速したことと、それらが融合した〝クラウド〟が、新しい場所へ――アストロ・テラーが書き入れた大きな点へ――私たちをいざなっていることを示す。テクノロジーと科学の変化のペースが、人間と社会がふつうに適応できる速度を追い抜く場所だ。

ゴードン・ムーア

集積回路やマイクロプロセッサとも呼ばれるマイクロチップから、話をはじめよう。コンピュータのプログラムとメモリは、すべてこのデバイスによって動かされている。辞書によれば、マイクロプロセッサは1枚のシリコンチップ上に作られる超小型演算エンジンで、略して〝マイクロチップ〟もしくはただ〝チップ〟と呼ばれる。マイクロプロセッサは、電気の流れをつないだり切ったりするトランジスタから成っている。マイクロプロセッサの演算能力は、トランジスタのオン・オフの速さという機能と、それを1枚のシリコンチップにどれだけ実装できるかによって異なる。トランジスタが発明される前、初期のコンピュータ設計者は、演算するための電気のオン・オフに、昔のテレビにも使われていた、電球のような形をした真空管を使わなければならなかった。そのため、昔のコンピュータは演算速度が遅く、大型になった。

やがて、1958年夏に、突然すべてが一変した。テキサス・インスツルメンツのエンジニア、ジャック・キルビーが「この問題の解決策を見つけた」と、NobelPrize.org は説明している。

素子とチップをすべて、1枚の半導体基板（モノリス）から作るというのが、キルビーのアイデアだった。……1958年9月、キルビーは初の集積回路を開発した……

素子すべてを1枚の基板上に作り、それらを金属線で接続することで、個別半導体が不要になった。追加の配線や半導体を基板に貼りつける必要がなくなった。回路が小型化し、製造工程を自動化できた。

半年後に、べつのエンジニア、ロバート・ノイスが、集積回路についてべつのアイデアを編み出した。キルビーの回路の問題点がみごとに解決され、すべての素子をシリコンチップ1枚の上でシームレスに接続できるようになった。

ノイスは、1957年にフェアチャイルド・セミコンダクターを（のちにはインテルを）共同設立し、エンジニア数人とともにこういったチップを開発した。エンジニアのなかに、カリフォルニア工科大学で物理化学の博士号を得たゴードン・E・ムーアがいた。ムーアはのちに、フェアチャイルドの研究開発部門の責任者に就任する。シリコンウェハーにトランジスタを化学エッチングする工程を開発したのが、フェアチャイルドの最大のイノベーションだった。それにより、規模を拡大でき、大量生産に向くようになった。フレッド・カプランが自著『*1959: The Year Everything Changed*（１９５９年――すべてが変わった年）』で指摘しているように、マイクロチップは、政府の大規模プログラム、ことに月ロケット競争とミニットマンＩＣＢＭの開発がなかったら、活況を呈することはなかったかもしれない。いずれも、きわめて小さなノーズコーンに収まる精密な誘導装置を必要としていた。国防総省の需要によって、マイクロチップの規模の経済が創出された。それをはじめて的確に認識したのが、ゴードン・ムーアだった。

「マイクロチップ製造にフェアチャイルドが化学エッチングを採用したことで、小型化し、信頼性が高まり、通常の電子回路よりも消費電力が小さくなっただけではなく、マイクロチップの製造原価が下がるだろうと気づいたのは、ムーアが最初だったかもしれない」コンピュータ歴史博物館が発行する雑誌《コア》の２０１５年特別号に、デービッド・ブロックが書いている。「１９６０年代初頭、世界中の半導体産業がすべてフェアチャイルドのシリコン・マイクロチップ製造法を採用していた。そして、軍事分野、ことに航空宇宙コンピュータの分野に、市場が生まれた」

２０１５年にサンフランシスコのエクスプロラトリアムで、ムーアの法則50周年の式典が行なわれた際に、私はムーアをインタビューした。当時ムーアは86歳だったが、彼の頭脳のマイクロプロセッサはすべて、すばらしい効率でいまなお機能していた！　ムーアは私に語った。１９６４年に専門誌《エレクトロニクス》が、今後10年間に半導体部品産業がどうなるかについて、35周年記念号に書いてほしいと、ムーアに頼んだ。そこで、ムーアはメモを出して、当時までの出来事を調べた。フェアチャイルドは、1個ずつトランジスタを製造する会社から、1つのチップ上に8つの素子——トランジスタと抵抗——を作り込んだチップを製造する会社に変わった。そして、まもなく発表される新型チップでは、素子の数が2倍の16個になる。研究所では素子30個のチップで実験中で、素子数はいずれ60個に達すると考えられていた。そういったことをすべて、時間の推移に合わせて記すと、毎年2倍になっているのが明らかになった。そこで、記事を書くにあたってムーアは、当て推量で、すくなくとも10年間は2倍になりつづけるだろうと予測した。

いまではすっかり有名になっている、《エレクトロニクス》1965年4月19日号の〝集積回路にもっと素子を詰め込む〟と題した記事で、ムーアは述べた。「素子当たりのコストを最低限に抑えるために、集積度が毎年ずっとほぼ2倍に増してきた。……これから先、すくなくとも10年間、それがほぼ一定のままでないと考えるべき理由はなにもない」ムーアの友人でカリフォルニア工科大学工学教授のカーバー・ミードが、のちにそれを〝ムーアの法則〟と名付けた。

ムーアは私に説明した。「当時、私はずっと集積回路を見守っていた。[それは」当時としてはまったく新しく、生まれてから数年しかたっていなかった。それに、価格もかなり高かった。どうして安くならないのかということについて、かなり議論がなされた。私は

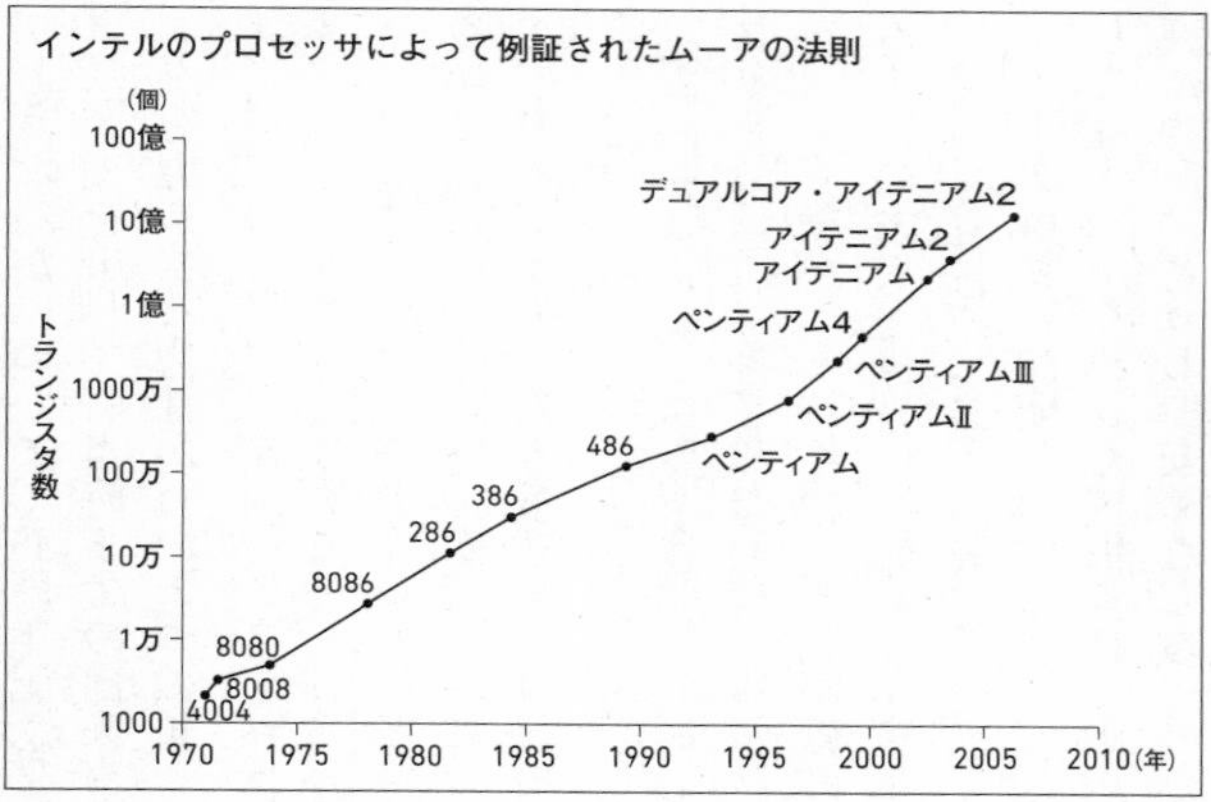

インテルのプロセッサによって例証されたムーアの法則

研究開発のトップだったのでチップの集積度を高めて価格を下げる方向に技術開発が向かうだろうと、判断しはじめていた。……それが比較的正確な予想になるとは思っていなかったが、全体の傾向はそちらを目指しているとわかっていたし、集積回路のコストを下げるのがなぜ重要なのか理由を示す必要があったんだ」当初の予想は10年先までで、集積回路の素子数が60個から6万個になるとしていた。10年間で１０００倍だ。だが、それが現実になった。しかし、そのペースがつづくことはありえないとムーアは気づき、１９７５年に予想を変更して、およそ2年で倍増し、価格はほとんど変わらないと述べた。

そして、それがずっと現実になりつづけた。

「おなじことが50年もつづくという事実は、まさに驚異的だ」ムーアは私に語った。「なにしろ、次の段階へ進むのを妨げるあらゆる障壁がつねに見えていたんだが、その壁に近づくと、エンジニアたちがどうにかして迂回する方法を編み出すんだ」

おなじように驚異的なのは、ムーアの1965年の記事が、マイクロチップの着実な改良によって可能になったさまざまな物事を正しく予測していたことだ。

集積回路は、さまざまなすばらしい製品を生み出すだろう。たとえば、家庭用コンピュータ――あるいはすくなくとも、中央計算機に接続している端末――や、自動運転車、個人用の携帯通信機器などだ。電子腕時計は、ディスプレイさえあれば、現在でも実現可能だ。

電話では、「デジタルフィルター内の集積回路が、多重化装置による複数チャネル化を実現するだろう。電話回線を切り換え、データ処理もできるようになる。

コンピュータはいまよりもずっと強力になり、従来とはまったく異なったやり方で構築されるだろう。……いまとおなじような機械類が、低コスト、短時間で、製造されるようになる。

ムーアはパソコン、携帯電話、自動運転車、iPad、ビッグデータ、アップル・ウォッチの出現を予測していた、といっても過言ではないだろう。挙げられていないのは〝電子レンジで作るポップコーン〟だけですねと、私はジョークをいった。

家に帰って奥さんのベティに、「ハニー、私の名前のついた法則ができたよ」といったのはいつでしたかと、私はムーアにたずねた。

「最初の20年は、〝ムーアの法則〟という言葉を口にできなかった――恥ずかしかった」とムーアは答えた。「法則ではなかったからね。ようやく慣れて、いまは平気な顔でいえるようになった」

それを思うと、ムーアの法則のように予測していればよかったと思うけれど予測していなかったことはありますか？　私はきいた。

「インターネットの重要性には、驚かされた」ムーアはいった。「特定の問題解決のための小規模ネットワークになると思っていた。新しいチャンスの大きな世界を拓くようになるとは気づかなかったが、じっさいそうなった。それを予想できていたらよかったと思う」

ムーアの法則のすばらしい実例は数多くあって、お気に入りを選ぶのは難しい。《ロンドン・レビュー・オブ・ブックス》２０１５年3月15日号に載ったライターのジョン・ランチェスターの〝ロボットが来る〟が示した一例は、私がこれまで見つけたもののなかでは最高だ。

ランチェスターは書いている。「１９９2年の米ロ核実験一時停止を受けて、１９９６年に、アメリカ政府は加速的戦略的コンピューティング・イニシアチブ［ＡＳＣＩ］と呼ばれるプログラムを発足させた。核実験が一時停止されたことで、実験を行なわなくても既存の兵器の老朽化の程度を調べられるように、複雑なコンピュータ・シミュレーションを行なう必要が生じたためだった。安全上の理由と——なにしろ世界は危険だから!——一時停止の条件に違反しないように新兵器を設計するという目的があった」

それを達成するために、なにが進められたかということを、ランチェスターは説明している。

ASCIには、既存のコンピュータよりもはるかに高い演算能力が必要だった。そのために、1テラフロップス以上の処理能力を持つよう設計された初のスーパーコンピュータ、ASCIレッドが投入された。〝フロップス〟とは1秒間に浮動小数点演算が何回できるかを表わしており、小数点を含む数字を計算する能力を示している……1秒間に1兆回そういう計算をする能力が、1テラフロップスに当たる。レッドは1997年にフル稼働をはじめた。1・8テラフロップスの処理能力があった。1と8のあとに0が11個つづくという、たいへんな桁の数字だ。レッドは、2000年末までは、世界でもっとも強力なスーパーコンピュータだった。

私はきのう、レッドで遊んだばかりだ——いや、ほんとうは違うが、1・8テラフロップスを処理できるマシーンを試してみた。レッドとおなじ性能のこれは、ソニーが20

05年に発表したPS3［プレイステーション3］で、2006年に発売された。レッドはテニスコートとほとんど変わらない大きさで、一般家庭800世帯分の電力を消費する。PS3はテレビの下に置けるし、家庭用コンセントから電源をとり、1台200ポンド以下で買える。世界でもっとも裕福な国の政府が、演算能力の限度を目指して、1・8テラフロップスの処理能力があるスーパーコンピュータをつくってから、10年とたたないうちに、10代の子供のクリスマスプレゼントがおなじ性能になった。

現在、ムーアの法則はチェス盤の後半にはいっている。いったいどこまで進むのだろう？ 私たちが単にチップと呼ぶマイクロチップは、トランジスタという小さなスイッチから成っており、それらを小さな銅線がつなぎ、電子が流れるパイプの役を果たしている。1枚のチップで、電子が数多くの銅線をできるだけ速く動くようにすることで、チップは機能する。1個のトランジスタからべつのトランジスタに電子を送り込むときに、特定のスイッチをオン・オフする信号が送られ、それによって演算機能が働く。新世代のマイクロチップを世に出すたびに直面する課題は、薄くなるいっぽうのワイヤから小さくなるいっぽうのスイッチに電子を流すことだ。高い演算能力を発揮するために、電子の流れのオン・オフをいっそう速くし、エネルギーと熱の発生を小さくし、コストを低く、必要なスペースを小さくする。

「いつの日か、とまるに違いない」ムーアはいう。「こんな幾何級数的なことが、永遠につづくはずはない」

しかし、まだそこに達してはいない。

半導体産業は、50年にわたって、ほぼおなじコストでトランジスタの大きさを約半分にしつづけてきた。つまり、同価格で2倍のトランジスタか、あるいは半分のコストで同数のトランジスタを載せられる。トランジスタを縮小し、ワイヤを薄く、間隔を狭くすることで、それをやってのけた。新しい構造や素材を採用することもあった。そういったことすべてが、ほぼ24カ月周期の幾何級数的な成長を維持した。たとえば、初期の集積回路は、配線にアルミのワイヤ1層を使用していた。現在では13層の銅ワイヤが使われ、ナノ単位の製造工程でそれが重ねられている。

「ムーアの法則は死んだという予想を、たぶん十数回は目にしました」インテルのブライアン・クルザニッチCEOは、私にいった。「私たちが3ミクロン［1ミクロンは1000分の1ミリ］に取り組んでいたときには、だれもがいいました。〝それ以下は無理だ。そういう集積回路を実現する薄い絶縁膜を作り、そんな小さな回路図を描くような短波長の光源はあるか？〟しかし、そのたびに私たちは飛躍的進歩を遂げました。それがあらかじめはっきりと見えていることはありませんし、最初に示された答えが飛躍的進歩になるとは限りません。しかし、私たちは毎回、次の障壁を突破してきました」

クルザニッチはいう。じつは前回と前々回のムーアの法則は、2年ではなく2年半に近い間隔で達成されたので、多少減速していた。とはいえ、幾何級数的な進化が起きるのが、1年、2年、3年ごとのいずれでも、マイクロチップが非線形の改良を着実につづけているあいだは、機械、ロボット、電話、時計、ソフトウェア、コンピュータを、より賢く、速く、小さく、安く、効率的にすることができる。

「いまは14ナノメートル世代で、人間の目ではまったく見えない大きさです」クルザニッチは、インテルの最新マイクロチップについて説明した。「あなたの爪ほどの大きさのチップに、トランジスタが10億個組み込まれています。10ナノメートルに改善する方法はよくわかっていますし、7ナノメートルや5ナノメートルの答えもほとんどわかっています。5ナノメートルの先については、アイデアが山ほどあります。まだみんなが考えている段階ですが。でも、長いあいだ、そうやって乗り越えてきたんですよ」

インテルの技術開発・製造技術本部担当上級副社長のビル・ホルトは、ムーアの法則を維持することに責任を負っている。私はホルトの案内で、オレゴン州ポートランドにあるインテルのチップ製造工場〝ファブ〟を見学した。1日24時間、ロボットが1つの製造工程から次の製造工程へとチップを移動させているのを、私はクリーン・ルームの窓から眺めた。ロボットがご機嫌よく働くように、白衣の男女が気を配っていた。ホルトも、ムーアの法則が終わろうとしていると確信している人間には、いらだちを感じていた。トランジスタの数を増やすことができて、エネルギー消費と発熱が小さい新素材の研究が進んでいるから、今後の10年間に〝重要ななにか〟が登場して、ムーアの法則の次世代を先導することは間違いない、とホルトは述べた。

インテルはその難題に、膨大な規模の頭脳集団を投入しつづけている。ポートランドの研究所だけでも、博士号を持つ社員2000人が、その問題のさまざまな側面に取り組んでいる。ムーアの法則がいま生み出している処理能力の物量もまた、途方もない数字にのぼっている。

私がこの原稿を書いている2017年夏、インテルの主力マイクロチップは、2014年に実用化された14ナノメートル・チップだ。1ミリ四方になんと3750万個ものトランジスタが収められている。2017年末までにインテルは、「1ミリ四方に1億個のトランジスタを収めた10ナノメートルのチップ——発熱と電力消費を減らしつつ集積度を2倍以上にした製品」を製造・販売すると、同社の技術開発・製造技術担当シニア・フェローのマーク・ボーアは説明する。多数のサーバー・ファームの多数のサーバー内の多数のマザーボードやラックで、格段に強力になったチップが多数使用されるようになると、いままでもかなり加速しているように思える世界が、1年後にどうなるか、想像してみるといい。

たとえば、14ナノメートル・チップが10ナノメートル・チップに変わると、自動車メーカーは自動運転車の頭脳を小さくできる——センサーのデータを全方位から取り込み、それが犬なのか、人間なのか、バイクに乗っている人間なのか、べつの車なのかを、瞬時に判断して、どう行動するかを決める頭脳を、トランクくらいの大きさから、フロントシートの下に収まる箱くらいの大きさに縮められる。そうなれば、自動運転車の規模拡大が可能になる。

ムーアの法則は、物理と材料科学の限界を押しひろげたが、マイクロチップの処理能力は、当初からシリコンだけではなくソフトウェアによっても改善されてきたことを、忘れてはならないだろう。「より強力なチップは、より高度なソフトウェアを可能にしてきたが、高度なソフトウェアのなかには、斬新な設計と、チップ自体のいや増す複雑さすべてを最適化することで、チップ自体を高速にするために利用されるものもあった」と、クレイグ・マンディはいう。

チップ設計とソフトウェアを通じて、相互に強化し合うこの飛躍的進歩は、最近のAＩの飛躍的進歩の基盤になった。次世代の量子コンピュータも進歩させた。従来では想像もできなかったような速度で機械が多量のデータを吸収し、処理できるようになったので、AＩのパターン認識学習能力がヒトの脳に近づいた。

だが、それはすべてムーアの法則の最初のマイクロチップからはじまった。「ムーアの法則の終焉を、数多くの人々が何度となく予測しました」ホルトは結論を述べた。「彼らはさまざまな理由から予測したんです。唯一の共通点は、全員がまったく間違っていたということです」

センサー――当てずっぽうが終わったわけ

だれかのことを、〝消火栓みたいに馬鹿だ〟とか〝ゴミ箱みたいにあほだ〟といった時代があった。

私はもうそういう表現は使わない。

テクノロジー加速は、思いもよらない影響をもたらした。消火栓もゴミ箱も、いまではかなり賢くなっている。たとえば、消火栓には〈テログ〉消火栓圧力レコーダーが取り付けられ、地域の水道局に直接、水圧状況を無線で送信するので、水の噴出と消火栓の故障が大幅に減った。ゴミ箱のほうも、〈ビッグベリー〉ゴミ箱にはセンサーが取り付けられていて、いっぱいになったら清掃局に無線で伝える。収集作業員はルートを最適化でき、市は少ない費用で街をきれいにできる。メーカーのウェブサイトには、こうある。「〈ビッグベリー〉ゴミ箱は幅63・5センチ、奥行き68センチ、高さ126センチ、ソーラー電源の電動圧縮機付きなので、ゴミの体積を減らし、街をよりグリーンに、クリーンにします。……クラウド・コンピューティング・テクノロジーを内蔵しているので、ゴミ箱がいっぱいになったら収集作業員に信号が送信されます」

このゴミ箱は、大学進学適性試験を受けられそうだ！

消火栓とゴミ箱をこれほど賢くしたのは、コンピュータの能力そのものとは直接関係ないが、コンピュータがやれることを拡大するために不可欠な機器――センサーだった。WhatIs.comはセンサーについて、こう説明している。「物理的な環境からのある種のインプットを探知し、反応する装置。そのインプットには、光、熱、動作、湿気、圧力などきわめて多数の環境現象がありうる。アウトプットは主に信号で、センサーの場所にいる人間に読める表示に変換されるか、ネットワークで電子的に送信されて、表示されたり処理されたりする」

センサーの小型化が加速したことで、私たちはいまでは4つの感覚――視覚、味覚、触覚、聴覚――をデジタル化でき、5つ目の感覚、嗅覚にも取り組んでいる。無線接続された消火栓の水圧センサーは、デジタル計測を行ない、水圧が高すぎたり低すぎたりするときには水道局に通知する。温度センサーは温度計内の液体の膨張と収縮を追跡して、デジタル温度データを作成する。動作《モーション》検知センサーは、マイクロ波、超音波、光線などのエネルギーを一定間隔で発し、それが人間や自動車、動物などで遮断されると、デジタル信号を発信する。現在の警察は、速度測定のために自動車にセンサー・ビームを当て、発砲位置を突き止めるために建物に音波を使う。コンピュータの光センサーは、周辺の明るさを計測して、画面の輝度をそれに応じて調節する。Ｆｉｔｂｉｔは歩数、歩行距離、消費カロリー、手と脚の動かし方の力強さを計測する複合センサーだ。携帯電話のカメラは、静止画像も動画も撮影でき、どこからでも、どこへでも、画像を送信できる。

環境を感知してデジタル・データに変える能力が大幅に拡大できたのは、材料科学とナノテクノロジーに飛躍的進歩があったからだ。それによって、小さく、安価で、賢く、寒暖に耐久性があるセンサーを創り出して、いろいろな機器に埋め込んだり、取り付けたりして、極端な環境で応力を計測し、データを送れるようになった。いまでは3Dプリンターを使って、機械、建物、エンジンのパーツにセンサーを印刷することもできる。

センサーの世界をもっとよく理解するために、私はカリフォルニア州サンラモンにあるGEの広大なソフトウェア・センターへ行き、最高デジタル責任者のビル・ルーに話を聞いた。その話そのものが、1つの物語だ。GEはすべての製品にセンサーを取り付けようとしており、シリコンバレーに大拠点を持つソフトウェア企業のようになろうとしている。洗濯機はただの洗濯する機械ではなく、知的な機械だと考えたほうがいい。GEはあらゆるところへセンサーを組み込むことで、インターネット・オブ・シングス（IoT）とも呼ばれる〝インダストリアル・インターネット〟の具現化を進めている。すべての〝モノ《シングス》〟がセンサーを備え、なにを感じているかをいつでも伝えられる。それによって、パフォーマンス調整や予測が即座に行なえる。IoTは「利用できる情報量を増やし、人間が変化のペースについていけるようにする神経系を創出する」とルーは説明する。そして、基本的に、「あらゆるものを知的にする」。

GE自体も、15万種類の自社製医療機器、3万6000基の自社製ジェットエンジン、2万1500両の機関車、2万3000基の風力タービン、3900基の天然ガスタービン、2万7000台の石油・天然ガス掘削装置から、データを常時、無線通信で収集している。

この新しい産業神経系は、もともと、GPSとカメラ付きスマホのような消費者向けの分野における進歩によって加速されたと、ルーは説明した。20世紀に月ロケット打ち上げが産業を発展させたように、それが21世紀のインダストリアル・インターネットを進展させた。さまざまな関連技術や素材を大きく進歩させ、すべてをより小さく、賢く、安く、速くした。「スマホによってセンサー類の価格が大幅に下がり、規模を拡大でき、あらゆるものに取り付けられるようになりました」とルーは語った。

そして現在、これらのセンサーは、これまでにない粒度の細かいインサイトを生み出している。これらのセンサーのデータすべてが1つのデータバンクに集約され、強力になるいっぽうのソフトウェアがデータからパターンを探したら、強力なシグナルに変わる前の弱いシグナルがにわかに見えるようになるだろうし、問題が起きる前に問題のパターンを見つけられるだろう。これらのインサイトは、予防的行動——ゴミ箱の最適な収集時刻を知り、水が噴出して修理費がかかる前に消火栓の水圧を調整するといったこと——に応用でき、時間、金、エネルギーを節約し、人命を救うのに役立ち、これまでには想像できなかったくらい、人間をもっと効率的にする。

「古いやり方は、〝状況に応じたメンテナンス〟つまり〝汚れたら洗う〟というものでした」ルーは説明する。「従来の予防的メンテナンスは、車を酷使してもしなくても、1万キロメートル走ったらオイルを交換する、というものです」新しいやり方は、「予測的メンテナンス」と「処方的メンテナンス」で、タイヤ、エンジン、バッテリー、タービンのファンなどの交換すべき正確なタイミングを予測し、エンジンの運転状況にもっとも適した洗浄剤を処方する。

ルーによれば、過去のGEは、物理学を使えば全世界の雛型をつくることができ、モノがどう機能しているかについてすぐさまインサイトが得られるという、機械エンジニアの信念に基づいていた。「ガスタービンや内燃機関の仕組みを精確に知っていれば、物理学の法則を使い、〝こうすればうまく機能するし、これだけたったら壊れる〟と断言できる、という考え方です。昔ながらの機械工学コミュニティには、データを幅広く役立てるという考えがなかった。データは自分たちの物理学モデルを確認して、それに基づいて行動するときだけ使用されました。いま、新種のデータサイエンティストたちは、〝パターンを探して見つけ出すのに、物理学を理解する必要はない〟といいます。人間には見つけられないパターンがあります。なぜなら、シグナルが最初のうちは弱くて、見えないからです。

しかし、現在の優れたデータ処理能力があれば、弱いシグナルでもぱっと目に留まる。そして、弱いシグナルを見つけたら、それが、なにかが壊れるか効率が悪くなる最初の徴候だということがわかります」

昔は、弱いシグナルを直感で見つけていた、とルーはいう。経験豊富な労働者は、弱いデータを処理するすべを知っていた。しかし、いまはビッグデータがあり、「粒度が細かく、忠実度が高いので、〝藁の山から針を見つける〟のがふつうです」――例外的な出来事ではなく。「それに、機械で人間の労働者の力を強化し、両者を同僚として働かせ、弱いシグナルをいっしょに処理させれば、一夜にして30年勤務のベテランができあがります」

考えてみるといい。かつては30年の工場勤務によって、機械の調子を当てる直感を身につけていた。機械がいつもとかすかに違う音を出しているのを聞きつけ、どこか異状があるのではないかと察する。それが弱いシグナルだ。いまでは、各種のセンサーがあるので、新人工員は勤務初日から弱いシグナルを探知できる――直感はいらない。センサーが教えてくれる。

迅速に知識を生み出し、適用するこの能力は、人間だけではなく乳牛にも有効に活用できる。酪農家ももう当てずっぽうに頼らなくてもいいようになったと、マイクロソフトのクラウド&エンタープライズ部門のデータグループ担当コーポレート・バイスプレジデント、ジョセフ・シロシュは説明する。肩書からは、ビットやバイトを管理する、高度に知的な仕事を想像する。しかし、シロシュがセンサー使用の加速についての説明に使ったのは、きわめて古い例だった。乳牛だ。

いや、ほんとうはそれほど単純ではない。シロシュは、〝常時接続された乳牛《コネクテッド・カウ》〟の話をしようとしていた。

それはこんな話だった。日本の酪農家が、富士通に連絡して、質問した。大規模酪農場で乳牛の繁殖率を改善できますか？　乳牛は盛りがついたとき、つまり発情し、交尾を受け入れて受精する時期に人工授精を行なうが、その期間がきわめて短い。21日ごとに12〜18時間だけで、それも主に夜間だ。少人数で多頭育成している酪農家が、乳牛すべてを監視して、1頭ごとの人工授精に理想的な時間を突きとめるのは、きわめて難しい。それができれば、すべての乳牛から年間を通じて切れ目なく牛乳生産が行なわれ、生産高を最大化できる。

富士通が編み出した解決策は、無線接続された歩数計を乳牛に取り付けるというものだった。データは、マイクロソフトのクラウドプラットホームであるマイクロソフト・アジュールで動く牛歩ＳａａＳと呼ばれる機械学習ソフトウェア・システムに送信される。富士通の研究で、1時間当たりの歩数の大幅増加は、乳牛が発情していることを確率95％で示していることがわかった。乳牛が発情したことを牛歩システムが探知すると、酪農家の携帯電話にアラートメールが送られ、最適な時刻に人工授精を行なうことができる。

「乳牛が盛りがついたときには、単純な徴候があることがわかりました――歩数が増えるんです」シロシュはいう。「そこでAI［人工知能］とAI［人工授精］が出会います」このシステムを操ることで、酪農家は生産性を向上できる。シロシュによれば「繁殖率を大いに改善できる」ので頭数を増やせるだけではなく、時間も節約できるのだ。酪農家は、自分たちの目や直感や人件費の高い農場労働者や『繁殖カレンダー』に頼らずに、盛りがついている乳牛を特定することができる。節約した労働時間を、もっと生産的な活動にふり向けられる。

乳牛のセンサーから収集されたデータによって、より重要なインサイトが明らかになったと、シロシュはいう。富士通の研究者たちは、人工授精に最適な16時間のうち、最初の4時間に人工授精を行なえば「牝牛が生まれる確率が70％で、次の4時間では牡牛が生まれる可能性がずっと高くなる」ことを発見した。つまり、酪農家は「牝牛と牡牛の割合を、必要に応じて調整できるのです」。

そのデータは、さらに数多くのインサイトを生みつづけていると、シロシュは説明する。歩数のパターンから、乳牛がかかる8種類の病気を早期に発見でき、治療して、群れ全体の健康と寿命を改善できた。「ちょっとした工夫で、最古の産業である牧畜や農業を変容させることができます」と、シロシュは結論を述べた。

センサー付き乳牛が酪農家に特殊な才能をあたえたとすれば、センサーで機能を強化した機関車は、もうただの列車ではなく、車輪付きのＩＴシステムになる。にわかに30メートルごとの線路の状態を感知して報告できるようになる。傾斜を感知し、さまざまな地形を走るのに必要なエネルギーを計算して、下り坂では出力を絞り、Ａ地点からＢ地点への燃費と速度を最適化する。現在、ＧＥの機関車にはカメラが取り付けられていて、カーブごとに機関士がエンジンをどう操作するかをしっかりとモニターできる。暑い日にエンジンを１２０％の能力で運転させなければならなかったときには、特定の部品の予測的メンテナンスを前倒しする必要があるとわかる。

「私たちは神経系をつねに強化し、訓練して、だれもがデータから利益を受けられるようにしています」とルーはいう。センサーやソフトウェアでなにができるかを学ぶだけでは、じゅうぶんではない。センサーやソフトウェアでできることを、変えていかなければならない。ルーは説明する。「性能改善に、製品の物理的変更は必要ありません。いまではソフトウェアでそれができます。ただの機関車にセンサーを取り付け、ソフトウェアをインストールすれば、とたんに予測的メンテナンスが可能になります。燃料を節約するために、最適な速度で線路を走らせることができます。列車の運行スケジュールをもっと効率的にして、車庫にはいるタイミングも効率的にするつもりです」ただの機関車が、たちまちもっと速く、安く、賢くなる。ねじ、ボルト、エンジンを取り換える必要はない。「センサーのデータとソフトウェアを使い、機関車がもっと効率よく動くようにします。新世代

［を製造するの］とおなじように」

ルーはいう。工場では「視野が狭くなって、自分がやっている仕事しか見えなくなる。しかし、機械が代わりに目を配ってくれたらどうなるでしょうね。あらゆるものにカメラを取り付けることができます――なにもかもが、目と耳を持つようになる。五感を備えた機械ですよ。みんなまだ気づいていませんが、わたしは機械に五感をあたえて、人間と交流させるつもりです。いま人間の同僚がやっているのとおなじように」。

そこから大きな利益が見込めると、GEのジェフ・イメルトCEOは、2015年10月にマッキンゼー&カンパニーのインタビューで語った。

鉄道会社のCEOはみんな、［列車の］速度について語る。速度はだいたい、時速30～40キロメートルくらいだ。機関車の1日の平均時速は35キロメートルほどになる。これではじゅうぶんとはいえない。そして、時速35キロメートルと37キロメートルの差は、たとえばノーフォーク・サザン鉄道では、2億5000万ドルの年間利益を生む。こういう鉄道会社にとっては、莫大な額だ。時速2キロメートルの差で、それだけの違いが生じる。だから、運行スケジュールの改善が、きわめて重要だ。ダウンタイムを減らさなければならない。車輪を破損させずに、シカゴにできるだけ早く到着することが重要なのだ。すべてが分析に関わっている。

AT&Tの最高戦略責任者ジョン・ドノバンによれば、私たちは日増しに「デジタル排出」を「デジタル燃料」に変えて、インサイトをどんどん速く適用している、という。20世紀初頭のアメリカの百貨店経営者ジョン・ワナメイカーは、小売と広告の両方で先駆者だった。こんな意見を述べたことで知られている。「広告に使う金の半分は無駄だ。厄介なのは、どちらの半分が無駄なのかがわからないことだ」現在では、そうとは限らない。

2014年6月16日に、当時FTC(連邦取引委員会)のCTO(最高技術責任者)だったラタニア・スウィーニーは、NPR(ナショナル・パブリック・ラジオ)で、センサー使用とソフトウェアが小売業を変革していると説明した。「気づいていない人々は多いのですが、携帯電話でインターネットに接続するときには、電話に埋め込まれたMACアドレスと呼ばれる特殊な番号をたえず発信しています。〝ちょっと、そこにWi-Fiある?〟とね。……また、携帯電話がたえずWi-Fiを探して電波を発しているため、数フィート以内の誤差で、電話がどこにあるかを追跡でき、電話がそこへ行く頻度もわかります」小売店はこの情報を使って、店内でどのディスプレイの前に長くいるか、なにが買い気を誘っているかを知り、1日に何度もディスプレイを調整できる。しかし、それだけではない。ビッグデータによって小売店は、だれがどの屋外広告板のそばを車で通過してから来店したかを追跡することができる。

2016年5月19日付の《ボストン・グローブ》が報じている。

屋外広告板のアメリカ最大手、クリア・チャンネル・アウトドアは、州間高速道路《インターステート》に特殊なポップアップ広告を出している。レーダー・プログラムと呼ばれる仕組みで、ボストンなどアメリカの11都市で、AT&Tが収集した携帯電話契約者1億3000万人のデータと、携帯電話アプリを使って数百万人の移動を追跡しているプレイスIQおよびプレイストの2社のデータを利用している。

クリア・チャンネルは、金曜日の午後6時30分に、自社の屋外広告板の前をどういう人間が車で通過したかを把握している。たとえば、〈ダンキン・ドーナツ〉の常連が何人いるか、今年、レッドソックスの3試合に何人が行ったかを知っている。

したがって、同社は正確なターゲティング広告を出せる。

お気の毒に、ワナメイカーさん。あなたはあなたにふさわしくない時代に生きていた。当てずっぽうは、いたって20世紀的なものだ。当てずっぽうは、ほんとうに終わった。

しかし、プライバシーも終わってしまったかもしれない。巨大企業――フェイスブック、グーグル、アマゾン、アップル、アリババ、テンセント、マイクロソフト、IBM、ネットフリックス、セールスフォース、GE、シスコ、すべての電話会社――があらゆるデータを吸いあげ、それらのデータを調べてインサイトを見つけ出しているから、個人が競争するのはとうてい無理だと考えざるをえない。分析や正確な予測の原材料に利用するデジタル排出、つまり活動履歴をそれほど保有する人間は、どこにもいない。それに、デジタル排出はいまでは力なのだ。大企業がビッグデータで生み出す可能性がある独占力に、私たちは目を光らせていなければならない。そういった企業は、いま製品で市場を独占しているだけではなく、収集したデータすべてで、その独占力を強化するおそれもある。

記憶装置／メモリ

これまで見てきたように、センサーは大きな力を持っている。しかし、あらゆるデータを集めるセンサーも、記憶装置の飛躍的進歩が同時に進まなかったら、まったく役に立たなかっただろう。このテクノロジーの躍進は、データをより多く保存できるチップと、実質的に数百万台のコンピュータを相互接続し、1台のデスクトップであるかのようにデータを保存して処理するソフトウェアをもたらした。

保存容量はどれほど増え、ソフトウェアはどれほど高度になったのか？　2014年5月11日、当時UPSのエンジニアリング担当社長だったランディ・スタシックが、ビッグデータの重要性について、製造オペレーション・マネジメント・ソサエティ（POMS）の会議で行なった講演が参考になる。スタシックは、199桁の数字を示した。

「この数字がなにを表わしているか、おわかりになりますか?」スタシックは聴衆に問いかけた。
「これが表わしていない2つのことから、ご説明しましょう」と、スタシックはつづけた。

ここのすぐ近くにある有名な〈バーシティ・レストラン〉が、1928年の開店以来売ったホットドッグの数ではありません。アトランタの悪名高いインターステートを金曜の午後5時に走る車の数でもありません。この199桁の数字は、じつは、UPSのドライバー1人が1日平均120カ所に立ち寄るあいだに通ることが考えられる、個別のルートの数を表わしています。さて、ほんとうに頭がおかしくなりたいなら、その数字に5万5000を掛けてみてください。私たちのドライバーが平日に通りうるアメリカ国内のルートの数が出ます。それだけの数を表示するには、ダラス・カウボーイズの本拠地のAT&Tスタジアムの高解像度スクリーンが必要でしょう。しかし、UPSのドライバーは、900万人以上のお客様のために、毎日道順を選んで、1700万個の荷物を配達しています。デモインの高校卒業生にiPadを、デンバーの糖尿病患者にインスリンを、アトランタ動物園へ北京から来たジャイアントパンダ2頭を届けています。どうしてそんなことが可能なのか? 答えはオペレーションズ・リサーチです。

配達車には200台のセンサーがあり、ドライバーがシートベルトを締めているか、どれくらいの速度で走っているか、いつブレーキをかけているか、荷台との境のドアはあいているか、車は前進しているか、バックしているかを知らせてくれます。通っている通りの名前や、停止してアイドリングしている時間と移動している時間の比率もわかります。あいにく、玄関脇に無邪気そうに座っている犬が嚙みつくかどうかまでは、わかりません。

199桁にのぼるルートの選択肢を処理し、UPSの配達車1台当たり200個のセンサーが送ってくるデータを取り込むには、記憶容量と演算能力とソフトウェアの性能をふんだんに必要とする――15年前には平均的な企業には手に入らず、想像もできなかったような能力だ。いまは、どこの会社でも、それが持てる。だからこそ、記憶容量の大きいチップがチェス盤の後半に登場し、ゾウのぬいぐるみにちなんで名付けられたソフトウェアの飛躍的進歩がそれに重なって、データ分析を〝ビッグデータ分析〟にしたことは、きわめて重要な流れだった。

これまで指摘してきたように、マイクロチップはトランジスタを数多く集積しただけの単純なものだ。それを演算、通信、記憶装置など、さまざまにプログラミングできる。メモリ・チップは基本的に2種類ある――処理されるあいだ一時的にデータが置かれる、DRAMつまりダイナミック・ランダム・アクセス・メモリと、〝保存〟を押せば恒久的にデータを保存する〝フラッシュ〟メモリだ。ムーアの法則は、このメモリ・チップにも当てはまる。トランジスタの数が増えて、記憶容量が大きくなり、安価になり、エネルギー消費がすくなくなった。平均的な携帯電話には、16ギガバイトのメモリが備わっていて、160億バイト（1バイトは8ビット）の情報を1枚のフラッシュメモリに保存できる。10年前には、フラッシュメモリの記録容量が小さく、携帯電話にカメラの画像を1枚も保存できなかった――ほかの物事が急激に進んだのとおなじように、メモリもあらゆる面で加速した。

「ムーアの法則がなかったら、ビッグデータは生まれなかったでしょう」インテルのシニア・フェロー、マーク・ボーアはいう。「それによって容量の大きなメモリや、演算能力、パワー、効率、信頼性が強化され、大規模なサーバー・ファームが必要とする処理能力を持つことができました。サーバーがいまだに真空管を使っていたら、サーバー・ファーム1カ所を運営するのにフーバー・ダム並みの広さが必要だったでしょう」

しかし、ビッグデータを〝ビッグ〟にするのに貢献したのは、ハードウェアだけではなかった。ソフトウェアのイノベーションも貢献した。この10年のあいだに登場した、それまでは無名だったソフトウェアが、もっとも重要だったかもしれない。そのソフトウェアによって、数百万台のコンピュータがつながって、1台のコンピュータのように機能するとともに、藁の山から針を探すようなレベルまで、すべてのデータを検索できるようになった。そのソフトウェアの開発者はそれをＨａｄｏｏｐ（ハドゥープ）と名付けた――2

歳の息子が大好きなぬいぐるみのゾウの名前で、憶えやすいからだ。Ｈａｄｏｏｐという名前を憶えておこう。それが世界を変えるのに貢献した――ただし、グーグルの絶大な支援を受けて。

幼い息子の父親で、Ｈａｄｏｏｐの開発者のダグ・カッティングは、自分はソフトウェア・イノベーションの〝触媒〟だという。カッティングは、カリフォルニア州ナパ郡に育ち、借金して１９８１年にスタンフォード大学に入学するまでは、コンピュータを見たこともなかった。大学では言語学を学んだが、コンピュータ科学の講義も受けて、プログラミングのやり方を習い、「面白いと思った」。奨学金を返済するには、プログラミングをやるのが最善の方法だということも知った。そこで、大学院へは進まず、伝説的なゼロックスのパロアルト研究所（ＰＡＲＣ）に就職して、ＡＩと当時はまだ新分野に近かった〝検索〟を研究する言語学チームに配属された。

〝検索〟という分野が、グーグルが登場する前から存在していたことを、人は忘れがちだ。ゼロックスには、偉大なテクノロジーのアイデアが豊富にあったが、パソコン事業の市場を見落としていたと、カッティングはいう。そのため、同社は「コピー用紙とトナーからデジタルの世界へ移行する方法を模索していました。コピー機がファイルキャビネットに取って代わるというアイデアを、ゼロックスは思いつきました。あらゆるものをスキャンし、あとで検索する。ゼロックスにはこういう紙重視の世界観がありました。それまで利益があがっていた事業から離れられない会社の典型的な例で、紙が生命線でしたから、紙をデジタルの世界に移動させる方法を探していたんです。検索に目をつけたのは、そのためでした。ウェブが実現する前の話です」。

ウェブが登場すると、ヤフーに代表されるような企業は、顧客向けにウェブを組織だったものにした。ヤフーは、職業別電話帳のような仕組みを作り上げた。だれかが新しいウェブサイトを立ちあげると、ヤフーは自分の名簿にそれをくわえ、ウェブサイトをグループ分けしていった――金融、ニュース、スポーツ、ビジネス、エンタテインメント、等々。「そして、やがて検索が登場しました」カッティングはいう。「アルタビスタのようなウェブ検索エンジンが、急に現われはじめました。アルタビスタは2000万のウェブページを分類しました。かなりの数で、しばらくは群を抜いていました。1995年から96年ごろの話です。グーグルはそのあとで［1997年に］登場し、検索エンジンとしては小規模でしたが、手法がもっとすぐれていると主張していました。そして、徐々に力を発揮したんです」

グーグルが急成長したころに、グーグルの独占的なシステムに対抗するために、空いた時間にオープンソースの検索プログラムを書きはじめた、とカッティングは説明する。プログラムはＬｕｃｅｎｅ（ルシーン）と呼ばれていた。数年後に、カッティングと同僚数人が、グーグルと競合する初の大規模オープンソース・ウェブ検索エンジンＮｕｔｃｈ（ナッチ）を立ちあげた。

オープンソースは、ソフトウェア開発の1つのモデルで、コミュニティの参加者はだれでも進行中の改良に貢献でき、多くの場合、オープンソースライセンスのもとで製品を自由に使用できるが、新たに加えた改良はコミュニティ全体とシェアすることを求められる。共有することの利点と、1人の考えよりもおおぜいの考えのほうが優れているという発想に基づいている。全員がプログラムや製品に取り組み、改良をシェアすれば、製品はより速く優れたものになり、それが変化を加速させるからだ。

オープンソースの検索プログラムを創りたいというカッティングの熱望は、根本的な難題を乗り越えなければならなかった。「コンピュータが1台しかないと、そのコンピュータのハードディスクの保存容量やプロセッサの処理速度によって、当然、演算量や速度には限界があります」とカッティングは説明する。

しかし、ヤフーやAOLの登場によって、数十億ビット、数十億バイトのデータがウェブに蓄積し、そこをナビゲートするのに、保存容量と演算パワーを着実に増大させなければならなくなった。そこで、だれもがまず複数台のコンピュータを使うようになった。2台組み合わせれば、2倍保存でき、2倍速く処理できる。ムーアの法則のおかげでコンピュータのメモリドライブやプロセッサが安くなったので、企業はプロセッサとドライブを床から天井まで詰め込んだ、フットボール場くらいの広さの建物、いわゆるサーバー・ファームを造ればいいと気づいた。

だが、足りないものがあった、とカッティングは指摘する。それらのドライブやプロセッサをつないで、すべてを協調して動作させ、大量のデータ保存を行なったり、データ全体におよぶ演算を行なうようにする能力、すべてのプロセッサに並列処理させる能力が欠けていた。ほんとうに厄介な問題は、信頼性だった。コンピュータが1台のときに1週間に一度クラッシュするとして、１０００台あると、クラッシュする度合いはその１０００倍になる。つまり、これがすべてうまくいくようにするためには、コンピュータをシームレスに一体化して動かすようなソフトウェアと、データの大海原を構築してそこからパターンとインサイトを検索可能にするソフトウェアが必要だった。シリコンバレーのエンジニアたちは、この問題を皮肉をこめてＳＭＯＰと呼ぶ。「必要なハードウェアはそろっているんだ——ただ、このプログラミングの小さな問題《スモール・マター・オブ・プログラミング》［ＳＭＯＰ］を乗り越えないといけない」というように使われる。

その２つのプログラムが登場し、検索ビジネスの規模が拡大したことについて、私たちはみんなグーグルに感謝しなければならないだろう。カッティングはいう。グーグルがほんとうに優れているのは、「１０００個のドライブが1個に見えるような保存システムを描き、１つが故障してもわからないようにしたことだ」。保存データすべてを有効活用すべく、巨大なデータを処理するソフトウェア・パッケージが、そこにくわわっている。当時は、世界の全情報を保存し、処理し、検索できるようにしたいというグーグルの野望に対処できるような商業用テクノロジーがなかったので、グーグルは自社開発をしなければならなかった。つまり、世界が待ち望んでいるとグーグルが見なした検索エンジンを創り上げるのに、イノベーションがなんとしても必要だった。しかし、グーグルはそれらのプログラムを自社の業務用に独占使用し、他社にライセンスを提供しなかった。

とはいえ、プログラミング・エンジニアの古くからの流儀に則って、グーグルは自社の創り上げたものを誇って基本部分を公開した。大量のデータを蓄積し、一度に検索することを可能にする2つの重要プログラムの概要を記した2本の論文を発表した。２００３年10月に発表された論文はＧＦＳ（グーグル・ファイル・システム）について説明していた。ＧＦＳは安価な普及型コンピュータのハードドライブで構築したクラスタに保存された大量のデータを管理し、アクセスするためのシステムだ。グーグルは、世界の全情報を整理するという野望を抱いていたので、それにはペタバイトや、やがてエクサバイト（１エクサバイトは１００京バイト）のデータを保存し、アクセスできるようにしなければならなかった。

そのため、グーグルには第2のイノベーションが必要になった。グーグル・マップリデュースは、２００４年12月に発表された。グーグルはそれを「複数の巨大なデータ・セットの処理と作製のための、プログラミングモデルと関連実装」だと説明している。「……

関数型を使うこのプログラムは、普及型コンピュータで構築された多数のクラスタで自動的に並列処理を実行させる。……このシステムは、インプット・データのパーティショニングの細かい部分を管理し、複数のコンピュータのプログラム実行スケジュールを決定し、コンピュータの故障に対処し、必要なコンピュータ間の通信を管理する。これがあれば、並列システムと分散システムの経験の浅いプログラマーでも、大規模な分散システムのリソースを最適化できる」わかりやすくいえば、グーグルの設計イノベーション2件によって、突然、想像を絶する量のデータを保存することができるようになり、ソフトウェアを使って、山のようなデータを想像もしていなかったくらい簡単に探究できるようになった。

演算／検索の世界で、グーグルがこの基本的設計2件をコンピュータ・コミュニティとシェアすると決定したこと――ただし、GFSとマップリデュースのコードは独占したままだった――は、きわめて重大だった。実質的に、オープンソース・コミュニティに、自分たちのインサイトを活用するよう促したことになる。この2つの論文が決定打となって、ビッグデータがほとんどすべての産業を変えることができるようになった。

「グーグルは、安価なコンピュータ多数を容易に利用する方法を説明しました」とカッティングは説明する。「動くソースコードを教えてくれたわけではありませんでしたが、スキルの高い人間が工夫して再実装し、改善するのにじゅうぶんな情報をあたえてくれました」Hadoopがやったのは、まさにそういうことだった。Hadoopのアルゴリズムで、数十万台のコンピュータが1台の巨大コンピュータのように機能する。だれでも普及品のコンピュータや記憶装置を大量に買い込んで、Ｈａｄｏｏｐでそれをすべて動かせば、あっという間に大量の計算ができ、きわめて詳細なインサイトを生み出せる。

たちまちフェイスブック、ツイッター、リンクトインが、Ｈａｄｏｏｐを活用しはじめた。それらがすべて2007年に登場したのは、そのためだった。完璧に筋が通っている。彼らのビジネスでは、大量のデータが流れていたが、それをじゅうぶんに活用できていないと気づいていた。活用できなかったのだ。記憶装置を買う金はあったが、それを最大限に利用するためのツールがなかったからだと、カッティングは説明する。ヤフーやグーグルは、ウェブページを取り込んで分析し、だれでも検索できるようにすることを望んでいた——価値ある目標だ。しかし、ヤフー、リンクトイン、フェイスブックのような会社が、ウェブページに対するクリックをすべて見て保存できれば、ユーザーがなにをやっているかを正確に読みとれるから、検索はもっと効果的なものになる。クリックの記録は、それまでも可能だったが、Ｈａｄｏｏｐが登場するまでは、データを活用できたのはグーグルだけだった。

「Ｈａｄｏｏｐの登場で、データをすべて1カ所に保存し、ユーザーごとや時間ごとに整理できるようになりました。すべてのユーザーがいつなにをやっているかが、急に見えるようになったんです」カッティングはいう。「サイトのどの部分が、べつのサイトにユーザーを導いているかを知ることができる。ヤフーは、ユーザーがページをいつクリックしたかということだけではなく、そのページでクリックされる可能性がある部分すべてを記録しています。なにをクリックしたか、クリックはしなかったが飛ばし読みしたかどうかを知ることができる。そういうことは、ページのその部分の内容や、ページのどこにあるかによって左右されます。それによって、ビッグデータ分析が可能になる。見えるものが大きくなれば、理解が進むし、理解が進めば、当てずっぽうではなく優れた決断が下せる。さらに、分析と結びついたデータで、未来を見通す力も改善される。Ｈａｄｏｏｐは、グーグルの外部の人々に、それを認識させ、経験させて、Ｈａｄｏｏｐを中心とするプログラムを書くよう促して、能力の段階的向上をいいかたちで推し進めました」

こうして、いままでは、いっぽうにグーグルのシステムがある——独占的なクローズドソース・システムで、グーグルのデータ・センターだけで運営されており、人々は簡単な検索から顔認証、スペルチェック、翻訳、画像認識などあらゆることにこれを使う。そして、もういっぽうにはＨａｄｏｏｐのシステムがある——オープンソースでだれでも運営でき、無数の安価なサーバーのビッグデータ分析を支援するシステムだ。現在、ＩＢＭやオラクルのような巨大ＩＴ企業は、Ｈａｄｏｏｐの標準化を進めて、オープンソース・コミュニティに貢献している。オープンソースのプラットフォームのほうがフリクションレスで、それに取り組んでいる頭脳も——独占的なシステムとくらべると——多いので、電撃的な速さで拡大している。

Ｈａｄｏｏｐが登場する前には、大企業は非構造化データにほとんど関心を示さなかった。大量の構造化データやスプレッドシートの保存、管理、クエリ実行は、オラクルのＳＱＬ——１９７０年代にＩＢＭから生まれたプログラミング言語——に依存していた。〝ＳＱＬ〟は〝構造化問い合わせ言語〟の略だ。このソフトウェアは、構造化されたデータベースの各データがなんであるかを教えてくれる。金融システムでは、〝これは小切手です〟、〝これは取引です〟、〝これが残高です〟と教えてくれる。すべて構造化されているので、ソフトウェアは最新の小切手の預入をすぐに見つけられる。

非構造化データは、ＳＱＬでは問い合わせできない。非構造化データは、混乱をきわめている。デジタル化して保存できるデータをすべて、特定の構造なしで、吸いあげただけのものだ。だが、Ｈａｄｏｏｐは、そういう非構造化データすべてを検索して、パターンを見つけることができる。Ｈａｄｏｏｐは、非構造化データの山をふるいにかける能力を備えていて、なにを探しているのか目当てがわかっていなくても、問い合わせ、答えを得て、パターンを突きとめることができる。じつに重大な飛躍的進歩だった。

カッティングの言葉を借りれば、Ｈａｄｏｏｐはユーザーに向かって、「構造化された数字と構造化されていない数字を見せてくれれば、筋が通った答えを出しますよ」という。「たとえば、ＶＩＳＡのようなクレジットカード会社は、たえず詐欺に目を光らせていて、

30〜60日間の期間枠でクエリを実行できるソフトウェアを備えていましたが、それ以上のことをやる財政的余裕はなかった。Ｈａｄｏｏｐは、従来はなかったような規模を提供しました。ＶＩＳＡがＨａｄｏｏｐを導入すると、4〜5年間のクエリの実行が可能になり、長期間の枠で調べられるようになったことで、最大の詐欺のパターンがにわかに発見されたんです。Ｈａｄｏｏｐは、使い方がすでにわかっていたツールを、いまだかつてなかったほどの規模で手軽に使うことを可能にしました」

だから、Ｈａｄｏｏｐはいまではデータ分析の主なＯＳになり、構造化データと非構造化データの両方を支えている。かつてはデータの保存コストが高かったので、捨ててしまうことが多かった。ことに非構造化データは、そういう憂き目に遭った。いまでは、それをすべて保存してパターンを見つけられるから、すべてを吸いあげる甲斐がある。「人々が創出して結びつけているデータの量と、それを分析するソフトウェア・ツールを見ると、控え目にいっても、すべて幾何級数的に成長しています」

ＡＴ＆Ｔのジョン・ドノバンはこう説明する。以前は、小さければ速かったが、的外れだった。大きいことには規模の経済と効率が備わっていた――だが、敏速ではなかった。「いま、規模を大きくして、敏速にできるとしたら、どうなるでしょうか?」ドノバンは問いかける。従来は「規模が大きいと敏速さ、パーソナライゼーション、カスタマイズが欠けていた。でも、いまはビッグデータでその3つがすべて実現されます」。そのため、山のようなデータをとって、それをソフトウェアで強化し、ふるいにかけ、明確に定義することによって、匿名的で、大規模で、利用不可能だった１００万件の相互作用《インタラクション》を、１００万件の個別のソリューションにすることができる。

これはけっして小さな問題ではない。Ｕｄａｃｉｔｙ（ユダシティ）の設立者で、スタンフォード大学教授だったときに大規模公開オンライン講座（ＭＯＯＣ《ムーク》）の先駆者の１人だったセバスチアン・スランは、《フォーリン・アフェアーズ》２０１３年11月／12月合併号のインタビューで語っている。

デジタル情報の登場によって、情報の記録、保存、普及が、ほとんど無料になった。これまでの時代で、情報の普及のためのコスト構造がこれほど大幅に変化したのは、書物が庶民のものになったときだった。15世紀に印刷術が発明され、数世紀後に一般化して、文化的知識を人間の頭脳から印刷物に移すことができるようになり、莫大な影響があった。いまもおなじような革命が、強化されて起きていて、人間の生活のあらゆる面に影響をあたえている。

しかも、私たちはまだ草創期の終わりに差しかかっているにすぎない。Ｈａｄｏｏｐが出現したのは、ムーアの法則でハードウェアの記憶チップが安くなったからだ。また、中核となっているインサイトの一部をシェアして、オープンソース・コミュニティに、追いついて追い越せるものならやってみろと挑むだけの自信が、グーグルにあったからだ。そして、オープンソース・コミュニティが、Ｈａｄｏｏｐを通じて、その挑戦に立ち向かったからだ。Ｈａｄｏｏｐのオープンソースの積み重ねは、けっしてグーグルの引き写しではなく、現在もさまざまな面でクリエイティブな枝葉をひろげている。カッティングはいう。「アイデアは重要だが、それを大衆にもたらす実装も、おなじように重要です。ゼロックスのＰＡＲＣは、ウィンドウやマウスといったグラフィカル・ユーザー・インターフェイスを主に発明し、ネットワーク化したワークステーション、レーザープリンターなどもつくった。しかし、それらのアイデアを市場性のある製品に実装し、世界を変えたのは、アップルやマイクロソフトでした」

それが、ＨａｄｏｏｐがいかにＨ私たちにビッグデータ革命をもたらしたかという物語だ——グーグルの手助けを得て。皮肉なことに、Ｈａｄｏｏｐがグーグルを活用して、この斬新な新しい産業を築いたようなかたちになったため、グーグルはいま、ビッグデータのツールをビジネスとして一般に提供することを模索している。

「グーグルは、数年先の未来に生きています」カッティングは結論を述べた。「例の論文は彼らが未来から送ってきた手紙で、私たちはみんなそれを追いかけた。こんどは彼らが私たちを追いかけていて、すべてが双方向で進みはじめました」

それどころか、いまではすべての人間がビッグデータ・ビジネスに参加している——すくなくとも、生き延びたいと思っている会社はすべて。

「データは新しい石油です」インテルのブライアン・クルザニッチCEOは説明する。「石油はかつてすべての根底に存在していました——自動車産業、プラスチック、化学製品、電化、輸送などすべてに」そして石油をあちこちに移動するのに必要なインフラ——タンカー、パイプライン、製油所、ガソリンスタンドが、莫大な経済的利益を生み出した。石油と天然ガスは、生活と商業のあらゆる側面に浸透していた。

「現在ではデータについて、おなじことがいえます」クルザニッチはいう。マイクロチップやサーバーが、油田に取って代わった。データ・センターやソフトウェアが、製油所に取って代わった。帯域幅と光ファイバー・ケーブルが、パイプラインの役目を果たしている。そして、それらが汲み出すデータが、生活と商業のあらゆる側面に浸透している。

また、石油の場合とおなじように、このデータを上手に掘削できるもの——デジタル化し、収集し、保存し、アルゴリズムを使って分析し、最適化し、カスタマイズし、自動化し、予見し、ありとあらゆるサービス、デザイン、顧客経験、製造プロセスを改善する能力があるもの——が、今後は勝者になる。

それをやらないものは、「5年以内に亡びる」とクルザニッチは断言する。

なぜなら、ビッグデータを使って、分析、最適化、カスタマイズ、予見、自動化のためにAIを創出して得られる優位は、とてつもなく大きいからだ。膨大な量のデータを分析できれば、それまで見えなかった傾向を見抜くことができる。旅客機の飛行経路を最適化できれば、これまで以上に燃料を節約できる。個々の顧客のために製品もしくはサービスをカスタマイズできれば、いまだかつてなかったほど、ライバルより優位に立つようになる。エレベーターや航空機用エンジンの部品がいつ壊れるかを予見し、その前に交換すれば、顧客のお金をいまだかつてなかったほど節約できる。最後に、アイデア段階のモデルをコンピュータ上で作製し――つまり、橋から核兵器に至るあらゆるモノのデジタルの双子を創って――建造する前にその機能をデジタルでテストすれば、時間、お金、資源を、いまだかつてなかったほど節約できる。

チップが速くなり、ソフトウェアが賢くなり、ネットワークが高速化するなかで、こういったことすべてが、どんどん改善されていく。

「持っているデータが多くなれば、それだけ製品が改善される」シノベーション・ベンチャーズAI研究所の李開復《リー・カイフー》会長は、2017年6月24日付の《ニューヨーク・タイムズ》に寄せた小論で説明している。「製品が改善されれば、集められるデータが増え、集められるデータが増えれば、多くの優秀な人材を惹きつけることができ、多くの優秀な人材を惹きつければ、製品が改善される。それは好循環で、アメリカと中国にはすでに豊富な人材が蓄積され、市場シェアとデータがそれを促進している」

ソフトウェア――複雑性《コンプレクシティ》を見えるようにする

マイクロソフトのビル・ゲイツと共同創業者のポール・アレンのたぐいまれな貢献を語らずに、ソフトウェアの発達と普及の加速を語ることはできないだろう。ソフトウェアは、ビル・ゲイツが登場するよりもずっと前から存在していた。しかし、当初は光り輝くハードウェアの必要悪のように、買ったコンピュータにすでに組み込まれていたので、コンピュータのユーザーは、ほとんど気づいていなかった。ゲイツとアレンは、そういったことをすべて変えた。1970年代にはじめて、BASIC言語インタプリタを書いたのが最初の冒険的なこころみで、つづいてDOSというOSを作製した。

当時のコンピュータ・メーカーは、独自のソフトウェアを下請けに作らせるか、自社で作製し、それぞれのOSと独占的なアプリケーションをコンピュータに組み込んでいた。あらゆる種類のコンピュータ――のちにエイサー、デル、IBM、その他数百社が製造することになるもの――で動く共通のソフトウェアがあれば、ハードウェアとともに配布される付属物ではなく、ソフトウェアそのものに価値が生まれると、ゲイツは確信した。いまでは思いもよらないが、当時はきわめて過激な着想だった。だが、マイクロソフトはこの命題に基づいて生まれた――人はコンピュータの一部として開発されたソフトウェアにいちどきに金を払うべきではなく、個々のユーザーが、ソフトウェアそれぞれの能力に対して金を払うべきだ。DOSの基本的な役割は、あらゆるコンピュータのハードウェアの違いを取り除くことだった。デル、エイサー、IBMのいずれを買っても、関係ない。すべてのコンピュータが、突然、おなじOSを使うようになった。それによって、デスクトップもノートパソコンもコモディティ化した――メーカーとしては、もっとも望ましくない状況だった。DOS上で動くどんなソフトウェアを作製できるかということに、価値が移動した。そして個々のユーザーに使用料を請求できる。そうやってマイクロソフトは莫大な利益をあげた。

私たちはいま、ソフトウェアの働きを当然のこととしておろそかにし、じっさいにそれがなにをやっているかを忘れがちになる。「ソフトウェアの務めとはなにか?」マイクロソフトで長年、最高研究・戦略責任者としてゲイツのもとで働き、ソフトウェアとハードウェアについては私のメンターであるクレイグ・マンディが問いかける。「ソフトウェアは、突然現われるあらゆるかたちの複雑性《コンプレクシティ》と取り組んで取り除く、魔法のようなものだ。それが新しい基準を創り出してくれるので、浮上した次の問題に目を向けたときに、その根底にある複雑性そのものに熟達しないですむ。ただ新しい層からはじめて、自分の価値を加味すればいい。基準を高めるたびに、人は新しいものを発明し、その効果が重なり合って、現在、ソフトウェアはあらゆるところで複雑性を取り除いている」

グーグル・フォトのようなソフトウェアについて、すこし考えてみよう。コンピュータに保存されているすべての画像から、あらゆるものをおおむね識別できる。20年前に、あなたの配偶者がこういったとする。「ハニー、フロリダのビーチへ行ったときの写真を見つけてくれない？」あなたはフォトアルバムを次々と手でめくり、靴の空き箱にしまってある写真を1枚1枚調べて、やっと見つける。その後、写真はデジタル化され、オンラインに写真をアップロードできるようになった。現在では、グーグル・フォトが、あなたのデジタル写真すべてのバックアップを取り、整理し、名称をつけてくれる。何度かクリックするか、スワイプするか、あるいは音声で命じるだけで、認識ソフトウェアを使い、探していたビーチの光景を見つけてくれる。べつのいい方をすれば、分類や探し出すといったプロセスの複雑性を、ソフトウェアがすべて除去して、キーを押したり、タッチしたり、音声で命じるという単純な作業に変えてくれたことになる。

5年前にタクシーを拾うのがどんなふうだったかも、ちょっと考えてみよう。「タクシー、タクシー」雨に降られながら、道端で叫ぶが、客を乗せたタクシーが次々と通りすぎるばかりだ。そこで、公衆電話か携帯電話でタクシー会社に電話して、5分待たされた末に、到着まで20分かかりますといわれる。客は会社を信用しないし、会社も客を信用していない。現在ではそれが一変した。電話、位置情報、所要時間、タクシーの配車、料金の支払い、タクシー運転手の評価にともなう複雑性は、取り除かれ――いくつもの層の下に隠されて――いまではスマホのウーバーのアプリに2度指で触れるだけでよくなった。

コンピュータとソフトウェアの歴史について、マンディは説明する。「ハードウェアとソフトウェアを通じて、複雑性をできるだけ取り除くことが、じっさいの歴史だった」アプリケーション開発者たちが、その魔法を行なうことができたのは、ＡＰＩ（アプリケーション・プログラミング・インターフェイス）があったからだ。ＡＰＩはプログラミング・コマンドで、それによってコンピュータがあらゆる願いをかなえてくれる。書いているアプリケーションに、押すだけでファイルをフラッシュメモリに保存してくれる〝保存〟ボタンを持たせたいときには、ＡＰＩでそれを作る——〝ファイル作成〟、〝ファイルをひらく〟、〝ファイルを送る〟といったその他の機能もおなじだ。

現在、さまざまな開発者、ウェブサイト、システムのＡＰＩは、もっとシームレスに相互作用するようになっている。ＡＰＩの多くを他社とシェアする会社もあり、お互いのプラットフォームと連動したり、他のプラットフォーム上で動いたりするアプリケーションとサービスを、開発者が設計できるようになった。たとえば、私がアマゾンのＡＰＩを使い、私のウェブサイトThomasLFriedman.comでクリックすれば本を買えるようにすることもできる。

「ＡＰＩは、幅広いウェブサービスの〝マッシュアップ〟を可能にした。開発者がグーグルやフェイスブックやツイッターのＡＰＩを混合したり組み合わせたりして、まったく異なるアプリやサービスを創り上げる」開発者のウェブサイト、ReadWrite.comは述べている。「さまざまな面で、大規模なサービス向けのAPIが幅広く活用できるようになったことが、現在のウェブ体験を可能にした。たとえば、アンドロイドのイェルプのアプリで近くのレストランを検索すると、独自の地図が表示されることはなく、グーグルマップで現在位置が出る」グーグルマップAPIと連携することで、それができる。

こういう統合のことを〝シームレス〟と表現する、とマンディは説明した。「1つのウェブサイトから次のウェブサイトにソフトウェア機能がいつ渡されるか、ユーザーにはわからない。……APIは重なり合って、個々のコンピュータ内で行なわれている複雑性を隠す──さらに、トランスポート層プロトコルとメッセージ形式は、これらを水平にネットワークに融合させるという複雑性を隠す」そして、この垂直の積み重ねと、水平の相互接続が、個人のコンピュータ、タブレット、スマホで毎日享受している体験を生み出す。マイクロソフトのクラウドやヒューレット・パッカード・エンタープライズに加え、いうまでもなく、フェイスブック、ツイッター、グーグル、ウーバー、Airbnb、スカイプ、アマゾン、トリップアドバイザー、イェルプ、ティンダー、NYTimes.comも、すべて垂直と水平のAPIとプロトコル数千個の産物であり、ネットワーク上で相互にやりとりする無数の機器によって動いている。

ソフトウェア作製がいっそう加速しているのは、ソフトウェアを書くツールが幾何級数的に改善されていることだけが理由ではない。これらのツールは、社内と会社間で人々が共同作業を行ない、さらに複雑なタスクを取り除くような、より複雑なソフトウェアやAPIコードを書くことを可能にした。したがって、いまでは100万人の頭のいい人々がただコードを書いているだけではなく、100万人の頭のいい人々がそういったコードすべてに協力して取り組んでいる。

それが、GitHubを私たちにもたらした。GitHubは、最先端のソフトウェア開発の源だ。ソフトウェア創造の共同作業を促す、もっとも人気があるプラットフォームである。共同作業は、ありとあらゆるパターンがある──個人と個人、社内の緊密な集団、あるいは広く公開されたオープンソース。2007年以降、GitHubは爆発的に利用されるようになった。1人よりはおおぜいのほうが優れた知恵を出せるという前提があり、個人も企業もいっそうGitHubのプラットフォームに頼るようになっている。どういう商業目的のためでも、現存の最良の共同ソフトウェア創出物を利用し、それをもとに社内と社外の知力を引き出す共同作業チームを編成できるので、学習速度を速めることが可能になる。

現在、GitHubは、ソフトウェアを書き、改良し、単純化し、保存し、シェアするために、1200万人以上のプログラマーに利用され、急速に成長している──私が最初にそこでインタビューをした2015年初頭から最後のインタビューの2016年初頭までに、ユーザーが100万人増加した。

ウィキペディアとアマゾンをかけ合わせたような場所を思い浮かべるといい——ソフトウェアだけのためのスペースを。オンラインでＧｉｔＨｕｂのライブラリへ行って、必要なソフトウェアを棚《シェルフ》から選ぶ——たとえば、在庫管理システム、クレジットカード処理システム、ヒューマンリソース管理システム、ビデオゲームのエンジン、ドローン操縦システム、ロボット管理システムなどを。そして、自分の会社か自分のコンピュータにダウンロードし、特定の必要に応じて調整する。自分か仲間のソフトウェア・エンジニアが、細かい部分を改良し、ＧｉｔＨｕｂのデジタル・ライブラリに、その改良型をアップロードする。次にそれをダウンロードする人間は、改良された新しいバージョンが使える。世界中の優れたプログラマーが——会社のために働いている場合もあるし、ただ認めてもらうことを望んでいる場合もあるだろうが——すべておなじことをやる。ソフトウェア・プログラムの迅速な学習と改良の好循環が生じて、イノベーションはいっそう加速する。

最高の頭脳を持つコンピュータおたく3人——トム・プレストン-ワーナー、クリス・ワンストラス、Ｐ・Ｊ・ハイエット——が設立したＧｉｔＨｕｂは、現在、世界最大のコード・ホスティングサービスになった。どんな大手企業へ行っても、ＧｉｔＨｕｂのプラットフォームを共同作業に使っていないプログラマーを見つけることができないほどなので、サンフランシスコにあるその本社を訪れ、大量のソースコードの源を見学しなければならないと、私は考えた。1週間前に、たまたまオーバル・オフィスでイランについてバラク・オバマ大統領にインタビューしたばかりだった。なぜそういう話をするかというと、GitHubのロビーが、カーペットに至るまで、オーバル・オフィスをそっくりそのまま模していたからだ。

客が特別扱いされていると思うようにする仕掛けなのだ。

私の相手をしてくれたGitHubのクリス・ワンストラスCEOは、まず〝Git〟がGitHubになった経緯を話してくれた。ワンストラスは説明した。Gitは、「分散型バージョン管理システム」で、2005年にリーナス・トーバルズが創案した。トーバルズは、あまり世に知られていないが、現代の偉大なイノベーターだ。オープンソースの宣教師として、マイクロソフトのウィンドウズと正面切って競合する初のオープンソースOS、Linuxを生み出した。トーバルズのGitプログラムは、コードを書くチームの共同作業を可能にした。全員がおなじファイルを使用し、各プログラマーが他のプログラマーの作業に重ねて作業したり、並行して作業したりしても、だれがどういう変更を行なったかを見ることができる――保存したり、もとに戻したり、改良したり、実験的に変更したりできる。

「ウィキペディアのことを考えてみてください。オープンソースの百科事典を書くための、バージョン管理システムがあります」ワンストラスは説明した。おおぜいが各記事に寄稿しているが、いつでも変化をたしかめ、改善し、もとに戻すことができる。改善をコミュニティ全体とシェアしなければならない、というのが唯一のルールだ。独占的なソフトウェア——ウィンドウズやアップルのｉＯＳ——も、バージョン管理システムを使って書かれているが、クローズドソース・システムだし、ソースコードと変更は幅広いコミュニティとシェアされていない。

ＧｉｔＨｕｂがホストをつとめるオープンソースのモデルは、「分散型バージョン管理システムで、だれでも貢献できるし、だれのものが最高のバージョンかをコミュニティが基本的に毎日判断しています」と、ワンストラスはいう。「共同作業の社会的な性質によって、最高のものがトップに上昇する——アマゾンで本が買い手に評価されるのとおなじです。ＧｉｔＨｕｂでは、コミュニティがさまざまなバージョンを評価し、星のようなものをあたえるか、ダウンロードを追跡して、だれのバージョンがもっとも多く採用されているかをたしかめる。あなたのソフトウェアのバージョンが木曜日にいちばん人気があっても、私がそれに取り組んで、金曜日にチャートのトップにのぼるかもしれない。でも、そのあいだずっと、コミュニティ全体が利益を満喫できます。２つのバージョンを合体させてもいいし、それぞれべつの道を進んでもいい。どちらにせよ、消費者の選択肢は増えます」

どうしてこういう仕事をやるようになったのか？　31歳のワンストラスに、私は質問した。「12歳か13歳のときに、プログラミングをはじめました」ワンストラスは語った。「ビデオゲームを作りたかった。ビデオゲームが大好きでした。最初のプログラムは、AIプログラムまがいでした。でも、当時の私には、ビデオゲームは難しすぎたので、ウェブサイトを作るやり方を学びました」シンシナティ大学に進んで、英語学を専攻したが、シェイクスピアを読まずにほとんどずっとコードを書いていて、初期のオープンソース・コミュニティに参加した。「どうしても指導がほしかったし、助けを必要としているプログラムを探しているうちに、開発ツールを創るという生活になっていったんです」ワンストラスは、そう説明した。

そこで、ワンストラスは自分のオープンソースの経歴と見本を、シリコンバレーのさまざまなソフトウェア企業に送り、下級のプログラミングの仕事を得ようとした。やがて、複数のウェブサイトを運営するメディア・プラットフォーム、CNETの管理職が、大学の成績ではなく、さまざまなオープンソース・コミュニティで彼のプログラムが〝いいね〟をたくさん得ていることを買って、ワンストラスにチャンスをあたえることにした。「サンフランシスコのことは、ほとんど知らなかった」ワンストラスはいう。「ビーチがあって、みんながローラーブレードで走りまわっていると思っていたんです」ほどなく、そこがビットとバイトの世界だということを知る。

そして、2007年に、「私はソフトウェア・エンジニアになり、オープンソースのソフトウェアを使って、CNETのための製品を作っていました」。いっぽう、2007年のある日にトーバルズはグーグルを訪問し、自分の共同作業ツールのGitについてテック・トークを行なった。「それがユーチューブにアップされ、オープンソースの仲間がこぞっていいました。〝このGitツールをためしてみよう。コミュニティそれぞれが、違うサーバーを使うという仕組みから離れよう〟」

その時点まで、オープンソース・コミュニティはかなりオープンだったが、細分化されていた。「当時は、ほんとうの意味でのオープンソース・〝コミュニティ〟はなかった」ワンストラスはふりかえる。「いろいろなオープンソース・コミュニティの集合があっただけで、人々ではなくプロジェクトが基盤だった。そういう文化でした。ツールもイデオロギーも、プロジェクトの運営とダウンロードに重点が置かれ、協力したり話し合ったりすることは二の次だった。すべてがプロジェクトを中心に動いていました」ワンストラスはあらたな未来像を描くようになる。どうして10件のプロジェクトにおなじ場所で同時に取り組むことができないのか？　基本となる言語を全員がシェアすれば、お互いに相談でき、プログラマーはいろいろなプロジェクトに参加できるはずだ。

そこで、CNETの同僚のP・J・ハイエットと、これまでと異なる手法について話をするようになった。ハイエットはコンピュータ科学の学位を持っていた。ワンストラスは、トム・プレストン－ワーナーとは、オープンソース・プロジェクトで長いあいだ共同作業をつづけていて、かなりたってからじかに会った。

「私たち3人は、仲間うちで話し合いました。〝このＧｉｔはほんとうに使いづらい。もっと簡単にできるようにウェブサイトを作らないか〟」ワンストラスは、当時を思い起こして語った。「こういうことも考えました。〝みんながＧｉｔを使うようにできたら、自分たちがどのツールを使っているかを気にせずに、書くことに集中できる〟ウェブでワンクリックするだけで、プログラムについてコメントし、ツイッターでだれかをフォローするように、人間とコードの両方をフォローできるようにしたかった」そうすれば、１００種類のソフトウェア・プロジェクトに取り組みたいときに、それに貢献する手順を１００種類憶える必要がなくなる。Ｇｉｔを憶えるだけで、すべてに簡単に取り組むことができる。

そんなわけで、3人は２００７年10月にＧｉｔのための中核《ハブ》を設立した――だからＧｉｔＨｕｂと呼ばれている。正式な発足は２００８年4月だった。「その中心は、分散型バージョン管理システムで、あらゆる人々とプロジェクトを接続するソーシャル・レイヤーを備えている」ワンストラスはいう。当時の主な競争相手――SourceForge（ソースフォージ）――は、オープンソースのソフトウェアを受け入れるかどうかの決定に5日かかった。ＧｉｔＨｕｂは、それとは逆で、あなたのコードを世界とシェアします、という場所だった。

「たとえば、あなたが〝コラムの書き方〟というプログラムをアップしたい場合」ワンストラスは説明した。「ＧｉｔＨｕｂにご自分の名前で公表すればいいだけです。私がオンラインでそれを見て、〝ああ、いくつか加筆したいところがある〟と思ったとします。以前は変更したいときには、要約を書いてコミュニティに提出しなければならなかった。いまではあなたのコードを自分のサンドボックスに持ってくればいいだけです。それは〝分岐《フォーク》〟と呼ばれ、私が変更したところはすべて公開される——それは私のバージョンになります。変更を原作者のあなたに具申したいときには、プル・リクエストを出します。あなたは〝コラムの書き方〟の私のあらたな記述を読み、変更点をすべてたしかめられます。気に入ったら〝合体《マージ》〟ボタンを押します。そうすると、ビューアーは統合されたバージョンを見ることになります。気に入らなかったときには、コードの各行について討論し、コメントし、再検討する方法があります。専門家たちのクラウドソーシングですから。でも、最終的には、あなたが権威です。〝コラムの書き方〟という元のプログラムの作者が、なにを受け入れ、なにを拒否するかを決定します。GitHub上では、私の取り組みが見られますが、オリジナルのバージョンになにをマージするかは、あなたが管理できます。いまでは、そんなふうにソフトウェアを創っています」

15年前にマイクロソフトは、.NET（ドットネット）と呼ばれるテクノロジーを創出した。銀行や保険会社向けの本格的な企業用ソフトウェアを開発するクローズドソース・プラットフォームだった。2014年9月、マイクロソフトはそれをGitHubでオープンソース化し、コミュニティがどういう改良を加えられるかを見届けようとした。6カ月とたたないうちにマイクロソフトは、開発開始以来、社内でそれに取り組んできた人数よりも多くの人々に、無料で.NETの改良を行なってもらうようになっていた、とワンストラスは述べた。

「オープンソースは、おおぜいが好きなことをやるような仕組みではありません」ワンストラスは、すぐにいい添えた。「マイクロソフトは、このプログラムのための戦略目標を確立していて、それに沿ってやってほしいとコミュニティに頼みました。そして、コミュニティが修正や改良を行ない、マイクロソフトがそれを承認したわけです。マイクロソフトのプラットフォームは、もともとウィンドウズ上でないと動きませんでした。ある日、マイクロソフトは、将来的にはマックやＬｉｎｕｘでも動くようにすると宣言しました。翌日、コミュニティはそれに応えました。〝すばらしい。どうもありがとう。私たちがあなたのためにやってあげますよ〟」ＧｉｔＨｕｂコミュニティは、マック版を自分たちで創り上げた――たったひと晩で。シェアしてくれたマイクロソフトへのお礼だった。

「ウーバーを使うときには」ワンストラスは、結論を述べた。「どこへ行きたいかということだけを考えます。そこへどうやって行くかではなく。ＧｉｔＨｕｂもおなじことです。どういうツールを使うかではなく、どの問題を解決したいのかを考えなければなりません」ＧｉｔＨｕｂのシェルフに行って、必要なものを取り、次のだれかが使えるように、改良して戻す。そのプロセスで、「フリクションをすべて解消します。ＧｉｔＨｕｂのような見方が、すべての産業に見られるようになっています」。

世界がフラット化したとき、存在するあらゆるツールをだれにでも渡すことができるようになったが、システムにはまだフリクションが数多く残っていた。だが、ツールが消滅して、プロジェクトのことだけを考えればいいようになったとき、世界は高速化する。「20世紀には、制約があったのはすべてハードウェアの側だったので、ハードウェアを高速化する、つまりプロセッサを高速化し、サーバーを増やすことが重要でした」ワンストラスはいう。「21世紀には、もっぱらソフトウェアが重要になりました。私たちは人間を作り出すことはできませんが、開発者を作り出すことはできるし、既存のソフトウェアを取りあげ、開発の世界をオープンにしてコードを書く人間を増やすことで、優れたソフトウェアを創れるような力を人々にあたえることもできます……それによって、未来のすばらしいスタートアップ企業や、イノベーションのプロジェクトを創出できます」

オープンソース・コミュニティには、すばらしく人間的なところがある。共同作業をやりたい、いい仕事をしたのを認められ、肯定されたいという、心の底の欲求が原動力になっている。求めているのは、金銭的な見返りではない。〝おい、きみがつけくわえたやつは、ほんとうにすごい。よくやった。がんばれ！〟という言葉で、驚異的な価値が生まれた。イノベーションし、シェアし、それによって認められたいという、人間が生まれたときから持っている願望によって、数百万時間の無料の労働が掘り起こされた。

それどころか、現在ではもっとエキサイティングなことがあると、ワンストラスはいう。「プロジェクトの陰に隠れていた人々が、GitHub上で知り合いになりました。会社は開発者を見つけ、開発者同士も知りあい、学生がメンターを見つけ、趣味人が共通の趣味を持つ相手を見つけた――あらゆることが起きています。GitHub全体がライブラリであり、コミュニティの本質を実現しています。人々がGitHubで出会い、おなじ町に住んでいるとわかり、出かけていって、ピザをいっしょに食べ、夜通しプログラミングの話をするのです」

そうはいっても、オープンソースの運営には資金が必要で、とりわけユーザーが1200万人もいると、かなりたいへんなので、GitHubは1つのビジネスモデルを考案した。専用ビジネスアカウントでプラットフォームを利用する企業に課金したのだ。企業は所有するソースコードをプライベートリポジトリに置き、共同作業をする相手を選ぶ。いまでは数多くの大企業が、知力を最大限に利用して迅速に稼働できるように、GitHubにプライベートリポジトリと公開リポジトリの両方を持っている。

「私たちのクラウド基盤はオープンスタックというオープンソース・ソフトウェアを使って構築しています。コミュニティの力を活用するためです。私たちの社員ではない開発者が数十万人いて、私たちが1年かかってもできないことを、1週間でやります」ヒューレット・パッカード・エンタープライズの社長兼CEOのメグ・ホイットマンはいう。「真価を認められたいという気持ちが、この世界の原動力になっていて、だからこういうコミュニティが強力なのだと、私は確信しています。コミュニティのほかの人たちに、自分の仕事の真価を認められたいという気持ちに、だれもが衝き動かされているんです。私のことが好き？　ほんとうに？　ほとんどの人間は、たいして認められることはありません。イーベイで私はそれを学びました。みんなフィードバックがほしくてたまらないんです。そうでなかったら、毎日他人の評価をたしかめはしないでしょう」

かつては、新製品のチップが登場するのを、企業側が待っていた。しかし、いまはソフトウェアを使って、ハードウェアに新しいダンスや歌を教え込むことができる。いま人々が待っているのはソフトウェアで、そのために貪欲なくらい共同作業をしている。だから、AT&Tのジョン・ドノバンはいう。「私たちにとって、ハードウェア主体のムーアの法則は古きよき時代のものです。12〜24カ月ごとに、新しいチップが登場するのを当てにできた。それに基づいてテストを行ない、計画を立てました」いまはどういうソフトウェアが現われるかが、もっと重要になっている。「だれがソフトウェアを書けるかによって、変化のペースが変わります。作業用トラックや梯子なんかを持っていて電柱を登っていた連中に、〝ドノバン、私たちはソフトウェア会社に変わった〟といわれて、たいへんなことになったと気づくわけです。以前は、ソフトウェアがボトルネックでしたが、いまはそれがすべてを追い抜いた。ムーアの法則の複合乗数になったんです」

ネットワーキング――帯域幅と可動性

処理速度、センサー、保存容量、ソフトウェアの進歩の加速はすべて活気に満ちていたが、接続の進歩の加速がなかったら、いまのような段階に規模拡大することはなかったはずだ。つまり、インターネットの基軸である、世界中の陸上と海底の光ファイバー網とワイヤレス・システムの能力向上と高速化、そして携帯電話通信の普及である。この20年のあいだに、この分野の発達も、ムーアの法則に近いペースで進んでいた。

２０１３年、私はテネシー州チャタヌガを訪れた。同市は当時、アメリカで最速のインターネット・サービス――標準的なアメリカの都市の通信速度の30倍に当たる、１秒に１ギガビットのデータを送信する超高速光ファイバー網――が設置され、〝ギグ・シティ〟と呼ばれていた。２０１４年2月3日付《ニューヨーク・タイムズ》の記事によれば、「チャタヌガでは2時間のＨＤ画質の映画１本のダウンロードに33秒しかかからない。アメリカの他の地域の平均的な高速ブロードバンド接続では25分を要する」。私がチャタヌガを訪れたときはまだ、10月13日に開かれた、超低遅延のテレビ会議テクノロジーを使った風変わりなデュエットの話でもちきりだった。アメリカ国内の離れた場所で２人の人間が話をするとき、遅延がすくなければすくないほど、音声の時間的なずれを感知できなくなる。当時としては最新鋭だったチャタヌガのネットワークは、人間の耳では聞き取れないくらい遅延が小さかった。それを強調するために、４０００人の聴衆に向けて、グラミー賞を何度も受賞しているT・ボーン・バーネットが、BR５４９というカントリー・バンドの結成者チャック・ミードと、古いカントリー・ソングの〈ワイルド・サイド・オブ・ライフ〉をデュエットした。ただし、バーネットはロサンゼルスのスタジオで歌っているのをスクリーンで映し出され、ミードはチャタヌガのステージで歌った。大陸横断デュエットが可能になったと、Chattanoogan.com が報じた。チャタヌガの新しい光ファイバー網の遅延は67ミリ秒で、チャタヌガからロサンゼルスまでの３２２０キロメートルを、音声と画像が、瞬きする時間の４分の１で伝わる。音のずれがあまりにも小さいので、人間の耳では感知できない。

このデュエットは、わずか数年のあいだに加速した飛躍的進歩――光ファイバーの科学――の副産物でもあったと、スタンフォード大学物理学部の自然科学教授フィル・バックスバウムは説明する。バックスバウムはアメリカ光学会の会長もつとめ、専門は光通信の基礎をなすレーザー科学である。当初、１９８０年代にはベル研究所に勤務していた。当時のコンピュータ科学者は、ベル研究所のべつの場所にあるコンピュータと通信をしたいときに、それが〝目覚めて〟いるかどうかをたしかめるために〝ping（ピン）〟と呼ばれるコマンドを使った。pingで電子メッセージを送り、それが跳ね返ってくれば、相手のコンピュータが目覚めていて、双方向の通信が可能になる。pingで速度測定もでき、電子パルスが配線を通っていって帰ってくるまでの時間がわかる。

「もう10年以上、ｐｉｎｇは使っていませんでした」２０１５年9月に朝食をともにしたときに、バックスバウムは私にいった。でも、遊びとして「先日、メンローパークの自宅のコンピュータの前に座って、世界中あちこちのコンピュータにｐｉｎｇしてみました」。パルスがどれほどの速さで往復するかをたしかめるためだった。「ミシガン州アナーバー、インペリアル・カレッジ・ロンドン、イスラエルのワイツマン科学研究所、オーストラリアのアデレード大学のコンピュータにｐｉｎｇしました。驚異的でしたよ。光の速さの半分ほどの速度でした」光速は秒速3億メートルだ。つまり、バックスバウムが自分のコンピュータのキーボードを叩くと、地元の光ファイバー・ケーブルにパルスが送られ、陸上と海底の光ファイバーを通って、光の速さの半分ほどで地球の反対側のコンピュータに届く。

「すでに物理学の法則で最大限とされている速さの半分に達し、収穫逓減の法則にまもなくぶつかろうとしています」バックスバウムは説明した。「20年前には、ただの名案にすぎなかったことが、物理的な限界にぶつかるまで戻れなくなっている。……ｐｉｎｇしたとき、物理的な限界にどれほど近づいていたかと気づいて、衝撃を受けました。これはものすごく大きな革命です」

この革命が起きたのは、データと音声を光ファイバーで送信する速度を着実に速めたムーアの法則のおかげだと、バックスバウムは説明する。「海底ケーブルを通じてデータを送る速さは、加速しつづけています」手短にいうと、次のようなことだと、バックスバウムは語った。最初は、銅線から成る同軸ケーブルを使い、デジタル無線の周波数で音声とデータを送りはじめた。初期のケーブル／電話会社は、そうやって各家庭のテレビの接続ボックスに送信した。世界の隅々へ音声とデータを送る海底ケーブルも、やはり同軸ケーブルだった。

　やがて、ベル研究所やスタンフォード大学の科学者たちが、レーザーを使い、音声とデータを光のパルスにして、光ファイバー――簡単にいうと、長く細い、柔軟性のあるガラスの管――を通じて送るという方法を試しはじめた。１９８０年代後半から１９９０年代初頭にかけて、それが開始され、やがて新しい標準に進化した。最初の光ファイバー・ケーブルは、長さに限りがあるケーブルをつないだものだった。一定の距離を進むと信号が弱くなるので、増幅器が使われた。そこで光が電気信号に変えられ、また光に変換されて、先に送られた。だが、やがて光ファイバー産業が、化学物質を添加するという新手法を発見し、接続技術も向上させて、音声とデータの容量を増加して、弱まることがない光信号として送信できるようになった。

「それが大きな飛躍的進歩《ブレイクスルー》でした」バックスバウムは説明する。「光ファイバー内での増幅によって、電気的な増幅器が不要になり、末端から末端までつながっている光ファイバー・ケーブルを敷設できるようになったのです」アメリカ本土からハワイへ、中国からアフリカへ、ロサンゼルスからチャタヌガへ、光ファイバー・ケーブルがつながった。「それによって、非線形の成長がいっそう容易になりました」とバックスバウムはいう。家庭に映画をストリーミングで送れるようになったことはいうまでもない。ブロードバンドのインターネット接続が可能になった。

「レーザー光信号を増幅するために分断する必要がなくなると、情報を送る速度は電気の属性や制約によって限定されることはなくなり、光の属性のみに左右されるようになりました」バックスバウムは説明する。「当時、私たちレーザー専門家は、ほんとうにすごいことをやりはじめたんです」レーザーとガラスを使って多くの情報を送るのに、ありとあらゆる新しいやり方を編み出した。時分割多重化――光をオン・オフしたり、レーザーをパルス列にしたりして、さらに性能を高める技術――も、そこに含まれていた。さまざまな色の光を使い、一度に何本もの電話を処理する、光波長多重送信も考案された。さらに、その2つが組み合わされた。

常識はずれの加速だった。「この20年間の歴史は、光をさまざまな属性ごとに分けて、さらに多くの情報を詰め込む方法の改善につぐ改善でした」バックスバウムはいう。「現在、海底ケーブルのデータ転送率は、1秒間に数兆ビットです」ある時点で、「物理学の法則にぶち当たるでしょう」。しかし、まだそこまでは行っていない。各企業は現在、容量を増やすのに、光のパルスや色を変えるだけではなく、光ファイバーで1秒間に100兆ビット以上を送れるように、光のかたちを変えるあらたな方法を実験している。「ほとんど無限に近い量の情報を、ゼロに近いコストで送信できるようになりかけています。あなたがおっしゃる非線形の加速のたぐいです」バックスバウムはいう。現在、ほとんどの人々はこの能力を映画のストリーミングに利用しているが、これからはあらゆることに導入されるだろう。「けさ、午前5時に本を1冊注文して、今日中にアマゾンが配達してくれることになっています」

AT&Tの賭け

陸上と海底の光ファイバー・ケーブルは、そんなふうに強力だが、接続の物語では、それはほんの一部でしかない。携帯電話革命の力を解き放つには、ワイヤレス・ネットワークの速度と範囲の拡大も必要だった。

多くの当事者が、それに関わった。まずAT&Tと、ほとんど知られていない同社の莫大な賭けについて述べたい。2006年、当時のCOOでのちにCEOに就任するランドール・スティーブンソンが、AT&TをiPhoneと呼ばれる新製品のアメリカ国内での独占サービス・プロバイダーとする取引を、スティーブ・ジョブズとひそかに取り決めた。この取引でAT&Tのネットワークの通信が逼迫《ひっぱく》するだろうとスティーブンソンは考えていたが、実情を半分も予想できていなかった。iPhoneはあっという間にひろまり、アプリ革命によって、通信量が爆発的に増大し、AT&Tは途方もない難題に直面した。既存の電話線とワイヤレスのインフラを使って、ほとんど一夜のうちに容量を増大しなければならなくなった。それができなかったら、iPhoneの購入者は通話途中で切れる不便を味わうことになる。AT&Tの評判がかかっていた——それに、美しい電話機が通話中にプツンと切れるようなことが起きたら、ジョブズは機嫌を損ねるだろう。スティーブンソンは最高戦略責任者のジョン・ドノバンにこの問題の処理を託し、ドノバンはクリシュ・プラブに支援を仰いだ。プラブはいま、AT&T研究所の所長である。

ドノバンは、その経緯を語る。「2006年にアップルは、iPhoneのサービス契約の交渉を行なっていました。だれも現物を見ていなかった。私たちは、スティーブ・ジョブズに賭けることにしました。［2007年に］iPhoneが登場したときには、アップルのアプリしか備えておらず、2Gのネットワークでした。つまり、データを吸いあげるストローはいたって細かったのですが、それでも成功したのは、付属しているいくつかのアプリを使いたいと人々が思ったからです」しかしその後、ベンチャー・キャピタリストのジョン・ドーアの勧めでジョブズはiPhoneのアプリを、すべてのアプリ開発者がリリースできるようにした。

もしもし、AT&T！　私の声が聞こえますか？

「2008年から2009年にかけて、アプリ販売が怒濤のようになって、データと音声の需要が爆発的に拡大しました。しかも、わが社は独占契約を結んでいました」iPhoneの帯域幅を提供する義務があった、とドノバンは説明した。「しかも、そんな規模拡大は、だれも予測していなかった。[数年のあいだに]需要が10万%増大しました。ベイブリッジを渡る車が10万%増加するのを想像してください。そこで、私たちは問題を抱えたんです。細いストローでネズミに餌をあたえていたのが、ゾウに餌をあたえなければならなくなった。斬新な電子機器が、いまや必要不可欠なものになっていました」地球上のだれもがiPhoneをほしがっていた。AT&Tは無限のデータ、メール、音声の通信を提供しなければならないと、スティーブンソンは言明していた。ヨーロッパ企業は、もっと制約のある提案を示していた。間違った動きだった。そういった企業は、無限のデータ、メール、音声の大暴走に踏みつぶされた。スティーブンソンの読みは正しかったが、AT&Tは大きな問題を抱え込んだ——インフラを一夜のうちに拡大するのは物理的に不可能だし、それをやらずに、どうやって無限の容量を提供するという約束を果たすのか?

ドノバンによれば、「〝需要にはぜったいに逆らうな〟というのが、ランドール[・スティーブンソン]の考え方でした」。需要を受け入れ、よろこんで取り入れ、通話中に電話が切れて会社のブランドが傷つく前に、急いでそれを満たす方法を編み出す。そういう状況を人々はまったく知らなかったが、AT&Tにとっては企業存続が左右される瞬間だったし、ジョブズがアップル本社から動きを逐一見守っていた。

「幾何級数的な変化への対処は、ある程度まで予測していました」ドノバンはいう。「それに、ハードウェアに関するムーアの法則では、対処できないとわかっていました。大規模に展開するのに時間がかかりすぎる。もっと迅速な解決策を見つけなければならなかった――つまり、ソフトウェアです。私たちは、SDNを開発しました。ソフトウェア開発に割ける社内の人材をすべて駆り集め、［インフラの］納入業者に、〝ソフトウェアを強化する〟と告げました」

私はプラブに、SDNについて説明してほしいと頼んだ。プラブが、単純な例で説明した。「携帯電話の電卓を考えてみてください。バーチャルでハードウェア、つまり電卓を表示しますよね、ソフトウェアを使って。iPhoneの懐中電灯もそうです。ソフトウェアがハードウェアの陰にあって、バーチャルな懐中電灯を作ります」

プラブは説明した。データ、メール、音声を送信するのに、ネットワーク上にソフトウェアによって、膨大な容量をあらたに生み出す必要があった。スイッチ、配線、チップ、ケーブルはそのままで、もっと要領よく速く機能させなければならない。ソフトウェアの魔法を使い、いくつもの機能をバーチャル化することで、それが可能になった。電話線を高速道路だと見なすと、理解しやすいかもしれない。その高速道路を走っている車は、コンピュータが制御する自動運転車だけなので、衝突事故を起こすおそれはない。それなら、高速道路にめいっぱい車を詰め込める。バンパーとバンパーのあいだの車間が15センチでも、時速１６０キロメートルで走らせることができるからだ。銅の電話線や光ファイバー・ケーブルや携帯電話中継局を通る電気エネルギーをソフトウェアで制御すれば、さまざまなやり方でそれを操作でき、もとのハードウェアの従来の限度や安全範囲を超える容量が生まれる。

そして、車間15センチ時速１６０キロメートルで走る自動運転車を高速道路に乗せるのとおなじように、「昔ながらの音声電話回線用の銅の電話線を、ビットの性能を最大化することで、ビデオのストリーミングを8本流すようにできる」とドノバンはいう。「ソフトウェアは順応し、学習します。ハードウェアにはそれができない。そこで、ハードウェアを部品にばらしたうえで、全員にこれまでとはまったく違う考え方をさせました。基本的に、ハードウェアを汎用品《コモディティ》にして、ルーター全機種向けのＯＮＯＳ（オープン・ネットワーク・オペレーティング・システム）という基本ＯＳを創りました」ユーザーがその上でプログラムを書いて、性能を改善できる。

ドノバンは結論を述べた。「ソフトウェアには、物質的なものが提供するよりも大きな力と柔軟性があります。ソフトウェアは新しい叡智を、物質よりもうまく捕捉するんです」自分たちがやったのは、基本的に、「ムーアの法則をソフトウェアで増幅することでした。ムーアの法則は、私たちが乗っている魔法のじゅうたんだと見なされていました。

やがて私たちは、ソフトウェアを使えば、ムーアの法則を文字どおり加速できることを発見したんです」。

アーウィン——携帯電話男

こうしたネットワーキングの飛躍的進歩が起きたのは、消費者にとってすばらしいことだったが、この革命を思う存分利用するには、ポケットにはいる電話にそういった進歩を詰め込む必要があった。携帯電話革命を引き起こした張本人は、アーウィン・ジェイコブズを措《お》いてはいないだろう。インターネット時代をもたらした偉大なイノベーターたち——ビル・ゲイツ、ポール・アレン、スティーブ・ジョブズ、ゴードン・ムーア、ボブ・ノイス、マイケル・デル、ジェフ・ベゾス、マーク・アンドリーセン、アンディ・グローブ、ビント・サーフ、ボブ・カーン、ラリー・ペイジ、セルゲイ・ブリン、マーク・ザッカーバーグ——の万神殿《パンテオン》に、アーウィン・ジェイコブズの居場所を作り、ほとんど知られていない重要企業のリストに、クアルコムを書き加えよう。

クアルコムの携帯電話への貢献は、インテルとマイクロソフト両社のデスクトップとノートパソコンへの貢献に匹敵する。携帯しやすいスマホとタブレットのマイクロチップとソフトウェアの発明、設計、製造がクアルコムの主な事業だった。サンディエゴの本社にあるクアルコムの博物館を見学して、最初の移動電話——1988年に製造された、小さなスーツケースに電話を取り付けたようなもの――を見れば、それ以降のムーアの法則の旅路がよくわかるだろう。現在のクアルコムは、消費者向けの製品を販売しておらず、メーカーやサービス・プロバイダーが取引先なので、ジェイコブズと、移動体通信に彼が果たした役割のことは、ほとんど知られていない。だが、あらためて語る値打ちがある物語だ。

クアルコム本社のロビーにあるコーヒーショップでのインタビューで、ジェイコブズは私に、人生のもっとも重要な目標がまだ1つ残っていると説明した。「地球上の人間すべてが、自分の電話番号を持つことです」

82歳のジェイコブズには、いまなお鋼のように頑固な一面がある。偉大なイノベーターはおしなべてそうだが、それを祖父のような笑みと、温和な態度で偽装している。彼らははじめのうちは、頭がおかしいと思われて、体よく追い払われるからだ。〝お目にかかれて光栄です――さて、あなたのお仕事の邪魔になるだけでしょうから、お引き取り願いますか。ではごきげんよう〟

私たちは忘れがちだが、手のひらサイズで個別の電話番号を持った電話をみんなが持てるというのは、1980年代にはだれもが考える夢ではなかった。ましてや、現在のようにあたりまえのこととは思われていなかった。ジェイコブズは、以前はMITの工学教授で、デジタル通信の教科書の共著がある。1966年に、気候がいいのに誘われて西海岸へ移住し、カリフォルニア大学サンディエゴ校に職を得た。ほどなく同僚数人と、リンカビットという電気通信コンサルタント新規企業を立ちあげた。創業は1968年で、のちに売却した。

1980年代、携帯電話ビジネスは、まだ登場したばかりだった。第1世代の1G電話はアナログ方式で、送受信をFM無線で行なった。各国がそれぞれの規格で開発したため、このテクノロジーの先駆者だったヨーロッパのような地域では、べつの国でのローミングが困難だった。次の世代の2G電話は、デジタル・セル方式ネットワーク向けのヨーロッパの新規格に基づいていた。GSM（グローバル・システム・フォー・モバイル）と呼ばれるもので、TDMA（時分割多元接続）を通信プロトコルに使用している。欧州共同体が、1987年にGSMを標準規格に定め、ユーザーは西欧諸国のどこでもローミングで通話ができるようになった。その後、エリクソンやノキアのようなヨーロッパ企業の後押しで、EUが世界各国にその規格を使用するよう働きかけた。

こういったことが起きていたころ、1985年にジェイコブズとその同僚たちは、クアルコムという電気通信分野のスタートアップ企業を創業した。最初の顧客のうちの1社は、ヒューズ・エアクラフトだった。「ヒューズ・エアクラフトが、あるプロジェクトを用意して私たちに接近しました」ジェイコブズは語る。「FCC［連邦通信委員会］に、移動携帯通信システム向けの提案を提出していて、クアルコムに、その提案のために技術的改良を行なうことができるかと問い合わせてきたのです」

ジェイコブズは、それまでの研究に基づいて、ＣＤＭＡ（符号分割多元接続）と呼ばれるプロトコルが、プロジェクトを前進させる最善の方法ではないかと考えた。それによってワイヤレス容量が増加し、多くの人々が――ヨーロッパで義務付けられているＴＤＭＡよりもずっと多くの人々が――携帯電話を使用できるようになるからだ。それに、衛星１台当たりの加入者が増えても支えられる。

だが、当時はヨーロッパのＧＳＭと、ＴＤＭＡを基本とするアメリカの同種のテクノロジーが、成長の最初の段階にあったので、ほとんどの投資家がジェイコブズにおなじ質問をした。「ＧＳＭとＴＤＭＡでじゅうぶんのように見えるのに、どうしてべつのワイヤレス・テクノロジーが必要なんだ？」

ジェイコブズは説明した。ＧＳＭとＴＤＭＡは、１つの無線電波で複数の会話を送るという仕組みになっている。しかし、ＣＤＭＡは会話に自然と生じる間を利用して、もっと多数の会話を同時に送ることができる。〝スペクトル拡散〟と呼ばれるもので、通話すべてに符号を割り振り、幅広い周波数スペクトルに分散させ、受信側で再構築する。ソフトウェアによるきわめて複雑な符号化などのテクノロジーを使うことで、複数のユーザーがおなじスペクトルを同時に占有できる。スペクトル拡散は、他の基地局からの会話によって起きる干渉も軽減する。ＴＤＭＡでは逆に、各通話がそれぞれのスロットを占領する。

そのため、おおぜいが同時に電話をかけると、通信事業者のスロットが枯渇し、規模拡大の能力が制限される。どんなネットワークでも過負荷になるおそれはあるが、ＴＤＭＡはユーザーがそう多くなくても、すぐに過負荷になる。ＣＤＭＡは、あらゆる面でスペクトルをもっとも有効に使用できる――のちに、ワイヤレス・ネットワーク上のブロードバンド・データ送信も支えるようになった。要するに、ＴＤＭＡは広さに限りのある部屋の鍵、ＣＤＭＡはほとんど無限大の広さの部屋の鍵だった。それがいつか重要になるだろうと、ジェイコブズは薄々感じていた。

リンカビット時代、ジェイコブズと同僚たちは、１９７７年に行なわれたインターネットのデモンストレーションに参加した3つのネットワークのうちの1つに取り組んだ。だから、携帯電話がいつかインターネットに接続するのに使われる可能性があるだろうと、彼はすでに想像していたのだ。ジェイコブズと同僚のクライン・ギルハウゼンが、既存の手法とは異なるものを提案すると、電話産業は、複雑でコストが高すぎるし、容量を増やせないかもしれないといった。さらにいえば、１９９０年代初頭に携帯電話でインターネットにアクセスすることを考えた人間が、どれだけいただろうか？　通話中に電話が切れなければ、それでみんな満足していた時代なのだ。いっぽう、ヒューズ・エアクラフトは、クアルコムとのプロジェクトを破棄した。そして、当時はまだ生まれたてだったスタートアップ企業のクアルコムに対し、携帯電話通信開発で得た知的財産と特許の保持を認めた。

ヒューズ社は失策を犯した――ジェイコブズは不屈の人だったからだ。

「そこで私たちは、1993年夏にCDMAの暫定規格を公表しましたが、電話機メーカーにCDMA電話を製造するよう説得できませんでした」ジェイコブズはいう。「チップ、ソフトウェア、電話機、基地局のインフラは、すべて自分たちで製造しました――どこも製造してくれなかったからです」しかし、1995年9月、ジェイコブズは香港の通信事業者ハチソンテレコムを説得して、クアルコムのCDMAプロトコルと電話機を採用させた。同社はそのテクノロジーを採用した、世界初の民間大手通信事業者になった。

「それまでは、だれもがCDMAは民間企業ではうまくいかないだろうと思っていました」ジェイコブズはいう。「1995年10月はそうでした。1996年になると、私たちがサンディエゴで製造する電話機が、韓国で使われるようになりました。音質が向上し、電話が切れることが減り、TDMAでは不可能な量の音声とデータを利用できました」

それにより、CDMAとTDMAの雌雄を決する戦いの舞台がととのった。2G電話は音声での通話にくわえて、いくらかメールの機能もあったが、インターネットが一般化するにつれて、通信事業者も携帯電話メーカーも、ワイヤレスで効率的なインターネット接続ができるようにする必要があると気づき、大量のデータや音声を効率的に送れるような通信方式の第3世代、3Gを提案するようになった。

手短にいうと、ジェイコブズが勝利を収め、ヨーロッパのGSM/TDMAをもとにした規格は敗れた。敗北した理由は、スペクトルの量に限りがあったからで、ＣＤＭＡはおなじ量のスペクトルでより多くのことができた――インターネットのせいで、扱うデータ量もすぐに増加した。この戦いをいまの私たちは憶えていないが、かなり熾烈なものだった。アメリカで発明された規格が勝ったのは、優れていたことばかりが理由ではなかった。ヨーロッパでは政府が規格を義務付けるが、アメリカでは政府は市場に選択させる。そして、多数がジェイコブズのＣＤＭＡの道を選んだ。このことは、ほとんど見過ごされているが、きわめて重大な意味を持っている。現在、インターネットにアクセスするとき、世界の人口の大多数が、ノートパソコンやデスクトップではなく、スマホを使う。いまのような速度と価格でそれが行なわれるようになったのは――スマホがテクノロジーのプラットフォームとして、史上最速の成長を遂げたのは――ＣＤＭＡが音声による通話だけではなく、インターネット接続を効果的に後押しすることを、ジェイコブズが早くから認識していたからだ。

どのみち最終的にそういったものすべてが発明され、だれかがＣＤＭＡをモバイル・インターネットの基礎にしていたはずだ、という見方もあるだろう。しかし、当時はだれもＣＤＭＡが必要だと思ってはいなかったし、ヨーロッパがべつの規格を推進していた。それにもかかわらず、ＣＤＭＡがあっという間に低コストでひろまったのは、ジェイコブズが偉大な不屈の精神で推し進めたからだ。アメリカの電話機メーカーが３Ｇと４Ｇで先鞭をつけたのは、その副産物だった。いっぽう、プロトコルとソフトウェアが大規模に採用されると、クアルコムは電話機と伝送プラットフォームの製造をやめて、チップとソフトウェアだけに専念するようになった。

ジェイコブズはいう。現在、「世界中の人が、電話をかけられると同時に、インターネットにスムーズに接続でき、それによって、教育、経済成長、健康、優れた統治が支えられています。私たちが勝利を収めた主な理由は、ＣＤＭＡのほうが実用化がずっと難しかったものの、ほかの人たちはそのときのチップの容量でしか考えていなかったからです。彼らはムーアの法則を計算に入れていなかった。ムーアの法則で2年ごとにテクノロジーが改良されて、効率が大幅に向上し、ＣＤＭＡを達成できるようになるわけです」。アイスホッケーをやるときには、パックがいまあるところへは行かず、パックが行くところへ行けという言葉がある。クアルコムはそこへ行った。アイスホッケーのスティックのように急カーブを描くところ——つまりムーアの法則に狙いをつけた。「２０００年代のはじめに、私たちはインドと中国に事業を拡大しようとしていました」ジェイコブズはいう。「1台１００ドルの携帯電話がいずれできるだろうと、私は突飛ともいえる予想をしました。いまやインドには30ドルもしない携帯電話があります」

だが、ジェイコブズ家の一連のイノベーションは、そこで終わりではなかった。１９９7年末、のちに父親の後任としてＣＥＯに就任するポール・ジェイコブズが、ブレーンストーミングを行なった。ある日、サンディエゴで経営幹部会議に出席したとき、クアルコムの携帯電話を手に取り、パームにテープでくりつけて、幹部社員たちにいった。「私たちはこれをやる」パーム（カレンダー、システム手帳、アドレス帳、予定表を組み合わせたような機器で、メモを保存したり、ワイヤレスでメールを読める機能があった）と、3G携帯電話を組み合わせたものを作る、というアイデアだった。それができれば、パームのアドレス帳で電話番号を呼び出してクリックすると、携帯電話がダイヤルしてくれる。インターネットのサイトをあちこち見ることもできる。ジェイコブズは、パームの競合商品であるアップル・ニュートンを使って、クアルコムと共同開発しないかと、アップルに提案した。

だが、アップルは――スティーブ・ジョブズが復帰する前だった――断り、その後、ニュートンを廃止した。そこで、ジェイコブズはパーム社と組み、初の〝スマートフォン〟――クアルコムpdQ1900を1998年に開発した。メールを送れるだけではなく、デジタル・ワイヤレス・モバイル・ブロードバンドによるインターネット接続、タッチスクリーン、あとでアプリをダウンロードして使えるOSをはじめて組み合わせた設計の携帯電話だった。クアルコムはその後も、BREWという初の携帯電話向けアプリケーション・プラットフォームを開発し、2001年にベライゾンが販売した。

ポール・ジェイコブズは、革命が起きようとしていた瞬間を、はっきりと憶えている。

1998年のクリスマスで、マウイのビーチにいた。「私は会社が送ってきたPdQ1900の試作品を出して、検索エンジンのアルタビスタに〝マウイ　スシ〟と打ち込んだ。スプリントを使い、ワイヤレスで接続していた。マウイのスシ・レストランが1軒表示された。レストランの名前は憶えていないが、美味いスシだった！　自分が理論として考えていたことは正しかったと、その瞬間に本能的に悟った――パームのオーガナイザーのようにインターネット接続できてさらに通話できれば、万事が一変する。インターネットに接続できないPDAの時代は終わった。私は、テクノロジーと無関係に、好きなことを検索した。いまではあたりまえのことだが、当時は、新奇な経験だった――マウイのビーチにいて、いちばん美味いスシを見つけられるんだから」

ポール・ジェイコブズは断言した。「私たちがスマホ革命を起こした」しかし、すぐにこうつけくわえた。自分たちは時代に先走り――なおかつ遅れていた。彼らが創った初期の機器は、格好が悪かった。その後の2007年に発表されたスティーブ・ジョブズのアップルiPhoneのような、使いやすいユーザーインターフェイスや美しいデザインが欠けていた。それに、さまざまなことができるようなインターネットの帯域幅も、まだ存在していなかった。

そこで、クアルコムは以前のように、スマホの内部にあるものすべての製造に専念した。クアルコムは、ビットの密度を高くし、圧縮して詰め込むのに、ソフトウェアとハードウェアを利用して、改良を進めた。限界に達する前に、さらに1000倍改良できると、ジェイコブズは確信している。携帯電話で〈ゲーム・オブ・スローンズ〉ができるのは、アップルがより優れた電話を開発したからだと、多くの人々は考えている。そうではなく、アップルはスクリーンを大きくして、ディスプレイを改良しているだけだ。画像がぶれないのは、クアルコムとAT&Tとその他の企業が、ワイヤレス・ネットワークと電話の効率を改善するために、何十億ドルも投資したからだ。

この加速を、あらためてふりかえってみよう。2Gは音声とデータにくわえ、簡単なメールが送れたが、インターネットを介してはいなかった。3Gはインターネットに接続していたが、インターネットに接続するのにダイヤルアップのモデムを使う必要があった時代を思い出すくらい、速度が遅く、扱いづらかった。現在の標準の4Gワイヤレスは、地上の光ファイバーのブロードバンド接続とおなじようにシームレスで、データをむさぼり食らう動画のようなアプリでも、なめらかにアクセスできる。5Gはどういうふうになるのだろう？ クアルコムのエンジニアたちは、代名詞――〝あなた〟や〝私〟――がなくなる段階だと表現している。持ち主がだれで、どこへ行こうとしているか、だれと接続したいかを電話が学習し、そのほとんどを予測して、代わりにやってくれる。

テクノロジー・ライターのクリス・アンダーソンは、《フォーリン・ポリシー》2013年4月29日号に、そういったことを書いている。

私たちがいま幾何級数的なテクノロジー・イノベーションの時期にあることは、否めないだろう。個人向けのドローンが安価になったのは、基本的にスマホ戦争の平和の配当だ。スマホの部品は、センサー、GPS、カメラ、ARMコア・プロセッサ、ワイヤレス、メモリ、バッテリーなどあらゆるものが、アップル、グーグル、その他のイノベーション・マシーンに衝き動かされて、わずか数ドルで手にはいるようになった。すべて10年前には"架空素材《アンオブタニウム》"だったものだ。こういうものは、かつては軍事産業のテクノロジーに属していた。だが、いまでは電気製品量販店で買える。現在ほどテクノロジーの進みが速いのは見たことがないし、そうなっているのは、だれもがポケットに入れているスーパーコンピュータのおかげだ。

しかも、これはまだ序の口だと、アーウィン・ジェイコブズは考えている。私が帰る前に、彼は告げた。「私たちはまだ、自動車でいえばテールフィンがある時代（1950〜60年代）にいるんです」

クラウド

前項で詳述したテクノロジーすべてが、幾何級数的な速さで加速しつづけているのは、クラウドと呼ばれるものにすべてが融合しはじめていることが、大きな誘因になっている。"雲《クラウド》"という言葉は、空にある魔法のエネルギー源というイメージを思い浮かべさせる。しかし、このクラウドは、はるか遠い場所ではない。ありとあらゆるプログラムを動かし、膨大な保存・処理能力を提供するコンピュータの集合のことで、ユーザーは携帯電話、タブレット、デスクトップのコンピュータを使い、インターネット経由でそれに接続できる。

イノベーター多数が、クラウドを形作るのに手を貸しているが、1998年にVMware(ヴイエムウェア)を創業したテクノロジストの小集団――ダイアン・グリーン、メンデル・ローゼンブラム、スコット・デバイン、エレン・ワン、エドワード・バグニオン――が、もっとも重要な存在だっただろう。この独自のソフトウェアについては先述したが、2007年に同社は株式を公開している。

VMwareがなかったら、クラウドはありえなかった。なぜか? 1980年代にコンピュータの様式が定まったことと関わりがある。コンピュータは当初、ハードウェア、OS、アプリケーションがパッケージされ、1つの単位として扱われた。したがって、1台のコンピュータでは、1種類のOSとそれに組み合わされているアプリケーションのみが動いていた。つまり、コンピュータはじゅうぶんに活用されていないことが多かった。

「VMwareの創業者がやったのは、このハードウェアとOSが重なっている構造を打ち破り、アプリケーションを分離することでした。それが強力で重要な実現技術《イネーブラー》になりました」ＶＭｗａｒｅの共同創業者で初代ＣＥＯのダイアン・グリーンが、私に説明した。

ＶＭｗａｒｅは、どんなＯＳでも――Ｌｉｎｕｘ、マイクロソフト、アップルなど、どのＯＳでも――コンピュータのハードウェアすべてとインターフェイスできる、〝仮想化レイヤー〟を編み出した。それによって１台のコンピュータで――さらに重要なことに、コンピュータの集合で――ユーザーがさまざまな企業の多数の異なるＯＳを同時に動かすことができ、ＯＳそれぞれが独自のアプリケーションを動かせるようになった。その結果、これまでよりも多くの人々が、資源を共有し、おなじコンピュータもしくはコンピュータのサーバー・ファームのパワーを利用しながら、自分たちの業務を別個にやれるようになった。コンピュータのハードウェアをソフトウェア――特定のＯＳとアプリケーション――と切り離すことで、１台のコンピュータもしくはコンピュータの集合が実行できる演算の総量が莫大に増加したと、グリーンは説明した。ユーザーは、すぐさまそれに飛びついた。

ＶＭｗａｒｅは「ハードウェアのあらゆる言語と、ソフトウェアのあらゆる言語のあいだの通訳を創出しました。ですから、ハードウェアとソフトウェアが、おなじ村の生まれでなくても、言葉が通じるんです」。ＡＴ＆Ｔの最高戦略責任者ジョン・ドノバンは説明する。「ＶＭｗａｒｅは、どれとどれでもＯＫの世界を創りました」それが規模拡大につながった。「どのコンピュータでも、すべてのＯＳとソフトウェアが共同作業できるからです。

それが部族間の結婚を可能にしました」

したがって、ハードウェアの持ち主がアップグレードしたときには、VMwareは全員のOSとアプリケーションを、新しいハードウェアと協働できるように修正しつづける。「それがクラウドを可能にしています」グリーンはいう。「これらの資源すべてを、私たちは多重化したわけです」その過程で、「VMwareはコンピュータの利用法についての人々の考え方を革命的に変えました」。

それがコンピュータ利用のコストを大幅に下げ、コンピュータ利用を容易にし、利用機会を大幅に増やした。ユーザーは、巨大なコンピュータの"雲《クラウド》"があるというような印象を受けた（じっさいにはサーバー・ファームの集合だが）。それがたえずアップグレードされ、どんなOSやアプリケーションを使っていても、そこにはいることができ、はいればたちまち、他の人間のOSやアプリケーションと並んで動かせて、すべてがシームレスに、バーチャルに、魔法のように機能している。

では、それらを総括してみよう。VMwareは、あらゆるコンピュータ機器からのクラウド・サービスへのアクセスを、よりシームレスにした。グーグルとHadoopは、GFSとマップリデュースに関連したイノベーションで、クラウド上に非構造化データを無尽蔵に保存可能にし、そのデータを検索して、探している針やパターンを、人類史上いまだかつてなかった正確さと速さで探すことができるようにした。ムーアの法則が、その処理能力とデータ保存が幾何級数的に成長するのを可能にし、クラウドの力と規模も幾何級数的に成長した。スティーブ・ジョブズのｉＰｈｏｎｅは、携帯電話とカメラの両方の機能がある手持ちのコンピュータを多くの人々が使えるようにして、インターネットに接続してクラウドを利用するのを容易にした。さらに、アーウィン・ジェイコブズのようなネットワーク・クリエーターと光ファイバー開発者たちが、インターネットを利用できる携帯電話が、毎年容量が増えて速くなるデジタル網でクラウドと接続できるようにしてくれたおかげで、コンピュータがモバイルでも固定でも、ミリ秒単位でクラウドにアクセスできる。

それらを総合した結果、人間と機械のパワーの歴史でもっとも注目に値する増幅器ができあがった。クラウドへのアクセスによって、地球上の人間はすべてそれぞれの仮想頭脳、仮想書類キャビネット、仮想工具箱を利用できる機会を得た。それらを使って、あらゆる疑問の答えを見つけ、お気に入りのアプリ、写真、健康記録、本、演説の原稿、株の売買記録を保存し、モバイルゲームを楽しみ、思いついたすべての物事を設計する。そのコストは、想像を絶するほど低い。また、ＡＰＩは、すべての構成要素が他の構成要素とクラウド内ですんなりと融合することを可能にした。グーグル、アマゾン、マイクロソフト、アリババなど、どこがクラウドを運用していても変わりはない。そう、〝クラウド〟と呼ばれるものは、ほんとうにパワーを何倍にも増強する。

しかも、これまで目にしてきたことは、ほんの序の口なのだ。クラウドはすでに〝末端《エッジ》へ移動〟しはじめているし、IoTや5G通信テクノロジーは拡散しはじめている。全方位を数百個のセンサーやカメラで監視している自動運転車に乗っていて、どこで曲がるかを――歩行者をよけたり、ゴミ容器にぶつからないように――ミリ秒単位で決定する場合、自動運転車がクラウドとデータをやりとりする方式では、決定が間に合わない。もっとも近い5Gアンテナ／プロセッサに接続して、演算と保存を局地的に行なう必要がある。中央のクラウドとやりとりをしていたら、じきに世界の帯域幅は満杯になってしまう。インテルのブライアン・クルザニッチは、平均的な自動運転車――多数のセンサー、レーダー、カメラ、コンピュータ・システムを搭載している車――は、個人用のパソコンやスマホ、タブレットの3000人分ほどにあたるデータを発生させると指摘している。100万台の自動運転車は30億人分のデータを生む。それをすべて大規模なクラウドでやりとりするのは不可能だ。すべての携帯電話やインターネットに接続可能な機器が処理・保存能力を共有する〝メッシュネットワーク〟を築くことで機能する、ミニ・クラウドが必要とされる。

そこで現在、マイクロソフトは〝インテリジェント・クラウドとインテリジェント・エッジ〟の構築を検討しはじめている。たとえば、あなたが体に賢いインスリン・ポンプを取り付けたとしたら、迅速な判断をもとに短い間隔で作動するようにしたいだろう。だが、いっぽうで総合的な管理も望むはずだ。その場合、迅速な判断は、体になにが起きているかによって末端で行なわれるが、総合的な管理はクラウドで行なわれる。その機器が問題なく作動していれば、クラウドはほうっておく。機器がモデルの範囲をはずれて作動するようになったら、クラウドが介入する。

クラウドの末端への移動とは、そういうことを意味する。だが、それは次の本の話題にとっておこう！　天空のクラウドから、こういったパワーすべてをダウンロードするという概念は、いまの段階では、多くの人々には理解しにくいかもしれない。ウェークフィールド研究所が、２０１２年にソフトウェア企業シトリックスの依頼で行なった全国調査によれば、「回答者の大半が、クラウドは天気に関係があるものだと思い込んでいた。……たとえば、ミレニアル世代の過半数を含む、回答者の51％は、暴風雨がクラウド・コンピューティングに影響があると思い込んでいた」と、《ビジネス・インサイダー》２０１２年8月30日号が報じている。クラウドは「インターネット接続機器でデータを保存し、取り出し、シェアするネットワーク」だと理解していたのは、わずか16％だった。

クラウドがなんであるか、私は正確に知っているからこそ、もうその言葉は使いたくない。混乱を招くからではなく、柔らかく、軽く、ふわふわしていて、受け身で、やさしすぎるものに思えるからだ。ジョニ・ミッチェルの歌を私は思い出す。〝いまでは雲《クラウド》を両面から見るようになった／上から、下から。それでも／思い浮かべるのはぼんやりした幻影

／雲のことは結局なにもわかっていない〟（"Both Sides Now"、邦題〈青春の光と影〉より）

これまで創造されてきたような変革の性質を、その比喩的表現がうまく捉えているとはいえない。ロボット、ビッグデータ、センサー、合成生物学、ナノテクノロジーを組み合わせて、シームレスに統合して、クラウド上で動かすと、それがみずから培養しはじめる——同時にいくつもの分野で境界線を突破する。さらに、クラウドのパワーと、ワイヤレスか固定回線のブロードバンド接続のパワーを組み合わせると、いまだかつてなかったくらい、機動性と接続が飛躍的に向上し、演算能力が着実に増大する。あらゆるところのあらゆる人間と競い合い、設計し、考え、想像し、接続し、共同作業を行なうための膨大なエネルギーを、人類にあたえることになる。

人類の歴史をふりかえると、ほとんどの人間の生活全般を根本から変えたエネルギー源は、数えるほどしかないとわかる——火、電気、そしてコンピュータ。そして、コンピュータがクラウドとともに登場したいま、火や電気よりも重大なものになるといっても、過言ではないだろう。火と電気は大規模エネルギーのきわめて重要な源だった。家を暖め、道具や移動手段のエネルギー源になった。だが、それら自体が思考を助けたり、代わりに思考してくれることはなかった。世界の知識や世界中の人々と結びつけてくれる力もなかった。世界中の人々がスマホで同時にアクセスできるようなツールは、これまでまったく存在しなかった。

20年前には、クラウドにあるような演算能力にアクセスできたのは、政府だけだった。その後は、企業もアクセスできるようになった。いまでは、VISAのようなクレジットカードがあるだけで、それを借りることができる。現在では、インターネットに接続できるモバイル機器の数は、地球の人口よりも多い。ただしそれは、先進国の人々の多くが、たいがい2台持っているからだ。世界の人口の半分は、まだ携帯電話、スマホ、タブレットを持っていない。しかし、持っていない人々の数は、日々減っている。すべての人々がインターネットに接続する日は、10年以内におとずれるだろうが、そうなったときには、それによって発揮される集合的な知力は、すさまじいものになるはずだ。

これはもうクラウドなどというものではない、諸君！

そこで、本書ではこれ以降、このクリエイティブなエネルギー源を〝クラウド〟とは呼ばずに、マイクロソフトのコンピュータ・デザイナーのクレイグ・マンディがかつて提案した言葉を使うことにする。私はそれを〝超新星《スーパーノバ》〟と呼ぶことにする――コンピュータの世界のスーパーノバだ。

NASA（アメリカ航空宇宙局）は、スーパーノバを〝星の爆発……宇宙で起きる最大の爆発〟と定義している。それとの違いは、星のスーパーノバがとてつもないエネルギーを一度放出するだけなのに対し、このテクノロジーのスーパーノバは幾何級数的な加速度でエネルギーを放出しつづけることだ――なぜなら、重要な部品すべてが、ムーアの法則の幾何級数的な割合に従ってコスト低下と性能向上を果たすからだ。「そして、このエネルギーの放出は、現代社会の基礎になっている人工システムのほとんどすべてを作り変えることを可能にし、これらの能力は、地球上のほとんどすべての人間へと拡大する」とマンディはいう。「なにもかもが変わりつつあり、だれもがプラスあるいはマイナスの影響を受けている」

そうとも、まったく違う。これは柔らかいふわふわの雲ではない。

第4章 スーパーノバ

フォースの乱れを感じる。

――ビデオゲーム〈スター・ウォーズ：ジェダイの騎士〉で、ルーク・スカイウォーカーが、カイル・カターンにいう台詞

おまえはいつもフォースの乱れを感じる。だが、ああ――おれも感じる。

――カイルがルークにいう台詞

ああ――私も感じる。

２０１１年2月14日、よりによってアメリカのテレビの長寿番組〈ジェパディ！〉で、人類の歴史の転換点のたぐいに到達した。その夜、ワトソンという苗字だけで参加した回答者が、歴代1位と2位のチャンピオン、ケン・ジェニングズおよびブラッド・ラターと

対戦した。ミスター・ワトソンは、最初のヒントには答えなかったが、2つ目のヒントで最初にスイッチを押して答えた。

ヒントは、「馬の蹄に取り付ける鉄、あるいはカジノでカードを配る箱」。

ワトソンは、完璧なジェパディ方式で、それに質問で答えた。「それは〝ジュー〟ですか？」（シューは、「蹄鉄」あるいは「カード入れ」）

1876年3月10日に、発明家アレクサンダー・グラハム・ベルが電話で助手に話しかけた最初の言葉とおなじように、歴史に残るべき応答だった。不思議な巡り合わせだが、その助手の名はトーマス・ワトソンだった。ベルはこういった。「ワトソン君――こっちへ来てくれ――きみに会いたい」

私の考えでは、「それは〝ジュー〟ですか？」は、1969年7月20日にニール・アームストロングが月面を踏んだときの、「人間にとっては小さな1歩だが、人類にとっては大きな飛躍だ」という言葉にひけをとらない。

「それは〝ジュー〟ですか？」は、ワトソンにとっては小さな1歩だったが、コンピュータと人類にとっては大きな飛躍だった。なぜなら、ワトソンはもちろん人類ではなくコンピュータで、IBMが設計し、製造したからだ。3日間の競技で〈ジェパディ！〉の最高のチャンピオン2人を打ち負かしたことで、ワトソンは「AIの研究者が、それまで何十年も苦労してきた問題」を解決した。「〈スター・トレック〉に登場するようなコンピュータを創出して、自然言語で投じられた質問を理解し、自然言語で回答した」と、私の同僚ジョン・マーコフが、この競技について要約した《ニューヨーク・タイムズ》2011年2月16日付の記事で述べている。

ついでながら、ワトソンは、人間が立ち往生してしまうほど複雑なヒントにも対応できることを示して、楽々と勝利を収めた。たとえば、「あなたは、ちょっと昼寝しなければならないだけだ。立っているときに居眠りしてしまうという、この睡眠障害ではない」というヒントがあった。

ワトソンが先に――2・5秒もかからずに――早押しし、答えた。「それは〝睡眠発作《ナルコレプシー》〟ですか？」

その日以降のワトソンの働きと進歩について、ワトソン・プロジェクトを監督していたIBMのコグニティブ・ソリューションおよびIBMリサーチ担当上級副社長のジョン・E・ケリー3世は、こう説明する。「長年のあいだに空想してきたことは数々ありましたが、生きているあいだに実現が可能になるとは、思っていませんでした。そのうちに、引退後に見られるかもしれないと思いはじめました。いまでは、引退前に見られるだろうとわかっています」

クレイグ・マンディは、アストロ・テラーのグラフを彷彿させる言葉で、もっと簡潔に述べている。「私たちはこれまでとは違う曲線に跳びあがった」

ケリーとマンディは、私がスーパーノバと呼んでいるいわゆるクラウドが、さまざまな種類のパワー――機械や個人やアイデアの奔流《フロー》のパワー、そして人類全体のパワーを増幅するエネルギーの解放を生んだと説明する。

機械のパワーを例とするなら、コンピュータ、ロボット、自動車、スマホ、タブレット、時計、なんであろうと、あらたな一線を越えている。多くが人間とおなじ五感を授けられつつあり、それをつかさどる頭脳をあたえられている。現在、機械はさまざまな面で、みずから考えられるようになっている。しかし、視覚も備えている――画像を認識し、比較できる。聴覚もある――人の話を聞き分けられる。音声も備えている――ツアーガイドや通訳になれるし、ある言語からべつの言語への翻訳もできる。みずから動いて物に触れ、触覚に対応できる。運転手をつとめ、荷物を運び、3Dプリンターを使って人間の器官すべてをプリントするというような器用な技を見せる。臭いや味を認識するよう教えられる機械もある。そして、私たち人間は、触れたり、手ぶりをしたり、言葉にするだけで、こういったパワーすべてを呼び出すことができる。

それと同時に、スーパーノバはフローのパワーを拡大し、増幅させる。知識、新しいアイデア、医師の診察、イノベーション、悪口、噂、共同作業、結婚の仲介、融資、金融、貿易、友情の強化、商業、学習が、いまだかつてなかった速さと幅で、グローバルに流れている。このデジタル・フローは、世界各地にスーパーノバのエネルギー、サービス、ツールを運び、だれでもそれに接続して、新しいビジネスのパワーを引き出したり、グローバルな議論に参加したり、新しいスキルを得たり、最新の製品や趣味を輸出したりできる。

そういったことすべてが、ひいては個人のパワーを大幅に増幅させる。1人の人間、単独の個人が、建設的もしくは破壊的に行なえることが何倍にも増えて、あらたなレベルに達している。かつては、人を殺すのは1対1の勝負だった。いまでは、いつの日か1人があらゆる人間を殺すような世界になると想像することができる。テクノロジーで超人的な力を得た19人の怒れる男たちが、アメリカの歴史、あるいは世界の歴史の方向を一変させられることを、私たちは9・11ではっきりと学んだ。それからもう15年もたっている！だが、逆の面もまた真実なのだ。いまでは、1人がより多くの人々を救えるようになった。インターネットの学習プラットフォームで、1人が数百万人を教育できる。1人が数百万人を楽しませたり、いい意味での刺激をあたえたりできる。1人が新しい思想、新しいワクチン、新しいアプリを一度に全世界に伝えられる。

そして最後に、このスーパーノバは、多くの人々のパワーも増幅する。それもまた、あらたな一線を越えている。人間の集合はいま、ただの自然の一部ではない。自然の力になっている。人類史上になかったような速度と規模で、気候や私たちの惑星の生態系を乱し、変化させている。だが、これもまた、逆の面も真実なのだ。スーパーノバで増幅されて、みんなが——ともに行動する私たちみんなが——行動するための意識を共有すれば、いまだかつてなかったような速度と規模で、環境悪化を逆転させ、食糧、家、衣服を、地球上のすべての人間に供給するのに役立つ力を持てる。種としての人類は、これまでそういう共同の力を持ったことがなかった。

つまり、人類は着実にツールを改良してきたが、このスーパーノバのようなツールを作ったことは、一度もなかった。クレイグ・マンディはいう。「過去にもひろがりのあるツールはあったが、これほど能力が豊かではなかった。そうでなければ、能力は豊かでも、使える人々が限られた数だった――つまり、ひろがりがなかった」スーパーノバの登場により、「これまではなかったような豊かさとひろがりを持てるようになった」。

完全に理解することができなくても、人々はそれを感じている。だから、本書のリサーチの際にエンジニアたちからたびたび聞いたのは、「ほんの、ここ数年のことですが……」という言葉だった。自分たちがやったことや、自分たちに対してなされたことで、それまで想像もしていなかったような事柄について私に語るとき、だれもが「ほんの、ここ数年のことですが」という表現を使った。

本章では、スーパーノバがどういうふうにそれを実現したかを、正確に説明する。もっと具体的にいうと、個人や個々の企業がテクノロジーで実行可能な事柄のめざましい進歩を、それがどう促進したか――いまも促進しているか――を検証していきたい。次の2つの章では、このスーパーノバが、〝市場〟におけるグローバルなフローと、〝母なる自然〟

に人間があたえる影響を、どういうふうに増幅し、加速したかを検討する。この3つの章全体で、テクノロジーとグローバリゼーションと環境問題の加速が、クイズ番組だけではなく、すべてを作り変えるマシーンになっていることを示すつもりだ。

複雑性《コンプレクシティ》から解放された

スーパーノバが機械、個人、人類、フローのパワーを、なぜ、どういうふうに増幅しているかを理解する最善の方法は、さながら火山の火口から覗くように、できるだけその最先端に近づくことだ。その1つの方法として、私は躍動的な多国籍企業の社内にはいって話を聞いた。企業は政府とは異なり、膠着状態に陥ることはできない。議会のように腹立ち紛れに閉会して、テクノロジーのサイクルを一度見逃すこともできない。そういうことをやると、企業は滅ぶ——それもあっという間に。だから、企業はスーパーノバの最先端にきわめて近いところにいようとする。そこからエネルギーを引き出し、それをさらに前進させる。その熱を最初に感じ、毎朝起きると、金融死亡記事を読んで、自分たちはまだその熱で溶けてはいないことを確認する。だから、そういった企業のエンジニア、研究者、経営者をインタビューすれば、新しいテクノロジーやサービスに関して、新登場のもの、既存のもの、起きている変化について、膨大なことが学べる。

じっさい、研究所を訪れるときには、007シリーズの映画の冒頭で、英国秘密情報部研究所の〝Q〟のもとを訪れるジェームズ・ボンドになったような心地がする。ボンドはそこで、最新型の暗殺用万年筆や、空飛ぶアストンマーチンを用意される。ありえないと思っていたようなものを、毎回見せられるのだ。

２０１４年に、ニューヨーク州ニスカユナにあるＧＥ研究所についてコラムを書く際に、私はそういう経験をした。その研究所は、まるでミニ国連だ。どのエンジニアリング・チームも、多民族を強調するベネトンの広告を思わせる。しかし、積極的差別是正措置《アファーマティブ・アクション》が行なわれているからではない。厳しい能力主義によるものだ。毎日、グローバルなテクノロジー・オリンピックで競い合っていると、どこからでも最高の逸材を雇用しなければならなくなる。そのときに私は、当時の所長ルアナ・イオリオの案内で、ＧＥの３次元製造ユニットを見学した。イオリオの説明によれば、昔は、ＧＥがジェットエンジンの部品を製造したいと思ったときには、その部品を設計し、さらにその部品の試作品を作るための工作機械を建造しなければならず、それに1年かかることもあった。それから部品を製造し、テストした。テストは何度も行なわれ、数カ月かかる。「複雑な部品の場合、アイデアが最初に浮かんでからすべてのプロセスを終えるのに、2年かかることも多かったのです」とイオリオは説明した。

いまでは、エンジニアはコンピュータで3次元ソフトウェアを使い、画面上で部品を設計できる。それを、細かい金属粉とレーザー機器を備えた３Ｄプリンターに送信し、目の前でその金属粉から部品を文字どおり作り上げ（もしくは〝プリント〟して）、正確な仕様に仕上げる。そして、すかさずテストし――1日に、4、5、6回テストし、そのたびにコンピュータと3Dプリンターで調整し――あっという間に新しい部品が完成する。複雑な部品の場合は、たしかにもっと時間がかかるが、これが新しいシステムで、1892年にトーマス・エジソンが創業してからずっとGEが部品を製造してきたやり方から抜本的に遠ざかっている。

「フィードバック・ループが、いまはかなり短くなっています」イオリオは説明した。「2日間でコンセプトや部品の設計が決まり、作り、本体に戻して、使えるかどうかをテストします」そして、「1週間以内に、製造を開始する。……性能も速度も向上します」。かつては、性能と速度は反比例の関係にあった。テストを重ねれば重ねるほど、最適な性能が得られるが、時間はかかる。数年前に2年かかっていたようなことが、1週間に短縮された。それが機械のパワーを増幅している。

新しいことをすべて要約するにあたって、イオリオは、いまや「複雑性《コンプレクシティ》から解放されました」と私にいった。

私はきき返した。「いま、なんとおっしゃいましたか？」

「複雑性《コンプレクシティ》から解放されました」イオリオがくりかえした。

それこそがインサイトだと、私は思った。その言葉は、ずっと記憶に残っていた。しかし、イオリオの言葉の重要性を完全に理解できたのは、本書を執筆していたときだった。これまで私たちが指摘してきたように、この50年のあいだに、マイクロプロセッサ、センサー、記憶装置、ソフトウェア、ネットワーキング、そしていまはモバイル機器が、加速しながら着実に進歩してきた。さまざまな段階でそれらが合体して、プラットフォームと私たちが見なしているものを創出した。新しいプラットフォームができるたびに、演算能力、帯域幅、ソフトウェアの能力がすべて融合して、手法や、コストや、私たちのやる物事のパワーと速度を変えたり、想像もしていなかったような新しいことを開拓したり、ときにはそのすべてを実現してきた。そして、その飛躍の速度がどんどん加速し、飛躍が起きる間隔が、ますます短くなっている。

２００７年より前に私たちのテクノロジーのプラットフォームに飛躍が起きたのは、２０００年前後だった。コネクティビティの質の変化が、それを促進した。その時期のＩＴブームとＩＴバブルとバブル崩壊の際に、ブロードバンドとインターネットを支える光ファイバー・ケーブルに巨額の過剰投資が行なわれた。このバブルは、そう悪いものではなかった。ＩＴバブルとバブル崩壊の組み合わせと２０００年のＩＴブームは、音声とデータの接続コストを急激に押し下げ、世界中で光ファイバー網がいまだかつてなく充実するという、予想外の結果をもたらした。高速通信の接続価格も急落し、アメリカ企業がインドのバンガロールにある会社を、社内の事務管理部門のように使いこなせるようになった。

べつのいい方をすれば、2000年前後のこういった飛躍的進歩《ブレイクスルー》で、接続が速くなり、無料になり、使いやすくなり、世界中に普及した。前には触れることができなかった人々に、突然、触れられるようになった。そして、前にはこちらに触れてくることができなかった人々も、突然、こちらに触れられるようになった。この新しい感動を、私は〝世界はフラット化した〟という言葉で表現した。多くの人々が、これまでになく低いコストで、いとも簡単に、そして平等に、多くの事柄で競い、結びつき、共同作業を行なうようになった。私たちの知っていた世界は、作り変えられた。

2007年に、スーパーノバの登場とともに起きたことは、新しいプラットフォームへのさらなる飛躍だったと、私は思う。ただ、その動きは、複雑性を和らげる方向に傾いていた。ハードウェアとソフトウェアのあらゆる進歩が融合して、スーパーノバとなり、データのデジタル化と保存の速度と規模が大幅に向上・拡大した。また、そのデータを分析して知識に変える速度、コンピュータかモバイル機器を持っている人間がどこにいても、その知識をスーパーノバから引き出せる速度も速まった。その結果、複雑性が不意に、より速くなり、制約がなくなり、使いやすくなって、存在が見えなくなった。

タクシーを拾う、オーストラリアのだれかの空き寝室を借りる、エンジン部品を設計する、ガーデン家具をオンラインで買って当日に配達してもらうといった面倒な手順《コンプレクシティ》が、突然、ウーバー、Airbnb、アマゾンのアプリにタッチすることや、GEの研究所のイノベーションによって、取り除かれた。アマゾンは、すべてのeコマース・サイトから"ワンクリック"で支払完了《チェックアウト》する手順を発明した。そのテクノロジー・イノベーションが、この飛躍の典型といえる。eコマースの推移を追っているRejoiner.comは、こう指摘する。

ワンクリック・イノベーションのおかげで「アマゾンは、既存の顧客からきわめて大きなコンバージョンを成し遂げた。顧客の支払いと配達情報は、すでにアマゾンのサーバーに保存されているので、チェックアウトのプロセスは、ほぼフリクションレスだ」。

次ページのグラフ2つは、複雑性から解放されたことを示すのに役立つだろう。上のグラフでは、データの最大ダウンロード速度が急激に速くなったことを、1本の折れ線が示している。モバイル機器でできる能力が拡大し、それがユーザーを惹きつけた。もう1本の折れ線は、そういったデータを利用するときにユーザーが負担するメガバイト当たりのコストが急激に低下したことを示している。それによって、多くの人々がスーパーノバのパワーを頻繁に使えるようになった。この2本の線は、2007〜2008年に交差した。下のグラフは、スーパーノバ/クラウドが、まさに2007年以降に勃興したことを示している。

2007年にアップルがiPhoneを発表したときの声明を読むと、数多くの複雑なアプリケーション、機器とのやりとりや操作――メール送受信、地図検索、写真撮影など――から、複雑性を取り除くことを重視していたとわかる。また、「iPhoneのびっく

1メガバイト当たりの消費者コストとデータ速度

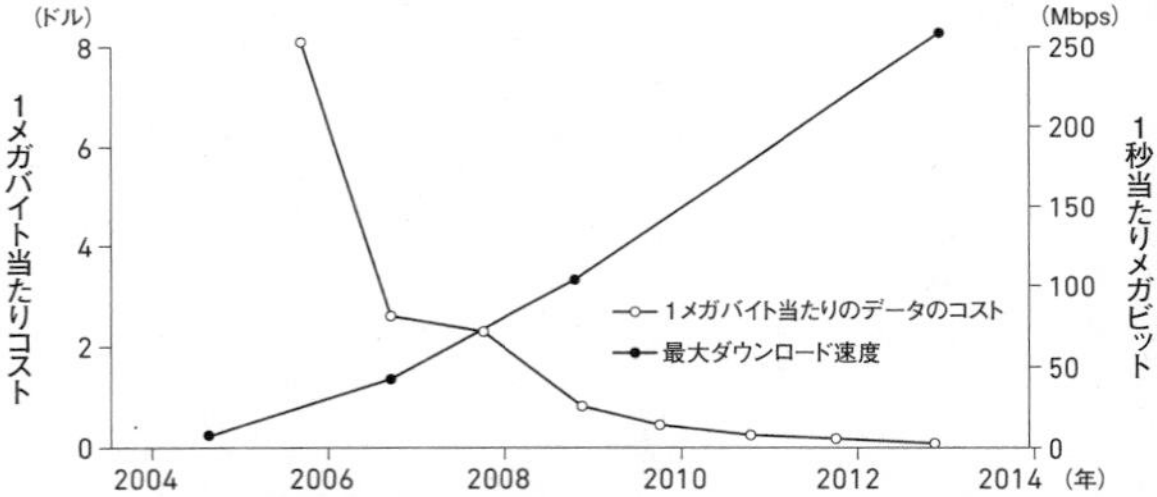

注：データ速度は平均実測値ではなく下り回線の最大値で表わされる。平均実測値は、インフラ、混雑具合、使用ハードウェアやソフトウェアといった多数の要素の影響を受ける。
提供：ボストン・コンサルティング・グループ(BCG)。同社の"The Mobile Revolution: How Mobile Technologies Drive a Trillion-Dollar Impact"(2015)より。
出典：Cisco Visual Networking Index; International Telecommunication Union; IE Market Research; Motorola; Deutsche Bank; Qualcomm

パブリック・クラウド・コンピューティング市場の全体規模　2008〜2019年

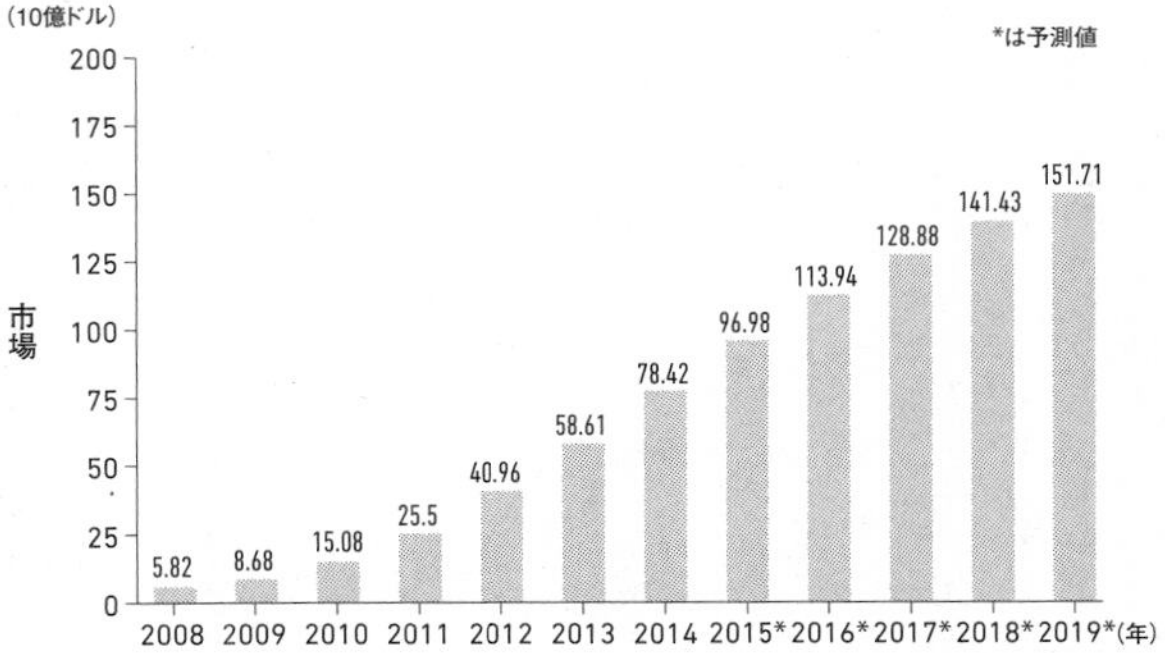

提供：Statista

りするくらい使いやすいタッチ・インターフェイス」でワンタッチするだけでいいように、巧みに凝縮されたソフトウェアを使うことに気を配っていた。当時、スティーブ・ジョブズは、それを次のようにいい表わしていた。「私たちはみんな、生まれたときから、究極のポインティング・ディバイス――指――を持っている。iPhoneは、指を使い、マウス以来もっとも革命的なユーザーインターフェイスを創り出した」

相転移

2000年と2007年のあいだになにが起きたかを、あらためて要約してみよう。私たちは、接続が速く、無料で、容易で、どこにでもある時代にはいった。複雑性の処理が、速く、制約がなく、容易になり、その存在が見えなくなった。それまで触れたことがなかった人々、触れられたことがなかった人々と触れ合えるようになっただけではなく、驚異的に複雑なことを、すべてワンタッチでできるようになった。この発達の原動力はスーパーノバで、それらが重なった結果、コンピュータ利用がきわめてパワフルで、いたって安価になり、なんなく使いこなせるようになって、「あらゆる機器や、私たちの暮らしと社会のあらゆる面に詰め込まれた」と、クレイグ・マンディはいう。「それは世界をフラット化しているだけではなく、高速化している。高速化は、このテクノロジーをすべてまとめて、あらゆる場所へ拡散する自然革命なのだ」

それがビジネスや工業のプロセスや人間の交流から、フリクションをどんどん取り除いている。「潤滑油のようなものだ」マンディはつけくわえた。「それがあらゆる隅っこや裂け目や穴に浸透して、なにもかも滑りがよくなり、梃子《てこ》が使いやすくなり、たいした力がなくても動かせる」——大きな岩、国、アイデアの山、ロボット、タクシー呼び出し、ティンブクトゥの部屋の予約、等々。それらすべては、21世紀の最初の10年間に実現した。データをスーパーノバにアップロードしたり、そこからダウンロードしたりする速度が急上昇すると、データを感知し、生み出し、保存し、処理する価格は崩壊した。ちょうどそのころ、スティーブ・ジョブズが、びっくりするほど楽なユーザーインターフェイスを備え、インターネットに接続でき、豊富なソフトウェアがインストールされていて、2歳児でも使えるようなモバイル機器を世界にもたらした。これらの線が越えられたとき、私たちがこれまで経験したことがなく、ようやく理解しはじめたばかりのエネルギーが、人間と機械に提供されるようになった。この曲線の変わり目は、2007年前後に現われている。

「モビリティがマスマーケットをもたらし、ブロードバンドでデジタル的に情報にアクセスできるようになり、クラウドがあらゆるソフトウェアを保存しているから、いつでも、どこにいても利用でき、コストはゼロだ——それがすべてを変えた」エリクソン・グループの元CEOハンス・ベストバーグはいう。

固体から液体に変わることを化学では相転移というが、それとおなじことだ。固体の特徴はなにか？　摩擦《フリクション》が多いことだ。液体の特徴はなにか？　摩擦がないことだ。数多くのモノからフリクションと複雑性を同時に取り除くと、双方向に作用するワンタッチ・ソリューションが提供される。ありとあらゆる個人対個人、企業対消費者、企業対企業の双方向の作用が、固体から液体に変わる。低速から高速へ、複雑性が重荷でフリクションが多かったのが、複雑性が見えなくなり、フリクションレスになる。したがって、なんであろうと、移動し、計算し、分析し、伝えるのが、ずっと楽になる。

多くの場合、問題が複雑で、したがって解決するのに大きな費用がかかるのは、必要な情報を手に入れたり、徹底的に使ったりすることができず、適切なデータを集めて応用可能な知識に変えるのが難しいからだ。しかし、データを嗅ぎ分けて、集め、保存し、それをスーパーノバに送って、ほぼ無料のソフトウェアで分析できるようになると、重大なブレイクスルーが起きた。いまではどんなデータの山でも分析して、藁の山から針を見つけたり、これまで見えなかったパターンを発見したりできる。いまではどんなシステムでも、最高の性能を発揮するように、より小さな努力で最適化できる。予見もできる。機械の運用寿命をごく小さな単位まで理解し、どの部品が摩耗するかを予測し、その部品が壊れて高いコストがかかるような遅れが生じる前に交換できる。衣服、薬品、サービス、コンピュータ・プログラムを、個人向けにカスタマイズできる。自動車や工具や楽器など、日常生活で使う多くのモノを、自動化し、ロボット化し、人間の指示なしで動くようにできる。

その結果、シリコンバレーの現在の標語はこうだ。アナログなものはすべてデジタル化され、デジタル化されたものはすべて保存し、保存されているものはすべて、より強力なコンピュータ・システムのソフトウェアで分析して、学習結果はすべてただちに応用して、古いものをもっとよく機能させ、新しいものを可能にし、古い物事を根本的に新しいやり方でやれるようにする。

輸送とエネルギー産業の3つの事例で、こういったことすべてが起きている。それについて考えてみよう。まず、ウーバーのタクシー・サービスは、競争力のある新しいタクシー部隊を創出しただけではなかった。タクシーの呼び方や、乗客の必要や希望についてのデータ収集、料金の支払い、運転手と乗客の言動のランク付けに関して、根本的に新しくよりよい方法を創出した。

また、本書のための取材中に私は、大規模なフラッキングを行なっているオクラホマシティの石油・天然ガス業者デボン・エネルギーの管制室を訪問した。フロアの半分を占める管制室には、デボンが世界中で掘削している油田からのデータを表示するコンピュータ・スクリーンがならんでいる。各スクリーンの下のほうのボックスを見て、私は度肝を抜かれた。あるボックスには、その油田掘削の1平方フィート当たりの予算が表示され、べつのボックスには、さまざまな岩盤を貫く個々の油田の掘削コストが――リアルタイムで——表示されていた。掘り進むうちに——ドリルの先端に取り付けられたセンサーが探知する岩の性質に応じて——その数字が更新される。岩が予想よりも軟らかければ、予想されたコストを下回る可能性があり、岩が硬ければコストが高くなるおそれがある。

3つ目の事例は風力発電だが、これには古くからの難題がある。風が吹くのは断続的だし、発電された電気を大規模に蓄えることはできない。したがって、電力会社は、じゅうぶんに供給できるとは断言できない。風力発電が石炭発電に取って代わるような例は限られてきた。しかし、現在では、ビッグデータ分析を使う気象予測ソフトウェアがだいぶ賢くなり、風が吹く時間、雨が降る時間、気温があがる時間を、正確に教えてくれる。さらに、ヒューストンのような大都会の電力会社は、翌日が猛暑になって、エアコンの電力需要が急増し、風力発電の電力需要が供給を上回る時間を、24時間前から知ることができる。電力会社は、ヒューストンの各ビルに、社員が出勤する前の午前6時から午前9時のあいだにエアコンを自動的に〝強〟で運転するよう指示する。その時間帯は、ほとんどの電力を風力でまかなっている。ビルは冷気をしっかりと保持するので、朝から冷やしておけば、ほぼ1日中快適に過ごすことができる。その結果、電力会社が風力で発電する電力は、不足せず、需要にぴったりと対応する。バッテリーに蓄えたり、石炭火力の電力を引き込んだりする必要はない。需要に応じるための信じられないほど複雑な難問が、コスト・ゼロで解決される——機械すべてに知能を取り入れ、システム全体を最適化するだけですむ。

複雑性はすべて、ソフトウェアによって取り除かれる。現在は、いたるところで、そういうことが起きている。

現ナマを見せろ

しかし、この変容が本物であるのなら、それが生産性の数値に現われるのに、どうしてこれほど長くかかるのか？　製品とサービスの産出と、その産出に費やされる労働時間の比率を、経済学者は生産性と定義している。生産性向上は成長を促進する重要な要素なので、現在、経済ライターのあいだでは激しい議論の対象になっている。経済学者のロバート・ゴードンは、自著『アメリカ経済　成長の終焉』で、着実に成長する時代は過去のものとなったと、説得力のある説を述べている。大きな進歩はすべて、１８７０年から１９７０年にかけての〝特別な１００年間〟に見られたと、ゴードンは考えている――その間に登場したのは、自動車、ラジオ、テレビ、住宅内の下水道配管、電化、ワクチン、清浄な水、空の旅、セントラルヒーティング、女性の権利強化、エアコン、抗生物質などだ。現在の新テクノロジーが、その特別な世紀に匹敵する生産性の飛躍をもたらすことはないだろうというのが、ゴードンの見方だ。

しかし、ＭＩＴのエリック・ブリニョルフソンは、ゴードンの悲観主義に反論している。私はそちらのほうが、より説得力があると思う。産業化時代の経済から、コンピューターインターネット－モバイル－ブロードバンドに推進される経済――つまりスーパーノバ経済――に移行するにつれて、私たちは調整の痛みを味わっている。マネジャーも労働者も、これらの新テクノロジーを吸収しなければならない――仕組みを知るだけではなく、工場やビジネスのプロセス、政府の規制をすべて、それに沿って再設計しなければならない。

120年前の第二次産業革命時――当時のスーパーノバである電化が導入されたとき――も、おなじことが起きたと、ブリニョルフソンは指摘する。古い工場は、生産性を大幅に向上させるために、電化しなければならなかった。すべてのビジネス・プロセスとともに、再設計する必要があった。マネジャーと労働者1世代が引退し、新世代が登場して、その新しいパワー源が生産性に全面的に貢献するまで、30年かかった。

マッキンゼー・グローバル・インスティテュートが2015年12月に発表したアメリカ産業についての研究は、次のように述べている。「時がたつにつれて、もっともデジタル化が進んでいるセクターと経済の他の部分とのあいだに、大きな格差が生じてしまい、広範な適応が加速されているにもかかわらず、ほとんどのセクターで、この10年間、格差はほとんど縮まっていない。……デジタル化が遅れているセクターは、GDPと雇用への貢献度が高い部分なので、アメリカ経済全体はデジタルの潜在力の18％しか活用していない。……アメリカは、労働者が適切なスキルを手に入れて、移行と激動の時期を乗り切れるように、機構と訓練手順を適合させる必要がある」

スーパーノバはいわば現在の新しいパワー源なので、社会がみずからの構成部品を変えて、その潜在力を完全に吸収するには、かなり時間がかかるだろう。それが実現したときにブリニョルフソンの言葉が正しかったことがわかり、その恩恵――健康、学習、都市計画、交通、イノベーション、商業にまつわる広範な新発見――が成長を促進すると、私は確信している。それを議論するのは経済学者の役割で、本書の範囲を超えているとはいえ、どのような展開になるかをぜひ見届けたい。

いまのところ、スーパーノバは、数量的に明確な生産性向上を経済にもたらしていないかもしれない。しかし、現時点でも、きわめてはっきりしていることがある。スーパーノバは、あらゆるかたちのテクノロジーと、ひいては個人、企業、アイデア、機械、集団をより強力に変え、いまだかつてなかったようなやり方で、これまでになく簡単に、周囲の世界を形作ることを可能にしている。

創造者《メイカー》、スタートアップ企業の経営者、発明家、イノベーターになりたいのなら、いまはうってつけだ。スーパーノバを梃子に使えば、ほんの小さな力で大きなことができる。ハバス・メディアの戦略担当上級副社長、トム・グッドウィンが、2015年3月3日にTechCrunch.comの小論で述べているように、「世界最大のタクシー会社ウーバーは、車を所有していない。世界でもっとも人気があるメディア・オーナーのフェイスブックは、コンテンツを制作していない。有力小売業者のアリババは在庫を持たない。世界最大の宿泊プロバイダーのＡｉｒｂｎｂは、不動産を所有していない。じつに面白いことが起きている」。

たしかにそのとおりだ。本章のあとの部分では、メイカーが大小を問わず、スーパーノバから生み出される新しいパワーをすべて利用して、従来とはまったく異なることをやり、従来の物事をより速く、より賢くやっていることについて述べる。癌《がん》専門医だろうと、昔ながらの小売店だろうと、最新鋭のデザイナーだろうと、トルコ東部の辺鄙な山地に住むイノベーターだろうと、裏庭のツリーハウスで利益を得るために、すぐ近くのニューヨークやはるか彼方のニューギニアからやってくる観光客にオンラインでそれを貸そうとしている人間だろうと、おなじことだ。スーパーノバの時代は、メイカーになるのに絶好の時機なのだ——どこにいようと。

ドクター・ワトソンは、いますぐお目にかかります

ニューヨーク州ヨークタウンハイツにあるＩＢＭのトーマス・Ｊ・ワトソン研究所を訪問したときに、私は初代ワトソンと会い、いっしょに写真を撮った。ワトソンは多くを語らなかった。引退していた。プラグを抜かれていたのだ。それでも、かなり広い部屋を使い、サーバーの棚がならんでいた。

ワトソンの孫にも会った——孫のようなものだ。スーツケースくらいの大きさだった。

じつはそれも展示用の模型だった。ワトソンの最新バージョンは、ムーアの法則が2世代進んだあとの様相を呈している。具体的にいうと、ワトソンの現在のバージョンは、その大きなスーツケースではない。なぜなら、ワトソンはスーパーノバに住んでいるからだ。

「ワトソンはもう、インターネットに接続されていない箱に収まってはいません」IBMの広報担当副社長のデービッド・ヨーンは説明した。IBMがワトソンを小型化した展示用の模型を作ったのは、「〈ジェパディ！〉でワトソンが示した演算能力のすべてをスーツケース1つに詰め込むことができるのを示すためです。しかし、いまのワトソンは、文字どおりあなたがいうスーパーノバの一部です——箱や独立したサーバーという20世紀のパラダイムから解き放たれたのです」。

それに、いずれにせよ、ワトソンの孫は、〈ジェパディ！〉で人間を打ち負かすようなことをやって時間を無駄にしない！　２０１１年にはそういうことをしていた。現在のワトソンは、癌の診断や治療のような問題に関する既存の医学研究を吸収するのに忙しい。じっさい、ワトソンの本拠地でランチを食べながら、ヨーンは私に打ち明けた。「ワトソンに放射線医学の試験を受けさせようかと思っているんですよ」——X線写真を見て診断する資格を得るために。ほほう、私自身もおなじことをやろうと考えていた。そうだ！　ワトソンなら、手が空いている時間に、それができるはずだ。アメリカのあらゆる州の司法試験、歯科医試験、病理専門医試験、泌尿器専門医試験を受け、ついでに〈ジェパディ！〉で完勝する！

スーパーノバは、あらゆる場所のあらゆる人間に、演算能力を提供する。ワトソンは、どこでも、だれのためにでも、深い知識を提供する。ワトソンは、ただの大規模検索エンジンやデジタル・アシスタントではない。それ自体がキーワードを探すような働きはしない。それに、ソフトウェア・エンジニアによってプログラミングされ、エンジニアが設計した特定のタスクを実行する大型コンピュータでもない。ワトソンはまったく違う。〈スター・トレック〉のなか以外では、いままで見たことがなかったようなものだ。ワトソンはほかでもなく、「演算《コンピューティング》のコグニティブ時代」の夜明けだと、コンピューティングの歴史を３つに区切っているジョン・E・ケリーはいう。

ケリーによれば、最初の時代は〝作表の時代〟で、それが１９００年代から１９４０年代までつづいた。物の数を数えることだけが目的の機械システムを基礎として、パンチカードを使ってデータを演算、分類、照合、解釈していた。そのあとが〝プログラミングの時代〟で、１９５０年代から現在に至る。「人口が増加し、経済と社会のシステムが複雑になって、マニュアルの機械を基礎とするシステムでは、追いつかなくなりました。定められたシナリオに対する答えを演算するのに、条件式と反復処理を適用して人間がプログラミングするソフトウェアを使うようになった。このテクノロジーが、ムーアの法則の波に乗り、私たちにパソコン、インターネット、スマホをあたえてくれました。問題は、これらの飛躍的進歩《ブレイクスルー》が強力で、しかも変化を起こす力があったにもかかわらず――かなりの長期間、ずっとそうでした――プログラムできるテクノロジーが、もともとの私たちの設計能力に制約されていることです」

そして、2007年以降、私たちはコンピューティングの〝コグニティブ時代〟を目の当たりにしている。ムーアの法則がチェス盤の後半に至り、想像できる限りのもの――言葉、写真、データ、スプレッドシート、音声、動画、音楽――をほとんどすべてデジタル化するパワーが私たちにあたえられたときに、はじめてそれが実現した。コンピュータやスーパーノバにそれらすべてを保存する能力や、それらを高速で移動させるネットワーキングの能力もあたえられた。さらに、非構造化データをコンピュータが人間の脳とおなじように読み解けるようにする、複合的アルゴリズムを書くソフトウェア作製能力によって、人間の意思決定のあらゆる側面が強化された。

ＩＢＭが〈ジェパディ！〉に参加できるようにワトソンを設計したときのことを、ケリーは説明した。番組と回答者を研究して、質問を理解してボタンを押し、回答するのにとれる正確な時間がわかっていた。ワトソンは質問を理解するのに1秒、答えを決めるのに2分の1秒、最初にボタンを押して答えるのに1秒かかるだろう。つまり、「10ミリ秒といえども貴重になります」とケリーはいう。しかし、ワトソンがきわめて高速で、やがて正確にもなるのは、ワトソンそのものがじっさいに〝学習している〟からではなく、ビッグデータのネットワーキングを使いこなす能力で自己改善し、より多くの素材の統計的な相関関係を見いだす速度をどんどん速めたからだ。

「ワトソンが達成したことは、機械学習がいかに進歩したかを示している。そのプロセスでは、分析と予測に関わるタスクで、コンピュータのアルゴリズムが自己改善する」《ロンドン・レビュー・オブ・ブックス》2015年3月5日号で、ジョン・ランチェスターが指摘している。「主に統計的手法が用いられている。トライアル・アンド・エラーを通じて、どの答えがもっとも蓋然性が高いかを機械が学ぶ。おおざっぱで手近なやり方に思えるかもしれないが、ムーアの法則のおかげで、コンピュータは驚くほどパワフルになり、トライアルとエラーのループを高速で行なえるようになったので、機械が迅速に見違えるほど改善される」

コグニティブ・コンピュータと、プログラマブル・コンピュータの違いは、そこにある。ケリーは、〝コンピューティング、コグニション、知識吸収の未来〟と題するIBM研究所の2015年の小論で述べている。プログラマブル・コンピュータは、「あらかじめ定められたプロセスに従ってデータを導き、結論に到達するというルールに基づいている。強力で複雑ではあるが、決定論的で、構造化データ上では順調に動くが、定性的データや予想外のインプットを処理することができない。この硬直性のために、多義的で不確かなことが多く、突発的なことが起きやすい複雑な世界では、多くの局面で、対処能力が限定されてしまう」。

コグニティブ・システムは、それとは異なり、「蓋然論的で、複雑で予測しにくい、非構造化情報に適応して読み解くように設計されている。テキストを〝読み〟、画像を〝見て〟、自然音声を〝聞く〟ことができる。さらに、情報を解釈し、整理し、結論の根拠も示して、どういう意味なのかを説明できる。断定的な答えは示さない。そもそも、答えを〝知っている〟のではない。そうではなく、さまざまな情報源からの情報やアイデアを比較考量して、論理的に考え、検討するための仮説を提供する」。次に、これらのシステムは、可能性があるインサイトや答えそれぞれに、信頼度を割りふる。自分が犯したミスから学ぶこともできる。

ケリーの説明によれば、〈ジェパディ!〉に勝ったワトソンを創り上げるにあたっては、まずコンピュータが質問の構文解析をするためのアルゴリズム一式を構築したという――読解の教師が、センテンスを図解するやり方に似ている。「そのアルゴリズムが、言語を分解して、なにをきかれているのかを判断しようとする。名前、日付、動物――なにを探すのか?」ケリーはいう。第2のアルゴリズム一式は、あらゆる文献を捜索するよう設計されている。特定の地域、人物、日付に関係があるかもしれないものを探すために、ワトソンには、ウィキペディアから聖書に至るまで、ありとあらゆるものがアップロードされている。「コンピュータが数多くの証拠を探し、正解であるかもしれない事柄の暫定的なリストを作り、リストにある正解候補の裏付けとなる証拠を探す——たとえば、ＩＢＭで働いている人間のことをきかれたなら、トムが働いているのを私は知っている」

　さらに、べつのアルゴリズムで、ワトソンは正解候補をランク付けし、すべての事柄に信頼度を割りふる。信頼度がかなり高ければ、ボタンを押して回答する。

　プログラマブル・コンピュータとコグニティブ・コンピュータの違いを理解するもっといいやり方として、ＩＢＭの科学・ソリューション担当副社長のダリオ・ギルは、私に２つの実例を語ってくれた。ＩＢＭがはじめて翻訳ソフトウェアの開発をはじめたとき、英語をスペイン語に翻訳できるアルゴリズムを開発するチームを設立した。「それをやる最善の方法は、文法を教えられるありとあらゆる種類の言語学者を雇うことだと、私たちは考えました。言語の性質を理解すれば、翻訳プログラムを書けると」だが、うまくいかなかった。言語学者をおおぜい使ってみたあとで、ＩＢＭは１人残らずお払い箱にして、べつの手法を試した。

「今回、私たちはこういいました。〝統計的な手法を使い、人間が翻訳した２つのテキストを比較して、どちらがより正確かを見極めていったらどうだろう？〟」２００７年に演算能力と保存量が爆発的に向上し、それをやる能力がにわかに出現した。それでＩＢＭは基本的なインサイトを得た。「言語学者を１人お払い箱にするたびに、私たちの正確さは向上しました」ギルはいう。「そして、いまでは統計アルゴリズムだけを使っています」

莫大な量のテキストを比較し、何度でも使えるパターンを探すためのものだ。「チームにウルドゥー語や中国語がわかる人間がいなくても、ウルドゥー語を中国語に訳すことができます。いまは例文を通じて、訓練しています」正しいものと間違っているものについて、コンピュータにじゅうぶんな例文をあたえれば――スーパーノバの時代には、それをほとんど無限にやることができる――コンピュータは答えを適切に比較考量する方法を編み出して、それによって学習する。それに、ウルドゥー語や中国語の文法を本格的に学ぶ必要はない――統計データさえあればいい！

ワトソンはそうやって〈ジェパディ！〉で勝った。「プログラマブル・システムは、これまで60年間、生活を革命的に変えてきたが、〈ジェパディ！〉で勝負するのに必要とされる、ごちゃごちゃな非構造化データを読み解くことができなかった」ケリーは書いている。「微妙で、複雑で、語呂合わせの多い質問に正確に答えるというワトソンの能力は、コンピューティングの新時代が間近であることを明らかにした」

初日の勝負でワトソンが誤答した1つの質問が、そのことを如実に示している。参加者は全員、〝ファイナル・ジェパディ！〟でおなじヒントをあたえられる。カテゴリーは〝アメリカの都市〟で、ヒントは〝もっとも大きな空港が第二次世界大戦のアメリカの英雄にちなんで名付けられ、2番目に大きい空港が第二次世界大戦の戦いにちなんで名付けられた〟だった。正解はシカゴ（空港名はオヘアとミッドウェー）だった。だが、ワトソンは、〝それはトロントですか??????〟と、疑問符をいくつもつけて問いかけた。

「ワトソンがこの質問で混乱したのには、構文以外にも、いくつも理由があります。イリノイ州にトロントという町があるし、カナダのトロント・ブルージェイズがアメリカン・リーグに属しています」ケリーはいう。「しかし、この誤答はワトソンの仕組みに関する重要な事実を浮き彫りにしています。このシステムは、質問に対して、それが〝知っていること〟を答えるわけではありません。そうではなく、複数の情報源にある情報を評価し、比較考量して、検討すべき案を提示するように設計されています。それから、答えのそれぞれに信頼度を割りふります。〝ファイナル・ジェパディ!〟の場合、ワトソンの判断した信頼度は、かなり低く、14%でした。だから、〝この答えは信用できないよ〟といったわけです。ある意味では、自分は知らないということを知っていたことになります」

コンピューティングのコグニティブ時代は、きわめて目新しいものなので、恐ろしげな話もかなり書かれている――コグニティブ・コンピュータは、人間から世界を奪うといったようなことだ。IBMではこう考えている。「AIとコグニティブ・コンピューティングに関する一般の認識――感覚をそなえたコンピュータ・システムが、意識と自覚を持つようになり、学習したことによって自分の選んだ方向を目指すというような考え方――は、現実とはかけ離れています」IBMの上級副社長で、IBM研究所所長のアルヴィンド・クリシュナはいう。腫瘍学、地質学、地理学など、コンピュータに狭い範囲のことを教え込むことはできる――重なり合っている複数の認識パターンを通じてそういった学問分野を〝学習する〟ことを可能にするアルゴリズムを書けばいい。「しかし、腫瘍学を理解するように作られたコンピュータは、それしかできません。設計目的の狭い範囲に登場する新しい文献を学びつづける。しかし、そのコンピュータが突然、自動車の設計をはじめる可能性はゼロです」

2016年6月、ワトソンはすでに、世界の名だたる癌研究所15カ所に利用されるようになっていた。医療関連の記事1200万ページ、医学専門誌300種類、教科書200冊、数千万人の患者のカルテを取り込み、しかもその量は日増しに増えている。ワトソンに人間の医師の代わりが務まることを証明するためではなく、ワトソンが医師にとって絶大な支援になることを証明するためだと、ケリーは述べている。医師は最新の医学文献や新しい発見にたえず精通していなければならないが、それが難しくなっているからだ。スーパーノバもその難問を助長している。プライマリーケアに従事する医師が、自分の診療分野に関係がある膨大な新しい文献を読みこなすには、ひと月630時間が必要だと推定されている。

大量にある診断の複雑性を解消するワトソンは、未来との架け橋になる。以前は、癌にかかると、腫瘍学者たちは既存の治療法3種類のいずれかを、自分たちが読んだ最新の医学文献十数件に基づいて選んでいた。IBMのチームによれば、現在では1時間以内の検査で腫瘍の遺伝子配列がわかり、医師はワトソンを使って、その特定の腫瘍にもっとも効果があるとわかっている薬を突きとめることができる――それも1時間以内に。ＩＢＭは現在、医療用ワトソンに３０００枚の画像を入力することを予定している。そのうち２０００枚が悪性黒色腫で、２８０００枚がそうではない。ワトソンはアルゴリズムを使って、悪性黒色腫の色、立体構造、輪郭を学習する。数万枚を見て、共通する特徴を理解すると、悪性のものを人間よりもずっと早く見分けられるようになる。その能力によって、医師はもっとも必要とされる事柄――患者への対応――に専念できる。

べつのいい方をすれば、ワトソンは、人間の医師の独特な能力――洞察、共感、判断――と組み合わされたときに、魔法を引き起こす。両者の統合は、片方だけでやるよりもはるかに優れた知識の創出と応用をもたらす。〈ジェパディ！〉では人間のチャンピオン2人が機械と競い合ったが、将来はワトソンと医師――機械と人間――が協力して問題を解決することが、きわめて重要になるだろうと、ケリーは述べている。彼は小論のなかで、ワトソンを使っているメモリアル・スローン・ケタリング癌センターの著名な癌専門医、ラリー・ノートンの言葉を引用している。コンピュータ科学は「急速に進化し、医学もそれとともに進歩する。つまり共進化だ。私たちは助け合う。私自身と、患者、コンピュータ、看護師、研究員がすべて診察室にいて、情報を交換し合う場面を、私は空想している」。

そのうちにこういった事柄すべてが、医学を作り変え、頭を賢く使う方法についての私たちの考え方を変えるだろうと、ケリーは論じている。「21世紀には、すべての答えを知っていることが秀でた知力だとは見なされなくなるだろう――それよりも、適切な質問をすべて投じられる能力が、非凡な才能を示す尺度になるだろう」

ＡＩが数多くの機械にどんどん取り入れられているということを、私たちは毎日のように新聞で読んでいる。そういう機械は、融通がきくようになり、直覚が備わり、人間に似ていて、タッチ、身ぶり、音声コマンドで利用できる。じきに、だれもが個人用の賢いアシスタント――自分専用の小型ワトソン、Ｓｉｒｉ、アレクサ――を持てるようになる。持ち主が使うたびに嗜好や興味の対象を学習し、ターゲットを絞り込むので、アシスタントは日を追うごとに貴重な存在になる。これはＳＦではない。いま現実に起きていることだ。

だからこそ、ワトソンの家であるＩＢＭでのインタビューの最後に、ケリーは感慨深げにいった。「自動車のバックミラーの注意書きがあるでしょう。〝バックミラーに映っているものは、見かけよりもずっと近くにあります〟と。フロントウィンドウから見えているものについても、それが当てはまります。未来は思っているよりも、ずっと近いんです」

デザイナー

チェス盤の後半にいるほんとうにクリエイティブな創造者《メイカー》を訪ねてまわり、彼らがスーパーノバが可能にした強力なツールをすべて駆使し、個人としてなにができるかを見届けるのは、じつに楽しい。私はサンフランシスコのエクスプロラトリアムのイベントで、トム・ウージェックと知り合った。自分たちには共通点が多いと思い、スカイプでまた連絡しようと約束した。ウージェックは、オートデスクのフェローで、3Dデザイン、エンジニアリング、エンターテインメント・ソフトウェアの世界的権威だ。肩書を聞いただけでは、自動車部品メーカーでハブキャップを設計しているように思えるかもしれないが、オートデスクは知る人ぞ知るきわめて重要な企業で、建築家、自動車やゲームのデザイナー、映画スタジオなどが、建物や自動車や映画をコンピュータ上で想像し、デザインするのに使うソフトウェアを開発している。いわばデザインのマイクロソフトだ。オートデスクは、180種類ほどのソフトウェア・ツールを提供し、それが約2000万人のプロのデザイナーや、2億人以上のアマチュアのデザイナーに使用されている。そして、毎年のように複雑性をワンタッチに減少させている。ウージェックは、ビジネス・ビジュアライゼーションの専門家で、ややこしい問題をグループで解決するのを手助けするのに、デザイン思考を使う。私たちが電話ではじめて話をしたとき、ウージェックは共用のデジタル・ホワイトボードに私の会話をリアルタイムで図示した。じつに驚異的だった。

私たちの会話のあいだに、ウージェックはお気に入りの話をしてくれた。テクノロジーのパワーが、デザイナー兼メイカーとしての仕事をどれほど変容させたか、という話だった。1995年をふりかえって、ウージェックは語った。

私はカナダ最大の博物館、ロイヤルオンタリオ博物館のクリエイティブ・ディレクターだった。民間セクターに移る前にそこで手がけた最後の大型プロジェクトは、マイアサウラという恐竜を蘇らせるというもので、たいへん複雑なプロセスだった。テーブルの2倍の大きさで重さが2トンの岩板を、発掘現場から博物館に輸送することからはじめられた。成獣と幼獣の2頭の化石を、古生物学者数人が何カ月もかけて鑿《のみ》で慎重に掘り起こした。2頭は親子だろうと考えられていた。マイアサウラは、〝よい母親トカゲ〟を意味する。化石化した骨が現われると、私たちはそれをスキャンした。手持ちのデジタル化ツールを使って、化石の表面の3次元座標を数百点から数千点、精密に計測した。果てしない時間がかかり、私たちのささやかなテクノロジーでは負担が大きかった。ハイエンドのツールが必要だと、私たちは悟った。

そこで、アップグレードした。ソフトウェアに20万ドル、ハードウェアに34万ドルの予算が認められた。化石が完全に現われると、アーティストに依頼して、全長90センチの立体模型を最初は粘土で、次にブロンズで作製してもらった。この彫刻が、私たちのデジタル・モデルの参考になった。だが、デジタル・モデルを創るのは、容易ではなかった。何カ月もかけて細かい造作を計測し、コンピュータに手で入力した。ソフトウェアが不安定で、システムがクラッシュするたびに、おなじ作業をくりかえさなければならなかった。そしてついに、きちんとしたデジタル・モデルが完成した。さらに専門家の助けを借りて、質感があってきらびやかで生き生きとしたモデルを創り上げ、高解像度の動画にした。苦労した甲斐があった。博物館を訪れる客は、展示パネルのボタンを押せば、実物大――大型SUVのサイズ――の恐竜が、私たちの古生物学者が推測したような生態で動くのを見ることができる。〝こうやって歩き、こうやって餌を食べ、こうやって後肢で立っていたはずだ〟というように。展示にこぎつけたとき、私は思った。「いや、莫大な量の仕事だった」

着手から完成まで、2年がかりのプロジェクトで、50万ドル以上のコストがかかった。そして、ほぼ20年後の2015年5月、ウージェックは辞めてから久しい同博物館のカクテルパーティに出席し、自分が手がけたマイアサウラの縮小模型のブロンズ像が展示されているのを見た。ウージェックは感慨深げに語った。

彫刻がそこにあるのを見て、私はびっくりした。現在のツールを使ったデジタル化のプロセスは、どんなふうなのだろうと思った。そこで、金曜日の夜に、ワインのグラスを片手に、iPhoneを出し、模型のまわりを歩いて、20枚くらい写真をとった。かかった時間は90秒くらいだった。それを私たちの会社が制作した123Dキャッチという無料クラウド・アプリにアップロードした。そのアプリは、あらゆるものの写真を3Dデジタル・モデルに変換する。4分後に、驚異的なほど精密で、アニメ化できる、生き写しの3Dモデルが送られてきた――20年前に私たちが制作したものよりも優れていた。その晩、私は悟った。かつては、ソフトウェアとハードウェアに50万ドル以上かけて、きわめて技術力の高い専門的な作業を何カ月も何年もつづけて達成した仕事が、いまはカクテルパーティで片手にワインのグラスを持ち、反対の手にスマホを持って、アプリ1つでやることができる。それも数分のあいだに。私はデジタル・モデルを金をかけずに再制作し――しかも前のモデルより優れたものができた。

センサー、デジタル化、演算能力、保存、ネットワーク、ソフトウェアの進歩で重要なのはそこだと、ウージェックは結論を述べた。「すべての産業が計算可能になっている。ある産業が計算可能になると、それがどういう変化を経るかを予測できる。デジタル化され、激変が起き、民主化されるという流れだ」たとえばウーバーでは、慣れない街で手をふってタクシーをとめるというアナログなプロセスが、デジタル化された。するとタクシー業界全体に激変が起き、産業全体が民主化された――すべての地域でだれでもタクシー運転手になることができ、どんな客でも運べるようになった。だれでもタクシー会社を開業できる。デザインの世界では、恐竜を再現するアナログなプロセスがデジタル化され、スーパーノバのおかげで、そのプロセスは激変し、いまでは民主化されて、だれでもスマホでやることができる。個人のパワーが、大幅に強化された。アイデアを練って、資金を調達し、実現し、規模を拡大するのが、容易になり、速くなり、すべてのプロセスにアクセスするコストが安くなって、参加できる人々が増加した。

だから、ウージェックはこういういい方を好んでいる。「20世紀は、私たちが創るものをあなたが好きになるようにすることが重要だった。21世紀は、あなたが好きなものをどう創るかが重要になった」

私たちは創造者《メイカー》の楽園にいる。次の世代の子供たちのおもちゃは、どんなものになるだろう？　自分のおもちゃ、好きなおもちゃを創り上げる。自分の特定のDNAに必要な薬品を創ることができるようなシステムも、まもなく出現するだろう。あるいは、オートデスクの優れたリサーチサイエンティスト、アンドルー・ヘッセルが私にいったように、「SFと科学の差がいまはかなり狭まっている。だれかがアイデアを思いついて言葉にしたとたんに、きわめて短いあいだに実現されるからだ」。

オートデスクの事業には、デザインのさまざまな面の複雑性を取り除いて、ワンタッチにし、デザイナーのパワーを増幅することが含まれている。オートデスクのカール・バスCEOは私に、建築家向けの最新のソフトウェアは、たんなるデジタル製図ツールから、ソフトウェアが〝ビルディング・インフォメーション・モデリング〟（ＢＩＭ）と呼ばれる概念で、デザイナーや建築家と組んで働くところまで進化したと説明した。

まず、デザインのプロセスが、ひと組の図面から、双方向《インタラクティブ》データベースに変わった。デザイナーが、コンピュータの画面に図面を引くと、システムが建物の特性を計算し、エネルギー効率から人の流れに至るまで、あらゆることの改善を提案し、考えられる選択肢すべてのコストを割り出す。ソフトウェアにはあらゆる変数が組み込まれているので、デザイナーが床や建物全体の形を変えるとすぐに、ソフトウェアがその変更にどれくらいのコストがかかり、エネルギーがどれくらい節約でき、建物を使用する人々にどういう影響があるかを教える。

「建築家は、ひと組の図面で仕事をするのではなく、建物全体を３次元生活システムとして捉えるデータ・モデルで仕事をします――３次元生活システムとは、窓、エアコン、日当たり、照明、エレベーターなどと、それらすべての相互作用です」とバスは説明する。建物に取り組んでいるさまざまなチームも情報を交換し、共同作業を行ない、それぞれが行なう変更の調整と最適化が劇的に向上する。

試作のプロセスがテクノロジーによってこういうふうに大幅に進歩すると、デザイナーのパワーは増大する。試そうとしているアイデアがもたらす結果をすべて見ることができる。それと同時に、憶測する部分がかなり減り、ひいては失敗や時間とカネの無駄も減る。

実験と創造性が促される。

次の段階には「度肝を抜かれる」とバスは説明した。「私たちはそれを生成的《ジェネレーティブ》デザインと呼んでいます」コンピュータが、ほんとうにデザインのパートナーになる。「たとえば、椅子をデザインしたいときに、家具デザイナーのところへ行って、〝椅子をデザインしてください〟と頼む。人に〝椅子をデザインしてください〟というと、お互いが思い浮かべているような椅子になる」しかし、オートデスクのプロジェクト・ドリームキャッチャーというソフトウェアを使い、「この高さの座面で、これだけの重さを支えられ、できるだけ軽くして、材料もできるだけ減らし、それでもこの高さでこの大きさの座面で重さを支えたい」と指示すると、コンピュータがびっくりするほど多種多様なデザインを出す。サンフランシスコのオートデスク本社にいくつか展示されているが、かなり空想的なデザインで、それでも非常に座り心地がいい。

ワトソンでもそうだったように、機械のパワーが増幅すると、〝1台のパワー〟の性質が変わり、ある意味で、最善の質問をすることが創造性にとって重要になった。「デザイナーの世界が変わります」とバスは説明した。「型を作るのではなく、デザインされる物体の目標と制約を創造する人間になります——やがて、[その人間は]もうデザインを創造せず、可能な選択肢の全体的な状況を眺めて、デザインを選びます。従来の、特定問題に絞ったポイント・ソリューションから、[人間と機械の]共同作業へと移行するでしょう。なぜなら、コンピュータの支援でデザイナーは、「いかなるシステムであろうと」人間の頭脳だけでは理解できない全体的な状況を理解できるようになったからです」

信用も部屋も貸します

これまで述べてきたように、スーパーノバは物事をやるためのコスト、速度、方法を劇的に変え、やれる物事も変えた――そして、個人や小集団がどこからともなく現われて、そういう物事をどれでもできるようになった。あるいは、それらを一度にやるというのはどうだろう？　もっとも適切な手本がある。とてつもないパワーを得て、長年ずっと確立していた産業を数年のあいだに作り変えた人々がいる。Ａｉｒｂｎｂの創業者たちだ。彼らはまさにスーパーノバの申し子だった――それなしには想像もできなかったし、それがあることで必然的に生まれ、押しとどめられなくなった。

最初はすべてがいたってアナログだった――エアマットレスからはじまった。

共同創業者の１人、ブライアン・チェスキーの両親が、ロードアイランド・スクール・オブ・デザインを卒業した息子に望んでいたことは、たった１つ、健康保険がある仕事につくことだった。チェスキーはそのとおりにして、ロサンゼルスのデザイン会社にしばらくいたが、やがて嫌になり、持ち物をホンダ・シビックに積んでサンフランシスコへ行き、友人のジョー・ゲビアのところへ転がり込んだ。借家を共用することをゲビアは了承した。

「あいにく、僕が払う分は1150ドルなのに、貯金が1000ドルしかなかったので、差し引きがマイナスになるという問題が起きた――しかも失業中だった」コラムを書くためにはじめてインタビューしたときに、チェスキーはそういった。だが、2人は名案を思いついた。チェスキーがサンフランシスコへ行った2007年10月初旬、街ではアメリカ・インダストリアル・デザイナー協会のコンベンションが行なわれ、会議ウェブサイトではホテルの部屋がすべて予約済みになっていた。そこで、チェスキーとゲビアは、自分たちの家を出席者向けの朝食つき宿屋《ベッド&ブレックファスト》にしようと考えた。

問題はベッドがないことだったが、ゲビアがエアマットレスを3枚持っていた。「それで僕たちはそれを膨らまして、〝エアベッド&ブレックファスト〟と称した。客を泊めて、1泊80ドルを請求する。朝食を用意し、街のガイドにもなった」34歳のチェスキーは説明した。それをやって、家賃を払うのにじゅうぶんな金を調達した。だが、もっと重要だったのは、その後、売上数十億ドルの企業を打ち立てるもとになった、もっと大きな名案を見つけたことだった。それはおおぜいの人々が金を儲け、世界を旅する、まったく新しい方法だった。世界のどこにいても、家の空き部屋を貸して金を儲けられるような、世界的なネットワークを創出するという着想だった。最初の思いつきに敬意を表して、2人はその会社をAirbnbと名付けた。それが急成長して、いまでは大手ホテル・チェーンを合わせたよりも巨大になった――しかも、ヒルトンやマリオットとは異なり、ベッドは1

台も所有していない。さらに、それによって〝シェアリング・エコノミー〟という新しい潮流が生まれた。

チェスキーがはじめて自分の会社のことを説明したとき、正直いって私はすこし疑ってかかった。身も知らぬ人間に廊下の奥にある子供部屋を貸したいと思うパリの住民が、いったい何人いるだろうと思った――相手はインターネットで連絡してくるのだ。それに、知り合いでもないのにそういう部屋に泊まりたいと思う人間が、いったい何人いるだろう？

おおぜいいる、というのが答えだった。2017年にはパリのホテルの部屋は6万8000室、Airbnbに登録している部屋は10万室以上あった。

現在では、Airbnbのウェブサイトに行けば、数百の城、数十のゲル、洞窟、テレビ付きのティピ、給水塔、モービルホーム、私有地の島、ガラス張りの家、灯台、Wi-Fi付きのイグルー、ツリーハウスから選ぶことができる。ツリーハウスは数百軒あって、Airbnbに登録されている部屋のなかでは、1平方メートル当たりの利益がもっとも大きい。

「バーモント州リンカーンのツリーハウスは、母屋よりもずっと貴重です」チェスキーはいう。「バーモント州のツリーハウスは、6カ月先まで予約が埋まっています。ツリーハウスに泊まれるタイミングでバケーションを計画する人が多いんですよ！」当然ながら、ツリーハウスは、Ａｉｒｂｎｂで人気トップ3をつねに占めている――そのうちの2軒は、持ち主が自宅のローンをまかなえるくらい稼いでいる。リヒテンシュタイン公ハンス・アダム2世は、「特別の道路標識や、一時的な通貨込みで」公国を（ひと晩7万ドルで）Ａｉｒｂｎｂに貸し出していると、２０１１年4月15日付《ガーディアン》は報じた。ドアーズのジム・モリソンがかつて所有していた家で眠ったり、フランク・ロイド・ライト設計の家を選んだり、1平方メートルしかないベルリンの1泊13ドルの部屋を借りたりできる。つねにトップの人気を誇るのは、カリフォルニアのマッシュルーム型キャビンだ。

２０１４年7月、ブラジルでサッカーのワールド・カップが行なわれたときには、サポーターたちはＡｉｒｂｎｂのおかげで宿泊所を見つけられた。ブラジルには、観戦のために外国からやってくるサポーターすべてを収容できるだけのホテルの部屋がなかったと、チェスキーはいう。「約12万人――外国から来たサポーターの5分の1――が、ブラジルのワールド・カップのときにＡｉｒｂｎｂの部屋に泊まりました。１５０カ国から集まっていました。ブラジルのＡｉｒｂｎｂ貸し手《ホスト》は、ワールド・カップ中の予約で約３８００万ドルを稼ぎました。リオの平均的なホストが、1カ月つづいた試合のあいだに４０００ドル前後稼いだんです。これはリオの平均月収のほぼ4倍にあたります。ブラジルとドイツが戦った準決勝のときには、ドイツ人１８９人がブラジル人の家に泊まりました」

だれでも宿屋の主人になれることがわかった！　しかし、チェスキーと共同経営者たちの未来への読みが深かっただけではなく、タイミングも絶妙だったのだ。なぜか？　それがたまたま2007年だったからだ。その年に生まれたさまざまなテクノロジーがなかったら、Airbnbはありえなかっただろうと、チェスキーはいう。まず2000年代のはじめに、接続が、速くて無料で簡単になり、どこにでも――ハワイでも香港でもハバナでも――あるようになった。「次に、オンラインで買ったものの支払いや、オンラインでの取引に、カード情報を安心して伝えられるような仕組みが必要でした。イーベイでもはじめのうちは小切手を送らなければならなかったのを、みんな忘れていますね。1日の終わりには、巨大な袋が小切手でいっぱいになったものです」世界中の幅広い人々が、eコマースと、ペイパルのようなピアツーピアの支払いシステムに、ある程度慣れる必要があった。ペイパルによって、クレジットカードを使わなくても、Airbnbの支払いが行なえるようになった。グローバル化したフローが、2000年初頭にそれを可能にした。

また、人々が身許を識別できる本物のプロフィールでオンラインに接続する必要もあった。2007年に高校や大学から爆発的にひろがったフェイスブックが、その実現に役立った。部屋を貸す人間も借りる部屋を探している人間も、かなり確実に相手が何者かを知ることができる。イーベイで本を買ったり中古のゴルフクラブを知らない人間に売ったりすることとや、クレイグズリストで独身のルームメイトを探したりするのとは違う。他人の家の空いている部屋に泊まったり、他人に空き部屋を貸したりするのだ。

ランク付けのシステムも必要だったと、チェスキーはいう。双方がお互いを評価し、評判を築いて、それが通貨のような信用を持つようになる。イーベイとAirbnbはその先駆者で、それを人々にひろめた。カメラ付きスマホの普及も必要だった。貸す部屋や家をほとんど無料で写真に撮って、ウェブのプロフィールに載せる──カメラマンを雇う必要はない（雇う人も多いが）。スティーブ・ジョブズが、その問題を2007年に解決した。2009年に生まれたWhatsApp（ワッツアップ）のようなメッセージング・システムも必要だった。それを使えば、宿泊施設をAirbnbに登録した人と部屋を借りる人が、いつどこに鍵を置いておくかといったような細かい相談を無料でできる。チェスキーがいうように、「〝見知らぬ人間〟との取引のわずらわしさが取り除かれ、事前にバーチャルで会うことができる」。

そして最後に、「それらをすべて、ほんとうにしっかりとデザインされたインターフェイスにまとめる必要があった──僕たちはみんなデザイン科の学生でしたからね。ワンタッチでこれをすべてやれるようにしました」とチェスキーはいう。こういった細かい部分が整い、2007年の数年後に規模が拡大した。Airbnbがにわかに急成長したのは、すべての複雑性──ミネソタ州のだれかがモンゴルのゲルを借りる手続き──をワンタッチにできたからだが、当事者が完全に信頼できるような仕組みでそれをやったからでもあった。

それどころか、チェスキーとＡｉｒｂｎｂの創業者たちがやったもっとも興味深いことは、規模拡大がもっとも難しい複雑な事柄、つまり信頼を打ち立てるようになっていることだった。

Ａｉｒｂｎｂの創業者たちは、世界が相互依存するようになっていることを見抜いていた。つまり、貸し手と、観光客や出張中のビジネスマンを、地球のどこでも接続できるテクノロジーが存在していたのだ。彼らを結びつけるのに信頼のプラットフォームを築けば、すべての当事者のために莫大な価値が生まれる。その信頼のプラットフォームこそ、Ａｉｒｂｎｂのほんとうのイノベーションだった。それによって、だれもが相手の身許を確認できるだけではなく、そのホストや客が、善良なのか、悪質なのか、良くも悪くもないのかを見分けられる。システム利用者全員がそれぞれの〝評判〟をあっという間に打ち立て、相互に見えるようになる。信頼できる身許と妥当な評判を、スーパーノバとグローバルなフローとに組み合わせると、突然、Ａｉｒｂｎｂには４００万件以上の貸家と貸間が登録された――ヒルトン、マリオット、スターウッドを合わせたよりも多い。しかも、ヒルトンは１９１９年の創業なのだ！

「僕たちは、以前は組織や会社だけを信頼していました。評判とブランド力があったからです」チェスキーは結論を述べる。「それに、以前は自分のコミュニティの人間だけを信頼していました。自分のコミュニティの人間は知り合い、外部の人間はよそ者でした。僕たちがやったのは、よそ者に信用できるような身許とブランドをあたえることでした。得体の知れない人間を家に泊めたくはないですよね。でも、ハーバード大学卒で銀行で働いていて、Ａｉｒｂｎｂで五つ星の客にランクされているミシェルなら、どうですか？　いいとも！　といいますよ」

チェスキーは、Ａｉｒｂｎｂがシェアリング・エコノミーで学んだことを他の分野や知見に応用したいと考えている。「アメリカには、平均13分しか使われていない電動ドリルが8000万台あります。みんな自分のドリルが、ほんとうに必要なんでしょうか？」

なにかを想像し、デザインし、作り、あらゆる場所で販売するという一連の流れが、いまだかつてなかったほど短く、速く、安価に、そして容易になっている——エンジニアにとっても、そうではない人間にとっても。

率直にいおう。もしそうなっていないのであれば、それはあなたが行動していないからだ。

小売業者

スーパーノバはイノベーターに、根本的な激変をもたらす新ビジネスモデル——一夜でグローバルに規模拡大できるモデル——を確立する力をあたえたが、同時に、既存の会社が自分たちを激変させれば、彼らと従来よりも効率的に競争できるようにもした。その競争に興味があれば、アーカンソー州の小さな町に本社がある究極の店舗型小売業者ウォルマートが、スーパーノバを利用して、まさに加速の時代に生まれた巨大小売業者――アマゾン――と競争する能力をどうやって高めているかを研究するのが、最適の方法だろう。現在、アマゾンと競争しなければならない小売業者は気の毒だと思うが、ウォルマートはただの小売業者ではないから、この難題にどう立ち向かっているかを見るのは意味深いことだと思う。

２０１５年4月、私はウォルマートのダグ・マクミロンCEOに招かれてアーカンソー州ベントンビルの本社に赴き、語り草になっている土曜朝のミーティングで話をすることになった。それは、バラエティ番組と企業版伝道集会と雑多なお楽しみの組み合わせで、聴衆は３０００人にのぼる。じつに大々的な行事だ。私はケビン・コスナーの前座ということだったが、よろこんで話をすると、マクミロンにいった――ただし、〝たっぷりと〟報酬をもらいたい、と。しかし、《ニューヨーク・タイムズ》は、企業から金を受け取ることを認めていない。なにがほしいかとマクミロンにきかれた。そこで、見返りに、私がｉＰｈｏｎｅを使ってウォルマートのモバイル・アプリで品物――32インチのテレビと決まった――を買うとき、スーパーノバの裏側でなにが起きているかを、ウォルマートのエンジニアたちに見せてもらいたい、といった。それがウォルマートの私への〝報酬〟で、行っただけの価値があった。

Walmart.com は、２０００年に立ち上げられた。当初は外部のテクノロジーを使って築かれたオンラインのeコマース・プラットフォームで、アマゾンと競合するには、だいぶ力が劣っていた。2011年にウォルマートは本腰を入れはじめた。世界最大の小売業者が本気になると、ほんとうにすごいことになる。ウォルマートはシリコンバレーに大手ソフトウェア会社を立ちあげ、エンジニアを数千人雇った。私が訪問したとき、ウォルマートの社長兼グローバルeコマース事業CEOのニール・アッシュが、人集めはそう難しくなかったと、説明した。「こういう話をした。難しい問題に取り組みたいのなら、ここにある。規模を拡大したいのなら、それもここでできる！」会社として「私たちは週に2億人ないし3億人と〝会話〟をしている」。

私がとくに驚いたのは、ウォルマートがモバイル・アプリをあっという間に低コストで作製できたことだった――2007年に起きたことが、大きく貢献している。Hadoopによって、ビッグデータを大規模に利用できた。GitHubによって、よそで考案された小売ソフトウェアすべてを利用できた。APIによって、だれとでも組むことができた。さらに、ムーアの法則によって、保存、演算、通信が大幅に進歩し、チェス盤の後半の奥へと進んで、一夜にして競争力を増大させることができた。

ウォルマートeコマースのCTOのジェレミー・キングは、もとはイーベイのeコマース・プラットフォームを作ったテクノロジー・チームに属していた。スーパーノバが本格的に登場する前で、なんでもゼロから作らなければならなかった。「10年前［2005

年」にイーベイにいたときには、それをやるのにソフトウェア・エンジニアが２００人必要でした――当時は、ほかの手立てがありませんでした。何年もかかりました」いまは違う。２００７年以降は。キングはいう。「２０１１年にウォルマートは、クラウドのおかげで、おなじようなプラットフォームを、わずか12人で24カ月以内で作りました」それ以降、ウォルマートはソフトウェア・エンジニアを数千人雇い、事業のあらゆる面にＩＴを導入している。

アッシュはいう。ＧｉｔＨｕｂの時代に「私たちは自社用検索エンジンを作りました。検索可能なデータのインデックスを作るのに、オープンソースのなかで最高の選択肢であるＳｏｌｒ（ソーラー）という検索システムに頼ればいいだけでした。それをもとに、自社に適合する検索エンジンを書きました」。かつてはそういうコードは会社ごとに内部にあるだけだったが、いまはＧｉｔＨｕｂで社会に開放されている。こういうツールボックスと部品がクラウドに完備し、オープンソースとして利用でき、相互運用できるＡＰＩのおかげで混ぜ合わせることができる。「あとはお客様のための価値を生み出すようにまとめればいいだけです」アッシュは語った。

さて、わたしの32インチ・テレビ検索の話に戻ろう。ｉＰｈｏｎｅのウォルマート・アプリに〝32〟という数字を打ち込むやいなや、十中八九、32インチ・テレビを探しているに違いないと、アルゴリズムとデータベースが経験から見抜いた。〝インチ〟や〝テレビ〟のつづりを間違えても関係ない。そして、数ミリ秒以内に、在庫がある32インチ・テレビが何機種も表示された。

「お客様は、フリクションレスの経験を求めています」アッシュは説明した。「みんないまは気が短くなっているんです」人が100ミリ秒ごとにいらだつのをウォルマートは知っているという。「2分の1秒［の遅れ］で、商品を買うのをやめます。……コロラドにある弊社のデータ・センターからベントンビルのセンターまでデータを送るのに、7ミリ秒かかります――つまり、往復14ミリ秒です。ですから、コロラドのデータベースを使えない取引処理もあります。ベントンビルのデータに頼らなければなりません」

じっさい、ウォルマートは、消費者がほんとうにミリ秒（1000分の1秒）単位の違いに気づくことを知った。さらに、購入ボタンや検索ボタンを押したときには、10ミリ秒以内に応答があるのが当然だと彼らが考えていることもわかった。調査によって、消費者がオンラインで買うときに2分の1秒の遅れが生じるたびに、1日数百万件の取引処理が2％もしくはそれ以上、減ることを知った。相当の金額だ。

私はためしにサムスンの32インチ・テレビをバーチャルの買い物かごに入れて、〝購入〟ボタンをクリックした。ウォルマートとVISAを接続しているAPIが、シームレスに売買を処理した。あとで述べるが、その直後に、本書の調査中に気に入った言葉の1つを聞かされることになる。〝購入〟をクリックすると、システムが私の郵便番号から、車で取りにいけるような近くの店舗にその32インチ・テレビの在庫があるかどうか、あるいは地域の店舗から配送できるか、それともオンラインでの注文のみを扱う新設の巨大なサービス・センター数カ所の1つ——巡洋艦が2隻はいるくらい広い——から配送しなければならないか、を判断した。商品によっては、販売数の増加をウォルマートのシステムが予想して、どこでも最安値で客に提供できるように、あらかじめ在庫を配置しておく。冬のミシガン州ではシャベルを、フロリダでは年中ゴルフボールを、スーパーボウルの日曜日の1週間前には、大画面テレビとドリトスを用意する、といったぐあいに。

「ですから、〝購入〟ボタンを押したときに、配達日時をお知らせできます」キングはいう。「確率計算に基づいて、それをやっています」しかもいまでは、システムはその他のあらゆる最適化もこなして、最善の配送‐受け取り方法、あるいはその2つの組み合わせを決定しなければならない。客の住所、32インチ・テレビといっしょに買うかもしれない商品、どこから発送するか、箱のサイズと必要な数に基づいて、それを判断する。ウォルマートの店舗は4000軒あり、サービス・センターも複数あるので、複雑な組み合わせを処理する必要がある。

「変数が約40万あります」キングはいう。しかし、消費者はすでに買い上げて、もうオンラインで待っているわけではないので、「時間はありますから、1秒足らずで処理します」。

私は笑った。「いまなんとおっしゃいましたか?」信じられない思いで、私はきいた。

「〝購入〟ボタンを押したあと、時間はたっぷりあるというんですね。1秒もないのに」キングも笑った。

ウォルマートの現在のスーパーノバでは、40万の変数をシステムが整理して、複雑性をなくすのに、1秒とかからない。それで時間はたっぷりあることになる。どこからでも接続でき、複雑性が解消されると、世界はほんとうに高速になる。だが、レースはまだ終わっていない。競合他社をふり切れる速度を達成したと思ったとたんに、もっと速い相手が出現する。本書を書きあげる直前に、ウォルマートはアマゾン——いまだにウォルマートのオンライン売上の8倍を誇っている——とeコマースで競争する能力を高めるために、1年前に創業したばかりのインターネット通販のスタートアップ企業ジェットを買収すると発表した。《エコノミスト》2016年8月13日号は、ウォルマートが目をつけたジェットの強みは、「リアルタイム値決めアルゴリズムだ。かごに商品を入れれば入れるほど、単価が下がる仕組みになっている。また、ジェットのどの仕入先が客に近いかを判断して、配送コストを下げ、さらに値下げできる。ウォルマートは、そのソフトウェアを自社ソフトウェアと統合することを計画している」と報じた。

結局、〝1秒足らず〟では遅すぎたのだ。

バットマンからのスタートアップ

2016年3月、私はイラクのクルディスタン地域にあるスレイマニヤを訪れた。そこで共通の友人が、サディク・イルディズを紹介してくれた。サディクの一族は、多数のIT企業を経営している。そのうちの1社が、イェニ・メディヤ（ニュー・メディア）社で、どんな僻地でもスーパーノバを利用すれば小さなメイカーが大企業になれることを例証している。

イルディズの甥のエクレム・テイムルが創業したニュー・メディア社は、トルコやその他の国の政府や民間セクターのために、ビッグデータ分析とメディア監視などの業務を行なっている。ソーシャル・メディアも含めたすべてのメディアをリアルタイムで追跡し、顧客についての記事がどこかに現われれば、それを報告する。大衆が話題にしていることを上位20位までリアルタイムで知らせ、その比率も教える。画面に見出し付きのカラー・ボックスが表示され、それぞれのボックスに比率が出る。

「トルコ大統領は顧客で、私たちのシステムを通じて、リアルタイムの世論調査を受信できると考えています――1分単位で大衆の考えを調査していると」イルディズは、私に説明した。「いまはビッグデータでだれでも物事をやるのが簡単になっています。私たちが社内で開発したソフトウェアは、トルコとアメリカのニュース源をすべて5分ごとに集めます。グーグル・ニュースも、これほどの速さで常時すべてのニュース源を追跡することはできません。ツイッターの書き込みもすべて追跡し、それらすべてをアーカイブします――1日100万件あり、アメリカにも、それだけのことを成し遂げている会社はありません。だから、あなたについて書いた記事が公開されたあとでニュース源がそれを消去しても、私たちのシステムには残っているので、法的手段などに利用できます。政府や企業は、それを使って、自分たちについてなにが書かれているかを追跡できます」

お金を稼ぐ仕組みは？

「キーワードをいくつ追跡したいか、ユーザーをいくつ使いたいかによって、購読料を得て稼いでいます」イルディズは説明した。「〃トーマス・フリードマン〃なら、キーワード1つでいいですよ」（特売だ！）「内容分析も提供します。あなたについてなにがいわれているか、地域を分類し、どこから発せられたもので、どの街で何人が読んでいるか、あなたや、その傾向について、最初に記事を書いたのはだれか――つまり、影響をひろめようとしたのはだれか――おなじ言葉遣いをしているフォロワーは何人いるか、最初の言葉遣いが、どう進化し、変化したか、といったことです」

私は強く興味をそそられた。風説や憶測のたぐいもまた、終わりを告げたのだ。「トルコ議会の議員すべてが、それを使って、自分たちについて書かれていることを追跡しています」イルディズはいった、「通信社も、どの記事がもっとも多く取りあげられているかで、記者を評価することができます」

私について書かれていることをすべて耳にするのはごめんこうむりたいが、彼らが構築したツールには興味を惹かれた。費用はどれくらいなのか？　1000ドルから2万ドルまで、さまざまなパッケージがある、とイルディズはいった。やはり、追跡したいキーワードの数が基準になっている。

こんなすばらしいテクノロジーと販路を備えている会社を、どこで立ちあげたのかと、私は質問した。

「バットマンです」イルディズが答えた。

そんな地名があるのか？　とわたしはきいた。「ありますよ！」イルディズがいい返した。「しかも、市長は無断でそれを使ったといって、バットマン映画を告訴しました！」イルディズはトルコ系クルド人で、一族の会社はトルコ東部のクルド語が使われている地域の、一族の故郷の街、バットマンにある。べつの事業――建築と浄水――も手がけているが、ほんとうに成功したといえるのは、スーパーノバを利用してバットマンではじめた事業だった。どうしてそこまでになったのか？　当初は、街にスーパーノバのグローバルなフローが届いたとたんにはじめた、家族経営の事業だった。

「私の甥のエクレム・テイムルが、創業者でチーフエンジニアです――いま42歳です」イルディズは説明した。「エクレムはバットマン生まれで、トルコでナンバー1のデータ・

エンジニアです――会社は彼のアイデアでした」ニュー・メディア社には100人の社員がいて、バットマンで世界の最大手企業と競争している。会社の要職は一族――バットマンで生まれたエクレムと姉妹6人――で固めている。基礎教育しか受けていなかった姉妹が、いまはチーフ・エディター、セールス・マネジャー、アプリ制作マネジャーを務めている。ほとんどの女性が、働くことを家族に禁じられている街なので、これは驚くべきことだった。

だが、現在はイスタンブールのオフィスに事業がかなり移転したと、イルディズはいった。「それでもまだバットマンでおおぜい雇っています」コネクティビティが高まっているおかげで、「自宅でコンピュータの前に座って、会社の仕事ができます――それで雇用の機会がかなり創出されます」。バットマンとイスタンブールだけではなく、ダブリン、ドバイ、ベイルート、パロアルトにもオフィスがある。当然のことながら。

「もう〝恵まれない環境〟というものはなくなりました」イルディズはいう。「必要なのはちゃんと働く頭脳と短期間の訓練だけで、世界のどこにいても、自分のアイデアをすばらしいビジネスにすることができます」

この10年間、サディクに似た人々に数多く会ってきたが、サディク・イルディズの物語は、教育とコネクティビティとスーパーノバが重なるとどうなるかということを、克明に表わしている。「低所得層の人々がますます力をつけるようになって、ミドルクラス並みに考え、行動し、人間の安全保障、尊厳、公民権を要求している」国連人間開発計画の元ディレクター、ハリド・マリクはそう説明した。「これは構造的な変化だ。産業革命は、1000万人がからむ物語だった。これは20億人がからむ物語だ」それに、まだはじまったばかりなのだ。

これについては、もっと詳しく後述する。だが、私は最後に1つの質問をイルディズにぶつけた。あなたの家族は、その会社をいつ立ちあげたのですか?

「2007年」とイルディズは答えた。

第5章　市場

ケイボン・ベイポーは、ペリスコープの共同創業者でCEOだ。ペリスコープとは、2014年3月に発表され、4カ月とたたないうちにユーザーが1000万人になった、ライブ動画ストリーミング・アプリである。そして、ツイートの動画バージョンのたぐいを提供できると見抜いたツイッターに、すぐさま買収された。ユーザーがスマホを使って、自分が参加しているイベントや見ているもの――ハリケーン、地震、洪水、ドナルド・トランプの集会、ディズニー・ワールドでのスリル満点の乗り物、警官との対決、アメリカ下院での民主党議員の座り込みなど――の生放送を世界中のだれとでも共有できるプラットフォームを築いたことで、ペリスコープはあっという間に普及した。ペリスコープの使命は、だれもが「他人の目を通して世界を探求できる」力を持つようにすることだと、ベイポーは説明した。それによって「共感と真実を築く」――人が置かれている状況にリアルタイムで触れれば共感が生まれ、生放送はほとんどごまかしがきかないので真実を確保できる。すべてを生々しく見られる。

ベイポーが私に語った次の話は、それがどれほど生々しいかをありありと示している。

去年［2015年］7月に、ウィンブルドンへ行くために、サンフランシスコ発ロンドン行きの飛行機に乗っていた。ユナイテッド航空の飛行機で、iPadで見られるようにiTunesで映画をダウンロードしなかったのを悔やみ、9時間のフライトのあいだになにをすればいいのだろうと考えた。そこで、ユナイテッド航空のWi-Fiがペリスコープに接続して動画を見られるくらい強力かどうか、たしかめることにした。それにはかなりの回線容量が必要だからだ。それでログインしてみたら、うまくいったんだ！　まず、［サンフランシスコの］ゴールデン・ゲート・ブリッジに近いクリッシー・フィールドのビーチで、恋人が僕の犬を散歩させているのを見た。次に、ほかにだれかがペリスコープを使っているかどうか、調べようと思った。プラットフォームの画面では、世界地図と生放送している人間がいる場所を示すドットが表示される。ドットをクリックすると、その人間の生放送が見られる［生放送をあとで再生することも可能］。ハドソン川にドットがあった。「なんだろう？」と思って、そのドットをクリックした。嵐のなかでハドソン川を渡っているフェリーに乗っている女性の生放送だった。その女性がいっていた。「ものすごくひどい嵐のなかを通っていて、ものすごく怖い」まわりは暗くて、最前列に乗っていた彼女の背景には、舵輪をまわしている船長のシルエットが見えていた。激しい雨が窓に叩きつけ、揺れているのがわかった。女性は怯えていた。
その生放送を見ている人間が、ほかに7人いて、みんなでだいじょうぶだと女性を安心させようとしていた。僕の飛行機はたぶんグリーンランドあたりを飛んでいて、乱気流のせいでこちらの乗客も揺さぶられていた。ほかのみんなは世界のあちこちにいて、まったく知らない人間同士なのに、僕たち全員でその女性を慰めていた。10分か15分、それを見ていた。あとで僕は考えた。〝こんなふうに他人の立場になれるようなものを創るのを手伝えたのは、すごいことだ。まるで超能力みたいだ〟それがなかったら結びつくことがなかった人間の目を通して眺め、リアルタイムで話をすると、共感せずにはいられなくなる。たとえばあなたがシリア難民だとして、小舟に乗って、地中海を渡り、歩いてセルビアに行くところを生放送したら、どんなふうだろうか……

ベイポーの経験は、グローバリゼーション——本書では、〝市場〟という包括的な言葉を使うことにする——も現在、加速していることをまざまざと示している。多くの経済学者が何年ものあいだ、グローバリゼーションは国境を越えたモノ、サービス、カネの取引を計る尺度だといいつづけてきた。その定義はあまりにも狭すぎる。グローバリゼーションとは、個人や企業がグローバルに競争し、結びつき、交易し、共同作業を行なう能力だというのが、私の一貫した解釈だった。その定義では、グローバリゼーションはいま爆発的にひろがっている。現在、私たちは多くの物事をデジタル化でき、携帯電話とスーパーノバのおかげで、そのデジタル・フローをどこへでも送ることができ、どこからでも取り入れることができる。この流れが友情と資金調達、憎悪と移民拒否、教育とeコマース、利用できるニュース、刺激的なゴシップ、不安を煽る噂などのグローバリゼーションを促進する。20世紀のグローバル経済の主な特徴であるモノやカネやサービスの輸出入は、近年横ばいもしくは下降しているが、フローによるグローバリゼーションは、「急上昇している――世界中の情報、アイデア、イノベーションを発信し、これまでになかったほどグローバル経済の参加者の幅を広げている」。マッキンゼー・グローバル・インスティテュートによる、この問題の先駆的な研究〝デジタル・グローバリゼーション：グローバルなフローの新時代〟は2016年3月に、そう結論を下している。「世界はこれまでになく相互の結びつきを強めている」

ちょっと考えるだけでも、以下のようなフローが頭に浮かぶはずだ。フェイスブックでの友だちのフロー。Airbnbでの貸し手と借り手のフロー。ツイッターのオピニオンのフロー。アマゾン、テンセント、アリババのeコマースのフロー。キックスターター、インディゴーゴー、ゴーファンドミーのクラウド・ファンディングのフロー。ワッツアップやウィーチャットのアイデアやインスタントメッセージのフロー。ペイパルやVenmo（ベンモ）によるピアツーピアの支払いと与信のフロー。インスタグラムの写真のフロー。カーン・アカデミーの教育のフロー。MOOC（ムーク）のオンライン大学講座のフロー。オートデスクのデザイン・ツールのフロー。アップル、パンドラ、スポティファイの音楽配信のフロー。ネットフリックスの映像のフロー。NYTimes.comやBuzzFeed.comのニュースのフロー。セールスフォースのクラウドを基本とするツールのフロー。グーグルを使って知識を探す人々のフロー。ペリスコープとフェイスブックの未編集動画のフロー。こういったフローすべてが、世界はこれまでになく相互の結びつきを強めているという、マッキンゼーの結論を裏書きしている。

当然ながら、これらのデジタルの流れは、豊かになり、強力になって、山から文明世界や都市に向けて流れていた川が大昔に担っていたのとおなじ役割を、21世紀に担うようになっている。人間は昔から、アマゾン川のような勢いよく流れる川のそばに町や工場を作ってきた。川は私たちの住んでいるところを流れていた。川は水力や移動の手段になり、土地を肥やし、近隣諸国へ行ってアイデアを手に入れるのに役立った。デジタル・フローがスーパーノバを出入りするのも、それとおなじことだ。しかし、いま利用されている川の流れは、アマゾン・ウェブサービス（AWS）やマイクロソフト・アジュールで、これらの巨大な接続手段によって、企業や国家はスーパーノバの演算能力を向上させるアプリケーションを利用でき、自分が関係したい分野で世界のあらゆるフローと結びつくことができる。

そして、モノの相互作用と人間のデジタル化が進み、企業や顧客への利益がいっそう明白になるにつれて、この川はいっそう大きく、重要になった。２０１４年のマッキンゼーの研究、〝ビジネス・プロセスのデジタル化加速〟は、この潮流が私たちの生活にあらゆる面で浸透していることと、それにともなう利益を、簡潔にまとめている。「情報集約的なプロセスをデジタル化することで、最大90％のコストが削減でき、ターンアラウンドタイムが数桁、改善されうる。多数の産業に実例が見られる。ある銀行は住宅ローンの申請と決定プロセスをデジタル化し、新規ローンのコストを70％削減し、仮承認にかかる時間を数日からわずか1分に短縮した。ある通信会社は、顧客がセルフサービスで使用開始できるプリペイド電話を編み出した。ある靴小売業者は、店舗の在庫を管理するシステムを構築し、求められたサイズの在庫があるかどうかが瞬時にわかるようにして、顧客と店員の時間が節約された。ある保険会社は、単純な保険金支払い要求の大部分を自動的に裁定するデジタル・プロセスを構築した。加えて、書類やマニュアルのプロセスを、ソフトウェアに置き換えた。各部門がプロセスの効率、コストを増やす要因、リスクの原因を理解できるようなデータを、そのソフトウェアが自動的に収集する仕組みになっている。デジタル・プロセスの効率がリアルタイムで報告され、表示されることによって、マネジャーは問題が深刻になる前に対策を講じられる。たとえば、サプライチェーンの品質問題は、カスタマーの購買行動やデジタル・チャンネルでのフィードバックをモニターすることで、迅速に突きとめて対処できる。従来のやり方の大規模プロジェクトで現在のプロセスすべてをデジタルの世界に移そうとすると、影響を及ぼすのにとてつもない時間がかかる場合が多く、まったくうまくいかないことがあるというのを、一流の組織は認識している。そこで、成功を収めている企業は、既存のプロセスに関係するものすべてをまず疑問視し、最新鋭のデジタル・テクノロジーを使って再建しながら、プロセスを捉え直す。たとえば、一流の組織は、事務・管理部門の社員が顧客の苦情をシステムに入力するのを支援するテクノロジー・ツールを創り出すのではなく、顧客がみずから苦情を入力できるようなセルフサービスのオプションを創り出す」

たしかに、数多くの新領域でこれほど深遠に結びつくためには、世界を作り変えなければならない。本章では、このグローバルなデジタル・フローについて検証する。いまや世界中の人々がスーパーノバのテクノロジー・ツールボックスを利用でき、創造者《メイカー》と破壊者《ブレイカー》のどちらにもなれるようになった。金融面で世界は相互依存が強まり、どの国も外国の経済の影響を受けやすくなった。見知らぬ人間同士の接触が、前代未聞の速さと規模を示すようになり、悪い思想といい思想が敵対し、あっという間に偏見を消滅させたり、逆に生み出したりするようになって、すべての指導者が姿をさらけ出し、透明性が高まった。国が海外で冒険的な行動を行なったときの代償が、予想以上に高くなり、フローは地政学の面での抑制の源になった。

相互接続《インターコネクション》か、それとも性交《インターコース》か

デジタルの川は現在、すべての人間をより親密にしようとしながら世界中を流れ、モバイル機器でスーパーノバと結びつく人々が増えるにつれて、ますます豊かに、ますます速くなっている。２０１５年1月、ボストン・コンサルティング・グループ（ＢＣＧ）は、クアルコムの資金提供を受けて、〝モバイル革命：モバイル・テクノロジーはいかに1兆ドルの影響を促進したか〟という研究を発表した。携帯電話に人々がのめり込んだことによる影響も、研究対象の1つだった。この大きな疑問を煎じつめるために、ＢＣＧはアメリカ、ドイツ、韓国、ブラジル、中国、インドで世論調査を行なった。「携帯電話を個人で使用するのをやめるくらいなら、次のうちのなにを1年間やめますか？」外食は？ 64%がやめると答えた。ペットを飼うことは？ 51%がやめると答えた。バケーションに出かけるのは？ 50%。週に一度の休みは？ 51%。友だちと会うのは？ 45%が、会わなくてもいいと答えた。次は、もっと重大な質問だった。どちらを1年間やめますか――携帯電話、それともセックス？

携帯電話をやめるくらいなら、1年間セックスをしないと、38%が答えた。国別にいうと、韓国人の60%が、人間の性交《インターコース》よりも音声とデータの交流《インターコース》を選ぶとしている！ 理由はわからなくもない。スウェーデンの大手通信機器メーカーのエリクソンが指摘している。

モバイル・テクノロジーは、私たちの暮らし、仕事、学習、旅、買い物、接続を維持するやり方を変えた。産業革命ですら、技術のイノベーションと世界的な経済成長に、これほど迅速で急激な爆発的変化をもたらしはしなかった。人間の基本的な営みのほとんどすべてが、モバイルによって影響を受け、革命的に変わったといってもいい。15年もたたないあいだに、3G［第3世代］と4G［第4世代］のテクノロジーが、30億人の利用者を得て、モバイルを史上でもっとも急速に採用された消費者テクノロジーにした。

10年前には、私たちはみんな混み合った村に住んでいるような気がするといっただろうが、現在では、「みんな混み合った劇場に住んでいるような気がする」とダヴ・サイドマンはいう。「世界はただ相互接続しているだけではなく、相互依存している。私たちはこれまでになく、ともに栄え、衰えている。だから、非常に少ないものが、非常に遠くの多くのものに、非常にたやすく深遠に影響をあたえられる。……私たちは、他人の熱望、希望、フラストレーション、苦境を、単刀直入かつ直感的に経験している」――ケイボン・ベイポーが、大海原の上を飛行機で旅していたとき、嵐のなかで船に乗っていた見知らぬ人間の経験を共有したように。

携帯電話加入者数（100人当たり）1960～2014年

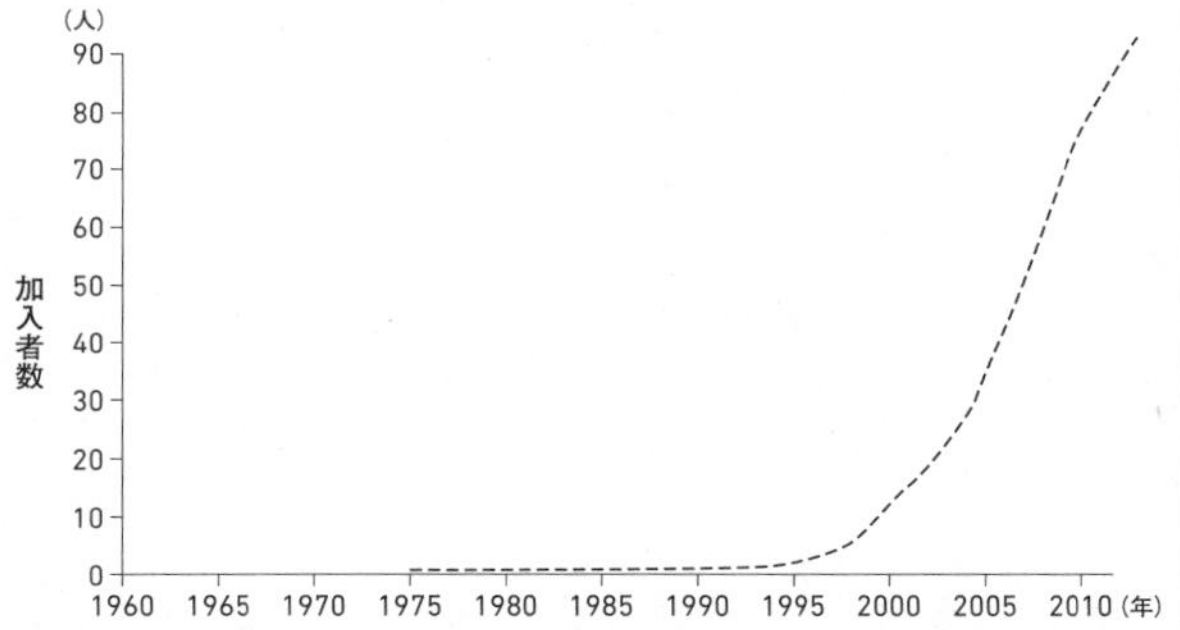

出典：International Telecommunication Union, World Telecommunication / ICT Development Report and database

２０１５年９月、国連総会の会期中にフランス大統領フランソワ・オランド（在任は２０１２年５月～２０１７年５月）がコラムニストたちを招いて小規模な朝食会をひらいた。中東やアフリカからあらゆる経路でヨーロッパに流入する難民が、主な話題だった。そのあとでオランドの補佐官が、驚くほどの速さで難民によって情報が拡散され、行動に利用されていると、私に語った。難民は地中海を渡ろうとしてつねに移動しているのに、ＳＮＳを通じて、自分たちが知りたい事柄についての情報に通じている、という。

「ある日、われわれは規則を変えて、障害のある人間が乗っている船は「ヨーロッパの海岸から」追い返すことができないようにした」するとたちまち、どこでも到着する船に車椅子を使っている人間が乗っているようになった、とその外交官はいう。「それほど早かった」

2016年4月、私はナショナル・ジオグラフィック・チャンネルのドキュメンタリー番組〈危険な時代に生きる〉シリーズの取材で、アフリカ北西部のニジェールへ行った。西アフリカからニジェールを通り、サハラ砂漠を越えて、リビアからヨーロッパへ渡る移民のルートを、私たちのクルーはたどった。リビア国境から南に約160キロメートル離れたディルクというニジェールの町で、リビアまで行ったものの、ヨーロッパに渡ることができず、文無しになって帰ってきたニジェール人をインタビューした。彼らは衣類や日用品を満載した大型トラックの横に立っていた。撮影を終えたあとで、iPhoneで写真を撮っていいかと、私はたずねた。だれもがかまわないといった。そして、だれもが自分の携帯電話を出して、私の写真を撮りはじめた。そこで私は、私の写真を撮っている彼らを写真に撮った。

彼らのポケットにはいっているお金はわずかだっただろうが、だれもがカメラ付き携帯電話を持っていて、たとえ基本的なレベルであっても、グローバルなフローに参加するためにそれを使おうとする。だれもがスーパーノバの力を引き出していて、どんなに貧しくても、客体ではなく主体になれる。欧米人のアフリカ旅行の飾り物ではなく、世界の視聴者を相手に自分の話をすることができる。それはすばらしいことだし、わずか10年前にはありえなかった。

なんと、いまでは物乞いですらデジタル・ゲームに参加している。2017年6月に北京を訪れたとき、私は中国が急激にキャッシュレス社会に移行したことを知った。だれもが携帯電話で支払いをして、施しもそれで送金される。Ibtimes.com は2017年4月24日に次のように報じている。

「〝小銭の持ち合せがない？〟心配は無用――中国の物乞いは、スマホでQRコードをスキャンするモバイルペイメントにも応じる。……物乞いは小銭を入れてもらう鉢に、QRコードのプリントアウトを入れておく。アリババ・グループのアリペイか、テンセントのウィーチャット・ウォレットのようなモバイルペイメント・アプリがあれば、だれでもQRコードをスキャンして、特定の金額を物乞いのモバイルペイメント口座に送金できる。……中国の国営メディアによれば、それはもうありふれたことだという。……中国のデジタル・マーケティング会社チャイナ・チャンネルは、QRコードを使う物乞い行為は、ただ施す人の利便のためだけではないと主張する。北京で出会った物乞いの多くは、地元企業やスタートアップ企業に金で雇われ、QRコードを宣伝し、通りすがりの人間にスキャンさせるように仕向けられているのだという。スキャンによって企業は人々のウィーチャットIDごとのユーザー・データを収集できる。集められたウィーチャットIDは、かなりの額で中小企業に売られ、中小企業はそれを利用してアプリに未承諾広告を送る――企業がこれまで、メールアドレスや電話番号を使って広告を送っていたのとおなじ手順だ」

中国の友人たちは私に、もうハンドバッグや財布は持たないと語った。携帯電話だけを持ち、あらゆることにそれを使う――露店で野菜を買うときにも。「アメリカはキャッシュレス社会をずっと夢見ていました」中国最大の検索エンジン百度《バイドゥ》の張亜勤《ジャン・ヤーチン》社長は私にきっぱりといった。「でも、中国はもうそれを実現しています」

このデジタル・フローの加速が拡散しているのを見ると、10年後には世界はもっと相互依存するようになるだろうと思い、気が遠くなる。いくつかの指標を考えてみるといい。マッキンゼーの〝デジタル・フロー〟研究は、1990年にすでにこう指摘していた。「モノ、サービス、カネのグローバルなフローの総価値は、5兆ドル、もしくは世界のGDPの24％にのぼる。海外旅行者が4億3500万人に増え、インターネットの大衆化が揺籃期にはいる。2014年には、GDPの39％に相当する30兆ドル以上のモノ、サービス、カネが、世界中の国境を越えて取引される。海外旅行者は、11億人以上に急増するだろう」だが、それよりもさらに興味深い指摘もある。

国境をまたいだ回線容量［1秒当たりテラビット］は、2015年以降、45倍に増えてきた。商業、情報、検索、動画、通信、社内通信のデジタル・フローが急増をつづけるにつれて、今後5年間でさらに9倍増加する見通しになる。ソーシャル・メディアとその他のインターネット・プラットフォームのおかげで、個々人が国境を越えたコネクションを形作りつつある。世界中で9億1400万人がソーシャル・メディアで1つ以上の国際的なつながりを持ち、3億6100万人が越境eコマースに参加していると推定されている。……フェイスブックでは、ユーザーの50%が、すくなくとも1人、外国に友人を持っている。発展途上国のユーザーでは、この比率が高く、かつまた急速に成長している。

その結果、こういった接続すべてが、「仮想商品の瞬時の取引」を膨大に拡大している。

電子ブック、アプリ、オンラインゲーム、MP3音楽ファイル、ストリーミング・サービス、ソフトウェア、クラウド・コンピューティング・サービスは、インターネット接続があれば、世界のどこの顧客にも送信できる。多くの大手メディアのウェブサイトは、国内ではなくグローバルな読者を増やす方向に向かっている。《ガーディアン》、《ヴォーグ》、BBC、バズフィードのようなさまざまなパブリシャーは、トラフィックの半分以上を外国のユーザーが占めている。DVD郵送レンタルからオンライン動画配信へビジネスモデルを拡大することで、ネットフリックスは国際的な販路を190カ国に激増させた。メディア、音楽、書籍、ゲームは、デジタル取引の第一波だったが、3Dプリンティングはいずれデジタル商取引をもっと多くの製品カテゴリーに拡大する可能性がある。

では、フェイスブックでこれほど多くの〝友人〟と結びついているという事実は、ひとまず忘れよう。〝モノ〟がすべてお互いを知り合っているとしたらどうだろう？　このフローを見たければ、〝IoT〟が規模拡大し、あらゆるところでつねに機械が話をするようになるのを待とう！　「現在では、モノのわずか0・6％しか接続していない」シスコの高名なITエンジニア、プラメン・ネデルチェフは、2015年9月29日に〝それは避けられない。すでに存在している。用意はいいか？〟と題した小論をCisco.comに載せた。「1984年には、インターネットに接続した機器は1000台だった」とネデルチェフは書いている。1992年には100万台になり、2008年には100億台になった。2020年には「500億台が接続していると予想される。2011年にはインターネットに接続している新しいモノの数は、インターネットに接続している人間の新ユーザー数を超えた」。

現在、データ・フローは「従来の商品のフローよりも大きな影響を成長に及ぼしている」ことをマッキンゼーは発見している。「世界の貿易ネットワークが何世紀もかけて発展してきたのに対し、国境を越えるデータ・フローは15年前に発生したにすぎないので、これは驚異的な発展だ」これが成長することは間違いない。なぜなら、当初、「大手企業は、サプライヤーを管理し、顧客と結びつき、社内通信と世界中の社員のデータ共有を可能にするのに、自社のデジタル・プラットフォームを作っていた」が、いまは「多種多様な公開型のインターネット・プラットフォームが登場して、あらゆる場所のあらゆる人間を携帯電話で接続しているからだ」――そこにはフェイスブック、ユーチューブ、ワッツアップ、ウィーチャット、アリババ、テンセント、インスタグラム、ツイッター、スカイプ、イーベイ、グーグル、アップル、アマゾンなどが含まれている。

いくつかのメッセージング・アプリ――フェイスブックのメッセンジャーやウィーチャット――は、爆発的に人々に普及しているだけではなく、コミュニケーションの手段としても、メールに取って代わり、対話能力の高い通信手段として好まれるようになっている。それがeコマース、eバンキング、予約、高速コミュニケーションのプラットフォームになりつつある。この現象は、〝カンバセーション・コマース〟と呼ばれ、複雑な相互作用を増幅し、加速することで、世界をより緊密に、速く、織り合わせると予想される。たとえば、送金アプリのベンモは、若者たちが食事の割り勘を携帯電話を使って簡単に銀行決済することを可能にしただけではなく、請求メッセージで食事や会話についての意見を交わすこともできる。

マッキンゼーのコンサルタント、エレノラ・シャレフは、自分のオフィスでSlack（スラック）やHipChat（ヒップチャット）のようなメッセージング・アプリが急成長したのは、「1日ずっと仕事に関係がある情報を送るライブ・ダッシュボードが持てるいっぽうで、楽しい環境で仕事の話ができる」からだという。「……こういったチャット・ツールは、スマホでも使えるので、社員といつでもすぐに連絡がとれ、昼間でも夜でもメトリクスが見られるので――仕事の奴隷になります！」

これらのメッセージング・アプリを使う若者は、従来のメールについて、第1世代のメール・ユーザーが従来の郵便について抱いたのとおなじような感想を抱くはずだ。モバイル・メッセージング・アプリは、「次のプラットフォームであり、多くの物事を変えるだろう」と、フェイスブック・メッセンジャー担当のトップで、元ペイパル社長のデービッド・マーカスはいう。「私たちが成功すれば、あなたがたの暮らしの大部分がメッセージング・アプリ上で動くようになります。それが人々とビジネスとサービスの日常の交流のハブになります。メールは、あまり急ぎではない連絡のみに限られるようになるでしょう」２０１６年5月に私たちが話をしたとき、フェイスブック・メッセンジャーは月間ユーザー数が10億人を超えようとしていた。10億人が使っているものは注目に値する。「考えてみてほしい」マーカスは、これらのメッセージング・プラットフォームの勃興について、ブログへの投稿で詳述している。

ＳＭＳとテキストメッセージは、折り畳み式の旧式な携帯電話の時代にさかんになった。いまでは私たちのほとんどが、スマホでもっと多くのことができる。ただ電話をかけて、テキストメッセージを送るだけではなく、ポケットにはいるコンピュータを持つようになった。それに、折り畳み式の携帯電話が消えつつあるのとおなじように、旧式なコミュニケーション方式も消えつつある。メッセンジャーで私たちはテキストメッセージを普及させただけではなく、もっとさまざまなことも普及させた。テキストメッセージを送るだけではなく、スタンプ、写真、短い動画、音声、GIF、位置情報、お金を人に送ることができる。相手の電話番号がわからなくても、テレビ電話ができる。

メッセンジャー・アプリは、もちろん電話番号が基本になっているが、フェイスブック・メッセンジャーでは電話番号を消滅させようというのが、マーカスの構想だった。フェイスブックの画面で人や会社の名前をクリックするだけでよく、電話番号をおぼえる必要はまったくない。「そのうちに電話番号は時代遅れになるだろう」とマーカスはいう。そうなれば、フローの流量《フロー》が激化することは、想像に難くない。

こういったツールすべてが規模拡大するにつれて、国境を越えるコミュニケーションと取引のコストは減りつづけているので、グローバルなビジネスの起業はとてつもなく安あがりになっている。2016年には、フェイスブック上の小企業が5000万社になったと、マッキンゼーは指摘する。「2年前の2倍にあたる。……中国のアリババは、そのプラットフォームを使って全世界に製品を売る中小企業1000万社を擁している。アマゾンは小企業200万社を擁している。……約9億人がソーシャル・メディアで国際的な結びつきがあり、3億6000万人が国境を越える商取引に参加している」

マッキンゼーはさらにこう指摘する。おなじ理由から「これまでには見られなかったような規模で大幅に拡散する製品が生まれている。2015年にはアデルの〈ハロー〉がユーチューブで公開されてから48時間で5000万回視聴され、アルバム『25』はアメリカで、発売第1週に338万枚という歴代最高枚数が売れた。2012年には、ミシェル・オバマがイギリスの衣料品通信販売ASOSのワンピースを着ている写真が、ツイッターで81万6000回リツイートされ、フェイスブックで400万回以上シェアされて、その服はあっという間に売り切れた」。

そのいっぽうで、これらのマクロとミクロのフローすべてが、経済力――その内容と、だれがそれを持っているか――についての私たちの考え方を、根本的に転換《シフト》させつつある。

大転換《ビッグシフト》

そういう理由から、経営の泰斗ジョン・ヘーゲル3世、ジョン・シーリー・ブラウン、ラング・デービソンは、〝大転換《ビッグシフト》〟という新語を創り出した。彼らの唱えるビッグシフトは、ストックが富の尺度であり成長の原動力でもあった長い時代――想像できるあらゆる資源をどれほど蓄積し、引き出し、利用するかが重要だった時代――から、会社やコミュニティを通過するフローがどれほど豊かで数が多いかが、競争力で優位に立つのにもっとも有効な資源である世界に、私たちが移りつつあることを示している。そして、それを利用するには、労働者である国民の練度が高くなければならない。

「すくなくとも過去数世紀にわたって、ビジネスは価値創出の基本となる知識のストックを中心に組織されてきた」ヘーゲルは、メールで私に詳しく補足説明してくれた。「独占的な知識を得て、その知識のストックを積極的に守り、そこから効果的に経済的価値を引き出して市場に出すことが、経済的価値創出の秘訣だった」

ストックが私たちに安全と富をもたらした。ヘーゲル、ブラウン、デービソンは、2009年1月27日に《ハーバード・ビジネス・レビュー》に発表した共作の小論〝ストックを捨て、フローを受け入れよう〟で、それを詳しく説明している。

なにか貴重なこと、他人には入手できないようなことを知っていたら、事実上、それがお金を儲ける手段になった。その知識を保護し、防御して、その知識に基づく製品かサービスをできるだけ効率よく、幅広く世に出せばよかった。たとえば、コカ・コーラの独占的なレシピや、特許で守られた製薬会社の大ヒット薬のようなものがそうだった。このモデルは強力で、単純で、成功してきたために、企業幹部の意識に深く根付いてしまった。

だが、加速の時代の難問について、ヘーゲルはこう説明している。「知識のストックの価値が、加速度的に減少していることが問題だ。こういう世界では、経済的価値の源が、ストックからフローへと移り変わっている。将来は、より多様な知識のフローの幅広い領域に効果的に参加でき、知識のストックをあらためて加速度的に活気づけるような企業が、最大の経済的価値を創出することになるだろう。つまり、知識のフローが、経済的価値創出を左右している。知識のフローがグローバルな規模で幾何級数的に拡大し、加速している世界に私たちがいるのは、ありがたいことだ。そうなっているのには、いくつもの理由がある。1つの重要な要素は、デジタル・テクノロジーのインフラで迅速な改善がひろがっていることだ。べつの重要な要素は、世界人口の急速な都市化だ。都市部の人口密度が高くなればなるほど、そういう都市部の人々が相互に影響し合うことが増えて、知識のフローが大幅に増大する」

第7章で、さらに詳細に考察するが、このストックからフローへの大転換《ビッグシフト》は、学習と教育に甚大な影響を及ぼす可能性がある。ヘーゲル、ブラウン、デービソンが述べているように、「私たちは個人として、体系的な教育プログラムを人生の早い段階に受ければそれですむと考えている。そして、そこで得たスキルと知識が、一生ずっと役に立つはずだと信じ、安心して就職する。たしかに、働きながら新しい知識を得ることも多いが、肝心なのは、教育システムを通じて得た知識のストックを効果的に利用することだ」。

しかし、スーパーノバの勃興が、そのモデルを時代遅れにしてしまったらどうなるか？

3人は次のように述べている。

> 従来とは異なる価値の源が、より強力になりつつあるのではないか？　知識のストックから知識のフローへと、その価値が転換しつつあると、私たちは確信している。もっと単純ないい方をすれば、フローはストックを打ち負かす［傍点筆者］……
>
> 世界が加速するにつれて、知識のストックは急激に市場価値を下げている。1つの単純な例は、多くの産業においてグローバルな規模で製品ライフサイクルが短くなっていることだ。最大限の成功を収めた製品ですら、新世代の製品がどんどん登場するにつれて、あっという間に落伍してしまう。もっと安定していた時期には、貴重なことを学べば、その知識から無期限に価値を生み出すことができると安心し、のんびりすることができた。いまはそうはいかない。
>
> いま成功するには、新しい知識の適切なフローに加わり、知識のストックをたえず更新しなければならない。

ビッグシフトは私たちに、労働力である限り学びつづけることを要求する。たえず追いつかなければならない個人と、労働者が追いつけるように配慮しなければならない政府や企業にとって、それが大きな難問になる。なぜなら、小論の共著者3人が述べているように、「ほんとうに〝流れに乗る《フロー》〟には、それに貢献しなければならない」からだ。「自分たちの知識で貢献しなかったら、知識のフローに効果的に参加できない。とにかく、長期には無理だ」著者3人は述べている。「そうなってしまう理由は、こういった知識のフローの参加者たちが、ただ乗りの〝奪う人《テイカー》〟を望まないからだ。彼らは、自分たちの知識で貢献する人間や機構との関係を発展させることを望んでいる」

GitHubのようなオープンソース・ソフトウェア・コミュニティに、この傾向がはっきりと見られるが、もっと広い範囲でもそれが実在する。「知識の共有にはたしかにリスクがあるが、陳腐化が加速するので、知財泥棒による被害は減少する」3人はそう主張する。「それと同時に、知識の共有によって得る利益が、かなり増加する」

それだけではなく、デジタル群衆《クラウド》(crowd)は現在、加速の時代によって可能になった〝フロー〟の新しいかたちになり、多数の企業も注目するようになっている。群衆《クラウド》は狂乱しやすいが、高い知力を備えているし、クラウド・ファンディング、クラウド・デザイニング、クラウド・イノベーティング、クラウド・コレクティングのフローが増加する世界では、それが変化の速度に遅れずについていく唯一の手段でもある。

MITのマカフィーとブリニョルフソンが『プラットフォームの経済学――機械は人と企業の未来をどう変える?』で論じたように、かつては主に企業内のマネジャーやエンジニアの中核が、ほとんどすべてのイノベーションと戦略を推進していた。だが、いまは多くの豊かなデジタル・フローがあらゆる方向へ移動しているので、企業は新市場を制覇するために、さまざまな群衆《クラウド》を利用して着想や発明に役立てることができるし、かつまた利用しなければならない――大きな成功を収めている組織は、それを実行している。

GEが好適な実例だろう。GEは、新製品の部品を創作する際に、インド、中国、イスラエル、アメリカの自社エンジニアだけを使うのをやめている――あらゆる国の最高の頭脳がGEのイノベーションに参加するよう督励するために、〝コンテスト〟を行なって、フローから必要なデータを引き出し、自社のエンジニアの働きを補っている。

どの航空機エンジンにもエンジンを固定する重要部品、ブラケットがある。これらの部品を強く、軽くすることが、航空機設計の一大目標になっている。軽くすれば、それだけ燃費が向上するからだ。そこで、2013年にGEは1つのブラケットを指定して、使われる条件と果たす機能を説明し、GEエンジン・ブラケット・チャレンジとしてオンラインに投稿した。世界のどこにいる人間でも、3Dプリンターを使ってより軽い部品を設計できたなら賞金をあたえると、GEは提案した。2013年6月に、GEはそれを宣伝した。私がコラムに書いたように、数週間以内に世界中から697件の応募があった――企業、個人、大学院生、デザイナーから。

GEのウェブサイトにはこうある。

［2013年］9月、パートナーたちは最終選考に残った10人を選び、1人当たり1000ドルの賞金があたえられた。

最終選考に残った設計10件は、オハイオ州シンシナティにある積層造形技術工場で3Dプリントされた。GEの従業員は、金属粉の層をレーザー光線で溶かして最終的なかたちにする直接金属レーザー溶解（DMLM）機を用いて、チタン合金からブラケットを製造した。

仕上げられたブラケットは、ニューヨーク州ニスカユナのGEグローバル研究所（GRC）に送られ、破壊検査を受けた。GRCのエンジニアは、ブラケットをそれぞれMTS油圧サーボ式試験機に固定し、軸荷重8000～9500ポンド（約3630～4310キログラム）をかけた。

ブラケット1個だけが検査に落ち、あとはねじり検査に進んで、5000ポンドインチ（5760キログラムセンチ）のトルクをかけられた。

最終選考に残った10人は、いずれもアメリカ人ではなかったし、航空エンジニアでもなかった。最高の設計はハンガリーの大学3年生アーミン・フェンドリクによるものだったと、GE関係者が私に語った。この応募作は、フェンドリクがはじめて3Dプリンター向けに設計したもののうちの1つだった。しかし、ブダペストのGE支社でインターンとして働いていたので、賞金はもらえなかった。そこで、第1位の賞金7000ドルは、インドネシアの中部ジャワ州サラティガに住む21歳のエンジニア、M・アリエ・クルニアワンが獲得した。クルニアワンのブラケットは、「剛性と軽量の組み合わせが最高だった」とGE関係者はいう。「もとのブラケットは2033グラムだったが、クルニアワンはそれを84％も軽量化し、わずか327グラムにした」チャレンジを運営したマネジャーは、クルニアワンの年齢よりも勤続年数が長かった、とGE関係者はつけくわえた。

クルニアワンの言葉をGE関係者は引用し、「3Dプリンターは、ごく近い将来に、だれでも活用できるようになる」という。クルニアワンは「DTECHエンジニアリングという小さなエンジニアリング・デザイン会社を兄弟と経営している。だから、できるだけ早く積層造形技術に精通したいと思った」。

GEは結局、ハンガリー人のインターンを雇った。かなり才能に恵まれていることは明らかだったのに、彼は構造分析の授業の単位を落としていたと、GE積層造形研究所の上級メカニカル・エンジニアのビル・カーターはいう。「このことからもわかるが、若者がやりたいと思うことについて夢中になるように仕向けると、彼らはその気になって、授業に出て勉強するのではなく、外に出ていく［コンテストに参加する］。そして、そうしなかったら話をすることもなかったような人々のところへ行って学ぶ」

2年後にこのプロジェクト全体について話し合ったとき、積層造形研究所のマネジャーのプラピョット・シンは私に、こういったグローバルなフローは現在、GEのような企業によってかなり強化されていると説明した。「新しいアイデアを探しているとき、いまでは世界中から多種多様な反応が得られるし、速度をあげるにはコミュニティと結びつければいい。最先端でありつづけるのに役立つ」

グローバリゼーション再定義（ふたたび）

2005年に私が『フラット化する世界』を書いたとき、グローバリゼーションはかつては国が原動力だったと論じた――スペインが〝新世界〟を発見したように。その後、企業が原動力になった――2世紀前のオランダ東インド会社や現在のアップルのように。そしていまは、これらのデジタル・フローのおかげで、すべての人間や主体――小集団、スタートアップ企業、個人、多国籍企業――が、グローバリゼーションの原動力になり、東と西、北と南、南と南を結びつけるようになった。非常に多くの人々がいまではデジタル・グローバリゼーションとスーパーノバの発するフローに便乗し、自分なりの条件でグローバルに進出している。この移行をもっとも正確に観察してきたのは、2017年に長年つとめたGEのCEOを辞めたジェフ・イメルトだった。

「世界はマクロからミクロへ移ったと思います」2017年5月にボストンのGE本社でインタビューしたときに、イメルトは私に語った。グローバリゼーションは40～50年のあいだ、ＷＴＯ（世界貿易機関）や世界銀行など、大国の政府が創出した大きなプラットフォームによって形作られてきたと、イメルトは指摘する。しかし、いま世界各国を巡ると、新手のグローバライザーは、ＷＴＯなど聞いたこともなく、自分たちの国のアメリカ大使がだれなのかも知らないことがわかる、とイメルトはいう。

「彼らはそういうところで使われる言語すら使いません」イメルトはいう。「ただ独力でグローバル化しているのです。アリババ、テンセント、アマゾンのようなプラットフォームを使って」それらのグローバライザーは「デジタル面で優れています」。中国のグローバライザーはこぞってウィーチャットを使い、「カナダの輸出信用が付されているパキスタンの発電所に中国の資金を」結びつける方法を自力で編み出す。

こういう世界でＧＥは自社を多国籍《マルチナショナル》企業ではなく、多地域《マルチローカル》企業と見なすようになった。ＧＥはいま、世界中の現地チームに権限とビジネスチャンスを下げ渡し、世界各地の他のチームやビジネスチャンスと結びつくよう促している。「グローバライザーたちは、ＷＴＯに苦情を訴える方法すら知りません」イメルトはそうつけくわえた。

２０００年には、ＧＥの売上の70%がアメリカ国内での売上だった。２０１７年には、グローバル市場での売上が60%以上を占めている。だが、それはアウトソーシングによるものではない。「アウトソーシングは過去のやり方だ」イメルトは、２０１７年の年次報告書で述べた。「１９８０年代と90年代の企業は、新興市場と低賃金労働を探し求めていた。

アメリカ企業をもろ手を挙げて歓迎した国に、アメリカの雇用が移った。アメリカの労働者は賃金の鞘取りゲームに負けた。低賃金労働を追い求めたことで、過去のモデルが犠牲になった」

現在のモデルでは、場所は関係ない。「事業を行なっている国々で投資し、営業し、人間関係を築けば、世界中で成長を遂げるチャンスはかなり大きい」イメルトはいう。「中国の建設会社と組み、アフリカやアジアで受注をものにできるように、資金調達に協力する。私たちの投資によって、中国とアメリカで雇用が生まれ、GEの競争力が高まる」加速の時代に多国籍企業が繁栄するには、すべての国を市場とスキルの源の両方だと見なして、製造と設計の最適な人材、物流能力、金融、市場での販売機会をデジタルで編み合わせる必要がある。それを怠れば、競合する企業がやるだろう。

グーグル自動車、アップル銀行、アマゾン映画会社

こうしたエネルギーのフローすべてが、あらゆる方向から押し寄せるので、競争もまた数多くの方向、個人、企業から押し寄せる。マッキンゼーの報告書の著者の1人、ジェームズ・マニーカは、企業は歴史的に競合他社だけしか見ない傾向があると指摘する。「自社に似た会社、おなじセクター、おなじ地形にいる会社に目を向けることが多い」もう、それは通用しない。グーグルは検索エンジンとして起業したが、現在は自動車関連企業や

住宅エネルギー管理システムでもある。アップルはコンピュータ・メーカーだったが、いまは最大の音楽販売業者で、自動車関連産業にも参入しようとしている。そのいっぽうで、アップル・ペイでは銀行の役目も果たしている。小売業者のアマゾンは、どこからともなく出現して、クラウド・コンピューティングの分野でIBMやHPを出し抜いた。10年前には、IBMもHPもアマゾンを競合他社とは見なしていなかったはずだ。しかし、アマゾンは自社のビジネスを運営するのに、クラウド・コンピューティングのパワーが必要になり、やがてクラウド・コンピューティングをビジネスにすることにした！ しかも、アマゾンはいまではハリウッドの映画会社でもある。

2016年1月12日、CNNMoney.com は、ゴールデン・グローブ賞の授賞式について次のような記事を載せた。

「アマゾンとジェフ・ベゾスに感謝したい……」

この言葉は、日曜日のハリウッドの授賞式で［ジル・ソロウェイ監督によって］はじめて述べられた。アマゾンのコメディ〈トランスペアレント〉が、HBO、ネットフリックス、CWの番組を破って、ゴールデン・グローブの2部門で受賞した。

この受賞は、ネットフリックスやアマゾン・プライム・インスタント・ビデオのようなストリーミング・サービスが、テレビ局のように賞に値する番組を擁するようになり、テレビを取り巻く状況が拡大していることを示している。

その直後に、〈トランスペアレント〉のスター、ジェフリー・タンボーが、テレビ・コメディ部門の最優秀男優賞を獲得した。タンボーはアマゾンを、「私の新しい親友」と呼んだ。

HBOは、それをどう受け止めているのだろうか？

こういったさまざまな理由から、マッキンゼーはグローバリゼーションについての独自の尺度を編み出した。国や企業や国民に、あなたは流れ《フロー》に加わっていますか？　と質問することが尺度の基本で、〝MGI接続度《コネクテッドネス》インデックス〟と呼ばれている。ありとあらゆる種類のグローバルなフローにどれほど参加しているかによって、国をランク付けしており、繁栄と成長のきわめてすぐれた指標にもなる。第1位はシンガポールで、オランダ、アメリカ、ドイツがそれにつづいている。

しかし、それは重要なことを伝えようとしている。シンガポールは、あらゆるデジタル・フローに参加できるようにするためのインフラと、政府の提供するフローを労働者が有効に利用できるようにするための教育に投資している。個々の都市もおなじことをやっているので、利益を存分に得られる。つまり、なにも複雑なことではないのだ。もっとも教育程度の高い人々が、ほとんどのフローにつながって、最高の統治とインフラによって勝ち得たものを満喫している。データの大部分を彼らは掘り起こし、新しいアイデアの大部分を見ることになる。彼らは最初に難問に出会い、最初に反応して優位に立つ。フローのなかにいることにより、戦略と経済で絶大な優位を確立する。

《インターナショナル・ジャーナル・オブ・ビジネス、ヒューマニティーズ、アンド・テクノロジー》２０１３年2月号に発表された研究結果は、高ＧＤＰ国と〝高度なインターネット浸透〟には相関関係があり、そのことは先進国やインターネットが飽和状態の北欧諸国には限らず、もっと幅広い国々についてもおなじことがいえるとしている。「１つのパターンが出現しつつある。ＩＣＴ［情報・通信テクノロジー］の成長が起きると、そのテクノロジーを国民が使いこなして、生産性が向上し、ＧＤＰの水準も上昇しはじめる」

それはビッグシフトだ——しかし、このグローバリゼーションの時代とは、まさにそういうものなのだ。

ビッグシフトは、あらゆる場所に至る

グローバル化したフローの加速で、もっとも刺激的なのは、こういったデジタルの川が同等のエネルギーでいたるところを流れていることだ。また、だれもがスマホやタブレットを使って、あらゆるところでそのフローを利用し、競争、接続、共同作業、発明を行なう。私は運よく２０１１年11月にインドへ行き、世界でもっとも貧しい人々がフローに加

われるのを見て、コラムを書いた。取材旅行中に、インドのMITであるエリート校、インド工科大学（IIT）ラジャスタン校のプレム・カルラ学長（当時）に招待され、キャンパスで講演し、学生と会い、インドの最貧層とグローバルなフローを結びつけることを目的とするジョードプルの研究所で取り組んでいるプロジェクトを見学した。

電気通信には〝最後《ラスト》のマイル〟という概念があると、カルラは説明した――電話システムがもっとも接続しづらい部分のことで、電話本線と個人の住宅のあいだを指す。それとおなじような難題――〝最後の人間〟との接続――を克服することにIITは取り組んでいるという。貧困を克服するには、その問題の答えをいますぐに出さなければならない。最後の人間、つまりインドの最貧層にどうやって手を差し伸べるのか？「インドでもっとも経済的に恵まれない人間に力をあたえることは可能なのか？」カルラは問いかける。極度の貧困を克服するのに必要なスキルを得るための基本的ツールを、どうやってあたえればよいのか？国民の75%が1日2ドル以下で暮らしている国で、これは最大の疑問だろう。

具体的にいうと、インド人的資源開発省がある難題を出して、カルラとIITは当時、それに取り組むことを決断した。その難題はこうだ。余分なものがいっさい付属していないiPadのような機器を設計・製造できないか？――しかもそれはインターネットが利用でき、ワイヤレスで接続できて、インド人の一家が毎月2ドル50セントを1年間貯金して、あとは政府の補助金を受けて買えるようなタブレットでなければならない。さらに詳しくいえば、通信教育、英語や数学の指導、あるいは日用品価格の追跡ができる機器を、メーカーの利益も含めて50ドル以下で作れるか？　ぎりぎりの生活をしている貧しいインド人数百万人が、グローバルなフローに参加できるように。

カルラのチーム――IITラジャスタン校の電子工学教授2人が主導し、うち1人はいまだに電気が来ていない村の出身だった――がコンペに優勝し、アーカシュ・タブレットを発表した。アーカシュはヒンドゥー語で〝空〟を意味する。最初の型はOSにアンドロイド2・2を使用し、7インチのタッチスクリーンを備え、電池が3時間持ち、ユーチューブの動画、PDF、教育ソフトウェアをダウンロードできる。インド人が欧米で作られたタブレットしか買えなかったら、手の届く価格にならず、末端の人間まで行き渡らない。カルラはいう。「手の届く価格まで大幅に下げなければなりませんでした」フローのグローバル化を全面的に活用して、彼らはそれをやった。中国製と韓国製のコモディティ化している部品を主に使い、オープンソース・ソフトウェアと共同作業のツールを利用して、設計／製造／組み立ては欧米の2社――データウィンドとコネクサント・システムズ――とインドのクアッドに依頼した。

だが、その訪問でもっとも私の記憶に残っているのは、カルラの妻ウルミラから聞いた話だった。2011年10月5日に、アーカシュ・タブレットがインドの新聞で発表された直後のある日、幼い子供を２人抱えているメイドが、ウルミラにたずねた。「私でも買えるくらい安いコンピュータをカルラさんが作ったと、夜間警備員から聞きました。新聞に載っていた写真を警備員がくれましたが、あれはほんとうですか？」

　ウルミラはメイドに、それはほんとうだし、大きなコンピュータを買えない人たちのためのものだと教えた。

「すると、〝お値段はどれくらいですか？〟とメイドはきいたの」ウルミラは私にいった。「〝１５００ルピー（30ドル）くらいよ〟と、私は教えました」

　あまり安いので、メイドはびっくりしてきき返した。「１万５０００ルピーですか、それとも１５００ルピー？」

　ウルミラは答えた。「１５００ルピーよ」だが、ウルミラはさらにこういった。「政府が貧困層のためにいいことをするときには、なにか落とし穴があるに違いないと、メイドは思ったの。〝それでなにができるんですか？〟とメイドは私にきいた。私はこういったわ。〝お嬢ちゃんが学校に行くようになったら、学科の動画をダウンロードするのにそれを使えるわよ〟うちの息子が毎週、ＭＩＴのウェブサイトの物理学の授業をダウンロードしているのを、メイドは知っていたから」

　ウルミラの息子は、すでにＭＩＴのオープンコースウェアのプラットフォームで、講義を見ていた――その後、ＭＩＴはインターネットで無料で見られるＭＯＯＣ《ムーク》（大規模公開オンライン講座）を開設するが、オープンコースウェアはその前身で、講義の動画と講座案内だけから成っていた。ウルミラはメイドにいった。「うちの息子がコンピュータの前に座って、先生が話をするのを聞いてるのを、見たことがあるでしょう。その先生はアメリカにいるのよ」

メイドは「驚いて目を丸くするばかりだった」と、ウルミラはそのときのことを思い出して語った。「子供たちはそれで英語を習えますか？ と、メイドがきいたの。〝ええ、間違いなく習えるわ〟と私は答えた。インドでは英語ができることが、社会階層で上昇する条件だから。〝とても安いから、お坊ちゃんとお嬢ちゃんに1台ずつ買えるわよ！〟と私はいった」

ウルミラの息子は、すでにグローバルなフローを利用して、ジョードプルの家でMITのプラットフォームを使って効果的に学んでいた。メイドの子供たちも、大きな遅れはとらないはずだった。先進国の接続度の高い首都から遠く離れれば離れるほど、現在のグローバリゼーションがこういったフローを通じて、〝末端の人間〟にエネルギーを急速に配分していることがよくわかる。

これはけっして誇張ではない。それに、私にとっては楽観主義の膨大な源でもある。

現代のデジタル・グローバリゼーションの初期の段階は、〝アウトソーシング〟がもっとも重視される傾向があった。接続が速く、無料で、簡単で、どこにでもあるようになり、アメリカの問題を解決するために世界各地の比較的賃金が安いエンジニアを大量に雇えるようになった。それをアメリカとヨーロッパの企業が利用したことが、アウトソーシングと呼ばれた。１９９０年代末にこれがはじめて大きな規模で可能になったとき、解決が求められた最大の問題はY２Kだった――２０００年1月1日に、多くのコンピュータに内蔵の時計がバグを生じさせ、コンピュータが動かなくなることが懸念された。数百万のコンピュータ・システムを補修する必要があったが、インドには低賃金のエンジニアが数十万人いたので、それをやることができた。あっという間に問題は解決された。

だが、スーパーノバの登場で、複雑性は、速く、無料で、簡単になり、見えなくなった。インターネットに接続できるあらゆる場所のすべての人間が、デジタル・フローにアクセスできることがグローバル化したのは、きわめてよろこばしいことだった。インド、メキシコ、パキスタン、インドネシア、ウクライナのエンジニアや、その他のおおぜいの人々が、自分たちの問題を解決するために、フローを利用しはじめた。そしていま、そういった低コストのイノベーションが、私たちのもとへ戻ってきて役立っている。インドは従来からずっと、国民への数学、科学、工学の教育に力を入れてきた。アメリカは１９５０年代、60年代、70年代には、そのことから大きな恩恵をこうむった。多くの国でまだグローバルなフローが存在しないか、細々としかなかったし、インドの大卒者は国内では仕事が見つからなかったので、大挙してアメリカに渡り、アメリカが労働力不足を克服するのに貢献した。いまではスーパーノバからデジタル・フローが彼らのほうへ押し出されているおかげで、インドの人々は国を出なくてもこれまで以上にグローバルに行動できる。その結果、世界最大のビジネスチャンスや最大の問題に、これまでよりもずっと多くの人々が取り組んでいる。

どこを旅しても、私はこれを目の当たりにする。コラムを書くためにインドを訪れたとき、私はインドのイノベーターの新人たちと会うために、ＮＡＳＳＣＯＭ（インド全国ソフトウェア・サービス企業協会）を訪れた。12億人のほとんどが貧困層のインドでは彼らは少数派だが、私がイノベーターたちに目を向けたのは、多くが現在、インドを貧困から脱け出させるために努力しているからだ。

２０１１年、ＮＡＳＳＣＯＭチームは、アロケ・バイパイを私に紹介した。バイパイは、若者が中心のチームの面々とおなじように、欧米のハイテク企業で働いていたが、重要な物事をはじめることに賭けて、インドに戻ってきた——具体的になにをやるかは、まだわかっていなかった。その結果として生まれたのが、旅行検索サービスのixigo.com（イクシゴー・コム）だった。最安値の携帯電話でも利用でき、バスか列車でチェンナイからバンガロールへ行こうとする農民であろうと、飛行機でパリへ行くミリオネアであろうと、最安値で予約するのを手伝う。イクシゴーは現在、インド最大の旅行検索プラットフォームで、ユーザーが数百万人いる。それを立ちあげるために、バイパイはスーパーノバを利用し、オープンソース・ソフトウェア、スカイプ、グーグル・アプリなどのクラウドを基盤にするオフィス・ツールや、フェイスブックのソーシャル・メディア・マーケティングを使った。それによって、「まったくお金を使わないでこれほど速く成長できた」とバイパイは私に語った。

メキシコのモンテレイのような土地へ行くと、すこぶる元気が出る。モンテレイはメキシコのテクノロジーの中心地で、〝風説を信じない〟若者のクリティカルマスにそこで出会った。風説とは、メキシコ政府が壊滅状態だとか、中国にランチを食われてしまうとか、街が危険で出歩くこともできないというようなことだ。そういうことを鵜呑みにせずに、彼らは、グローバルなフローへの接続を巧みに使って、さまざまな物事をはじめ、お金をほとんどかけずにその物事で共同作業を行なう——まさにそれだけをやっている。モンテレイには、数万人が暮らしてる貧民街がある。住民はそこに何十年もいる。だが、これまでと異なるのは、テクノロジーとグローバリゼーションを利用してメキシコの数多くの難題を解決しようとする、自信に満ちた若いイノベーターのクリティカルマスもそこにいることだ。

私は2013年にモンテレイに行き、そこで会った若者数人についてコラムを書いた。放課後学習プログラムのエノバを創業した、ラウル・マルドナドも、そのうちの1人だった。エノバはブレンデッド・ラーニング、つまり教師とインターネットによって貧しい子供に数学と読書を教え、大人にコンピュータ・リテラシーを教えている。「この3年で、8万人が卒業しました」マルドナドは、私に語った。「今後3年間で700カ所のセンターを開設し、5年間で600万人に到達する予定です」また、アルビオ・キャピタルのパトリシオ・サンブラノは、低価格な歯科、眼科、補聴器店のネットワークを立ちあげ、無保険の人々のための入院費用ローンを提供している。エネルグリンのアンドレス・ムニョス・ジュニアは、太陽熱湯沸かし器兼浄水器で同時に肉も料理できる装置をじっさいに運転して見せてくれた。スタートアップ向けの大学であるCEDIMの理事もいて、同校では〝ビジネス・イノベーション修士〟が取得できるという。アルトゥロ・ガルバンが創業したモバイル・インターネット企業ナランハは、ピラミッドの底辺の消費者のための少額支払いを含む、さまざまなサービスを創出した。「私たちは何年もずっとここでやってきましたが、やっと自信がつきはじめたと思います」ガルバンは説明する。「ゼロからはじめていまでは株式を公開しているロールモデルが、いくつも見られるようになりました。私たちはものすごくクリエイティブです。多くの難題に立ち向かわなければなりませんでした」その結果、「いまでは強くなり、確信を持ち、イノベーションの生態系が生まれています」。〝ナランハ〟はスペイン語でオレンジのことだ。どうしてそういう社名にしたのですか？　私はガルバンにきいた。「〝アップル〟はもう使われていますから」とガルバンは答えた。

先進国はたしかにフローと結びつき、新しい商品やサービスを創出して、輸出品として世界に売り込むのが簡単になった。しかし、話はそこで終わりではない。もっとも貧困な人々も、グローバルなフローによって簡単に稼げるようになったのだ。ヒューマン・ネットワーク・インターナショナルのデービッド・マカフィーCEOがマダガスカルで創業した3―2―1サービスについて考えてみよう。マカフィーは次のように説明している。

助けが必要になったときに、シンプルな携帯電話を使って、さまざまな領域の話題から情報を集める。通話無料の番号に、いつ、どこからでも電話して、選択肢の案内を聞く。「なにについて知りたいですか？　健康については、1を押してください。農業については、2を押してください。環境については、3を押してください。水と衛生については、4を押してください。借地権については、5を押してください。マイクロファイナンスについては、6を押してください。家族計画については、7を押してください」

私たちはすべての1―800ではじまる番号が使っている市販のソフトウェアを利用している――「英語でよろしければ1を押してください。スペイン語に切り換えるのなら、2を押してください」ただ、私たちはその使用目的を変えて、読み書きができない人たちが電話のキーパッドを使って選択し、あらかじめ録音されたメッセージをオンデマンドで、無料で聞けるようにした。このイノベーションは、〝プル〟の部分だ。電話をかける人間は、必要なときに情報を引き出せる。……これまでは、開発機構や人道支援組織は、この〝必要なとき〟に応じるのに苦労していた。さまざまなプロジェクトに従事する開発機構の人々は、生活習慣を変える――たとえば、母親が子供を蚊帳《かや》に入れて寝かせるようにする――といったことを促すのに、テレビやラジオといったマスメディアをチャネルとして使うか、戸別訪問のような個人的な接触を通して、重要なことを伝えようとしてきた。しかし、この〝プッシュ〟チャネルは、多くの人々の個人的な〝必要なとき〟に適合できていない。いたって単純だし当然のことだが、人々は情報が必要なときにアクセスする必要がある。必要に迫られた瞬間にアクセスできなければならない。また、ラジオから情報を〝引き出す《プル》〟ことはできない！……立ちあげてから6年のあいだに、500万人以上が電話をかけてきて、6000万件の情報を要求し……すべてエンドユーザーには無料だった。

3－2－1サービスは現在、12カ国で行なわれ、2017年末までにさらにアフリカ・アジアの3カ国に拡大することを予定している。3－2－1サービスがこれらの国々で開始されれば、1億2000万人の加入者が、主要な公共サービス・メッセージに無料でオンデマンド・アクセスができるようになる。2017年上半期で毎月平均60万人が3－2－1サービスと契約し、150万件の主要メッセージを聞いた。大量のフローが、プッシュされたりプルされたりした。マカフィーのチームは、サービスを改善するために、そのデジタル・フローを精査した。マカフィーは指摘する。アフリカのラジオ局やテレビ局とは違って、「私たちは何人が主要メッセージを聞いているかを、正確に把握している。電話ごとのメタデータを収集している。電話番号、タイムスタンプ、各メニューの選択、選ばれた主要メッセージがわかっている」。

私たちがこのフローの加速のごく初期の段階にあることは、強調しておかなければならないだろう。次の段階がすでに形作られているのが見える——発展途上の世界からのフローと、そこへ行こうとするフローを一致させて、世界をもっと緊密に織り合わせるような情報クリアリングハウスのプラットフォームが、創出されている。この分野で私が出会ったもっとも興味深いスタートアップは、2015年3月にジョエル・ハイアットとリオール・デルゴが共同創業したGlobality.com(グローバリティ・コム)だ。同社はAIと人類の知能を使って、中小企業が〝ミクロ多国籍企業〟になるのを可能にするプラットフォームの創出を使命としている。それによって、中小企業はグローバル経済に大企業とおなじように易々と参加できるようになる。

たとえば、アメリカの小規模なメーカーが、ペルーのリマで法律事務所とマーケティング会社を使いたいようなときや、インドのデータ・サービス会社が、ヒューストンの社員3人のスタートアップ企業を買収したいようなときには、グローバリティのプラットフォームにアクセスし、そこのテクノロジー・ダッシュボードを使って、計画概要を作成する。「次に、私たちは計画概要を取りあげて、AIと人力で、その企業のニーズに応じられる最適の会社をいくつか――無料で――選んで教えます。私たちの会社の専門技術、研究、一致するアルゴリズムをもとに、それを決定します」とハイアットは説明した。

次に、グローバリティは、依頼した企業が選んだ1社もしくは数社にサイトで連絡して、両社が取引の細部を煮詰めて、法的枠組みを固められるように、動画テクノロジーを提供する。関連事項を確認し、契約締結、請求と支払いを手伝う――ウーバー、Airbnb、イーベイとおなじように、星の数によるお互いの評価もある。会社がグローバルに行動するのに必要なものが、「最初から最後の瞬間まで、使いやすい単一のフォーマットで、プラットフォーム上に完備されている」とハイアットはいう。グローバリティは、取引の価値に応じた手数料をサービス・プロバイダー（売主）に請求することで収益を上げている。

そして、Airbnbが、住宅を所有していて部屋をグローバルに貸したい個人と、グローバルな旅をしてホームステイを経験したい個人旅行者のためにやっているようなことを、グローバルに仕事をしたい小さな会社のためにやろうとしている。見知らぬ相手同士の信頼のプラットフォームを築き、小規模なプレイヤーのあいだのグローバルな商取引のフローが増えればいいと、同社では願っている。

すでにいくつかの大手多国籍企業が、グローバリティのプラットフォームを使って、国際的な大企業よりも低料金で高品質の仕事をする中小企業を見つけようとしている。大企業が、大企業同士の取引をやめて、グローバルなゲームでもっと小規模なプレイヤーを使うようになったら、べつの加速要因が加わって、グローバリゼーションを推し進めるだろう。

ビッグシフトが金融のフローに起こるとき

グローバリゼーションでは、つねに金融のフローが原動力になってきたが、スーパーノバのおかげで、いまではデジタル化された金融のフローが、計測できないほどの速度で起きている。その結果、市場の相互依存が、ことに主要市場で日増しに緊密になりつつある。中国政府が２０１５年夏に問題のある金融政策を打ち出して、自国市場を動揺させたとき、アメリカではたちまち個人退職勘定（ＩＲＡ）と株式ポートフォリオにその影響を感じた。２０１５年8月26日に、CNN.com が報じている。

この6日間の市場混乱で、アメリカの株式時価総額は2兆1000億ドルもの巨額を失った。

この莫大な損失は、中国経済の減速が深刻化するなかで世界経済がどう推移するかについて、市場が恐怖をつのらせていることを反映している。

ダウ平均、S&P500、ナスダックは、いずれも反落に陥り、直近の高値だった2011年の水準からはじめて10%下落した。S&Pダウ・ジョーンズ・インデックス社によれば、アメリカ大企業の動向をもっとも明確に示すバロメーターであるS&P500は火曜日まで6日続落し、時価総額が数兆ドル減った……

これは〝S&P英国総合指数〟と呼ばれる、イギリス版S&Pの時価総額がすべて消滅したに等しい……

ウォール街の急激な後退は、中国経済減速の影響についての重大な懸念に煽られたものだった。

お金をデジタル化する方法が——ローン、預金、引き出し、小切手の処理、売買、支払いについて——毎月あらたに創出されているため、この相互依存の緊密化はますます加速している。その問題だけでも1冊の本が書けるほどだが、ここではほんの一部だけを味見する。ひと口齧ってみるのにもっとも適切な時間と場所は、2010年5月6日午前9時30分だ。

その朝、ダウ平均の始値は1万862ドルだった。どうということがない、平凡な1日のように思われた。だが、5時間後に、歴史的な事件が起きた。午後2時32分、ダウ平均は急落しはじめた。午後2時47分には9%下げていた——取引時間中の下げ幅としては最大の998・5ドル安の9880ドルに達した。1時間13分後の午後4時、下げ幅をほとんど取り戻して、終値は1万517ドルとなった。90分のあいだに買ったか売ったかした人は、かなりの規模の国の国民総生産とおなじ額を儲けるか、あるいは失った可能性がある。急激な下落で、わずか30分のあいだに1兆ドル以上の損失が生じていた。

市場心理が、どうしてこれほど速く、大幅に変わったのか？　人々はなにを考えていたのか？

考えていたのは、人々ではなかった——機械だった。加速と相互依存の時代に、コンピュータが動かしているアルゴリズムが大失敗を犯したのだ。

原因を突きとめるのに、だいぶ時間がかかったが、2015年4月21日、イギリスの官憲が、アメリカの検察局の要請によって、当時36歳だったナビンダー・シン・サラオを逮捕した。サラオは株価急落を引き起こして、総額87万5000ドルの利益を得た疑いが持たれていた。驚くべきことに、サラオはロンドン西部のハウンズロウにある両親の家のコンピュータとネットワーク接続を使っていた。ハイパーコネクテッドの世界でサラオは、コンピュータのアルゴリズムを駆使し、シカゴ・マーカンタイル取引場（CME）を約定させる意志のない注文、つまり見せ玉《ぎょく》で相場操縦した。それが連鎖反応を引き起こしたと、当局は主張している。

Bloomberg.comの2015年6月9日の記事によれば、「〝見せ玉〟という違法な手口で、偽の売りもしくは買い注文を市場に大量に出し、価格を上昇または下落させた。安値で買って高値で売るためにトレーダーとコンピュータの両方を騙すというのが、犯人の目的だった。……当局によれば、サラオは、自分の発注が他のコンピュータにどう認識されるかを操作するアルゴリズムを、2009年6月に開発したという。……［サラオは］買い注文の量について誤った印象をあたえるようなアルゴリズムを創出した」。

サラオの手法は、超高速・高頻度取引《ハイフリークエンシー・トレーディング》とは手法が異なっていたが、市場にそういう会社が数多くあり、コンピュータを利用した超高速グローバル取引が進歩していることが、サラオが起こしたとされる結果を招くのを助長したといえる。そういった会社は、ムーアの法則に煽られて、他社よりも取引を速く行なうために、軍拡競争のようなものを引き起こした。金融業界が求めている速度はすさまじく速いので、グローバリゼーションのこの側面の調査にあたっては金融業界誌ではなく、科学／物理学の専門誌で役に立つ資料が見つかったほどだった。

たとえば、国際的な科学週刊誌《ネイチャー》は、2015年2月11日号に〝金融取引の物理学は光速に達した〟と題する記事を載せ、次のように述べている。

［金融トレーダーたちは］取引をいっそう速くする競争にいそしんでいる。現在のハイテ

ク取引では、会社は顧客1人のために1秒間に10万件の取引を行なうことができる。この夏、ロンドンとニューヨークの金融センターは、3億ドルを要し、ヒベルニア・エキスプレスと名付けられた大西洋横断光ファイバー開設によって、2・6ミリ秒［約10％］速く通信を行なえるようになる。テクノロジーが進化するにつれて、取引速度は基本的な物理学とその最終的な障壁——光の速さ——にますます制限されるようになっている。

ハイフリークエンシー・トレーディングは、いつなにを売買するかを決定する高速コンピュータおよびアルゴリズムと、売買の金融データの即時供給に依存している。マイクロ秒単位の差で優位が得られる。取引所間のデータリンクを高速化すれば、発注にかかる時間を最小限にすることができる。どこのコンピュータがもっとも近くに配置されるかをめぐって会社は争う。トレーダーたちは策を弄して、回線にもっとも近い席を奪おうとする。すべてコストがかかる——高速リンクのレンタル料金は、ひと月1万ドル前後だ。

競い合いが激しくなると、トレーダーたちは「光ファイバーはデータのほとんどを運べるが、必要な速度に達していない」ことに気づいたと、《ネイチャー》は報じている。「測地線——地球上の2点を結ぶ最短曲線——上で情報を運ぶのが、最速のリンクだった。つまり、見通し線でのマイクロ波通信のほうが光ファイバーよりも速い。ミリ波とレーザーのほうが、もっと適している。データ密度が高いからだ」超高速売買は市場の流動性を保ち、「とどこおりなく流れる車の往来が交通に役立つのとおなじように、売買に利益がある。そういう市場は〝スプレッド〟——株の買い値と売り値の差——が小さい傾向がある。スプレッドはディーラーが請求する手数料に反映され、投資家の取引コストに影響する」。

しかし、大きな欠点もあると、《ネイチャー》はつけくわえている。「売買で利益をあげるのに使われているアルゴリズムは、エラーを引き起こすことが多いし、市場が乱高下すると完全に手を引くようプログラミングされている。ハイフリークエンシー・トレーディングを手がける会社の多くが使っているアルゴリズムが似通っていることが、この問題を悪化させる——全社が同時に手を引くからだ。2010年の瞬間暴落《フラッシュ・クラッシュ》ではそれが起きた」人間もおなじことをやる可能性があるが、機械のほうがもっと規模が大きく速いので、ほぼ間違いなく見せ玉にだまされて莫大な損失をこうむる。「2012年、アメリカ最大のハイフリークエンシー・トレーディング会社ナイト・キャピタルのアルゴリズムに1つ欠陥があり、そのシステムが売った価格よりも高く買ったために、45分間に4億4000万ドルの損失を出した」

だが、《ネイチャー》の記事で私が気に入っている部分は、その先にあった。その記事は指摘している。「アメリカでは、大手証券会社の一部が、ハイフリークエンシー・トレーダーの時間的優位を取り除いた私設取引システムを設けている。たとえば、2013年に発足した私設取引所のIEXでは……取引の〝スピード・バンプ〟を導入した——35

0ミリ秒の遅れをわざと生じさせ、トレーダーが高速データで有利に取引を行なうことができないようにした」

事実なのか？　では、現在の市場では350ミリ秒が〝スピード・バンプ〟の役目を果たすのだ。私はすぐさま、ウォルマートのエンジニアの話を思い出した。私が〝購入〟ボタンを押すと、ウォルマートのコンピュータは配達方法を決めるのにたっぷり時間がある――1秒足らずですむ。

《ネイチャー》が、「金融業界の調査は、取引には最適の速度があり、現在の市場はそれをはるかに上回っていることを示している」という結論を下したのも、当然のことだった。いずれにせよ、〝スピード・バンプ〟も、グローバル市場がこれまでになく相互依存しているという事実を覆せるような徴候は示していない。ムーアの法則は、買い手、売り手、貯蓄家、投資家を一層緊密な織物に織りあげるイノベーションを促進しつづけていると、シティグループのマイケル・L・コルバットCEOは説明し、私が気に入っている例を挙げた。

コルバットは、こう語った。あなたが、オーストラリアに住んでいるイギリス人の年金生活者だとしましょう。財務省があなた宛の年金小切手を切って、ヒースロー空港行きの郵便で出します。空港で仕分けされ、シドニー行きの便に積まれて、オーストラリアの郵便局でまた仕分けされ、配達されて、その月の7日から10日のあいだにあなたの郵便受けに届く。あなたは銀行へ預けて、オーストラリア・ドルに両替してほしいと頼む。12日ごろに、手数料を引かれて、あなたの口座にオーストラリア・ドルで入金される。

でも、シティバンクに任せれば、「翌日に口座に入金されるし、手数料も安い——現地通貨で電子送金します」。そこで、イギリスは年金振込業務をシティバンクに委託し、ヨーロッパとアジアのいくつかの国もそれに倣った。しかし、ある日、「イタリアが私たちにいいました。〝イタリアには100歳以上の年金生活者がいる〟が、かなりの僻地に住んでいる。〝どうやって電子送金すればいいのか？〟生存証明書がないと、電子送金できない。昔は公証人が書類で行なっていた。ペーパーレスにならないか」。さいわい、解決策が見つかった。高齢の年金生活者は、ポータルサイトで身許を確認して年金を請求すれば、口座に年金が振り込まれるようになった。どうしてそれが可能なのか？　コルバットの説明によれば、じつは年金受給者の声紋は、指紋や虹彩スキャンなどの識別手段よりも正確だとわかった。それに、支払い、データ利用、口座確認にスマホを使う消費者が増えているので、パスワードや暗証番号をあまり使わずにすむようになった。そして、その人に独特の声が、すべてのドアをあける鍵になった。「クレジットカード利用者がサービス・センターに電話するとき、暗号や暗証番号やソーシャル・セキュリティ・ナンバーを打ち込む必要はなくなりました」コルバットはいう。「ただ〝ハイ、私はトム・フリードマンだ〟といえば、声で本人だとわかります。そして、システムが返事をする。〝ハイ、トム、明細を確認しますか？〟本人だとわかるだけではなく、なにをやりたいかも学習するようになります」すべてのやりとりがデジタル化され、自動化されて、いまでは一部を音声で指示できるようになったと、コルバットは説明した。「それによって、当行は、不満の原因になるような事柄と本腰で取り組む時間と資源が得られます（原註）」

現在、金融のデジタル化のもっとも重要な原動力は、ペイパルだろう。イーベイの一部として発足したデジタル支払プラットフォームのペイパルは、僻地の買い手や売り手から接続条件がもっともいい人間に至るまで、すべての人間の金融取引を安全に高速デジタル送信することに特化している。

ペイパルのダン・シュルマンCEOは、会社の目標を「金融サービスを民主化して、お金を動かし管理する機会が富裕層だけでなくすべての市民の権利と可能性になること」と説明する。銀行は「デジタル・フローではなく物理的なモノが支配していた時代に確立されました。それに、物理的な世界には高価なインフラがありました。銀行の支店が利益をあげるには、預金が3000万ドル必要でした。つまり、銀行が閉店するような場所は、平均所得が全国平均よりも低い地域でした」。そういう地域では預金が集まらない。

「携帯電話とスマホの爆発的普及によって、銀行の支店の力が、いまでは消費者の手に収まるようになりました。さらに、ソフトウェアの規模が拡大されると、消費者が負担する増分費用がゼロに近づきます。小切手の現金化、請求書の支払い、ローンを組むこと、愛する人に送金するといった取引は、アメリカではすでに単純で簡単になりましたが、突然、だれにとっても単純で簡単になります」――しかも、ほとんど無料で、これまで便宜が図られていなかった世界中の30億の人々が、恩恵をこうむるようになる。かつてそういう人々は、何十年にもわたり、「両替してもらうために3時間も列に並び、支払いをするためにべつの列にならんで、10％の手数料をとられていました。テクノロジーは、彼らに役立つ方向へと可能性を飛躍的にシフトしました」。

たとえば、ペイパルはワーキング・キャピタルというグローバルな融資プラットフォームを創出した。銀行なら何週間もかかるようなローンを、ペイパル・ユーザーのために数分で引き受ける。在庫を抱える必要があったり、目前に成長機会があったりする小規模ビジネスにとっては、大きな強みになる。このプラットフォームは3年とたたないうちに、

（原註）急速に改善されているのは、声紋と虹彩の認証だけではない。デジタル化された顔認証ソフトウェアもきわめて優秀になった。中国の検索エンジン企業バイドゥは、北京本社に出入りする社員用のIDカードを廃止した。社員は受付ロビーのカメラの前で立ちどまるだけで、データバンクに保存されている顔認証画像と自分の顔を比較される。一致しなかったものだけが止められる。近い将来には、演劇、コンサート、スポーツ行事にチケットを持参しなくてもよくなるだろう。チケット発行会社にオンラインで顔を登録すれば、会場にデジタル送信され、到着するとカメラで顔が確認される――待たされたり、押し合ったり、いらいらしたりせずにすむ。

融資額が20億ドルに達した。なぜそんなことができたのか？　ビッグデータのおかげだ。シュルマンは説明する。

いま肝心なのは分析できるデータの量です。私たちのプラットフォームからのデータ排出——年間取引は60億件で、幾何級数的に増加している——はすべて使えるし、私たちがよりよい決断を下すのに役立ちます。融資をお望みですか？　あなたがペイパルの常連客なら、私たちはあなたのことを知っています。さらにあなたに似た人々のことも知っています。あなたが変わっていないことを知っていますが、失職したか、自然災害があったために、あなたの状況は変わったかもしれませんね。べつの仕事が見つかるだろうとわかっています。ほんの1秒のあいだに、私たちのアルゴリズムを使い、世界中のあなたのような人と比較します。データとモデリングの能力が私たちにはすべてそろっているので、そのモデルに基づいて、融資できるでしょう。

ペイパル・ワーキング・キャピタルは、個人の信用度とローン返済能力を計るのに銀行やクレジットカード会社が使っている、従来のＦＩＣＯスコアに依存していない。シュルマンは次のように説明した。たとえば、一度自己破産すると、ＦＩＣＯには永遠に汚点が残る。しかし、ペイパルは、サイトでの現実の取引に基づくビッグデータ分析で、FICOスコアよりもずっと信頼できる返済能力の実態を把握することができる。この手法によって、世界中の多くの人々に瞬時にローンを提供していて、しかも返済率ははるかに高い。

ペイパルは同様のビッグデータ分析を使って、ペイパル上の全取引を保証できる。つまり、インドの小規模な商店がウェブでサリーを売り、ヨーロッパの利用者がペイパルを使ってそのインドの商店からサリーを2枚買ったとき、「注文したサリーが届かなかった場合には、私たちが返金します」とシュルマンはいう。「その保証が機能するのは、私たちがあなたのことを知っていて、データをすべて握っているからです。……世界中に1億9000万人の利用者がいて、毎年それが1500万～2000万人増えています」それによってグローバリゼーションがいっそう促進される。

じわじわとではあるが確実に、人々は現金を使うのをやめて、ペイパルを使うようになっている。

ペイパルは、大手金融機関とおなじように、複数のコンピュータを介してグローバルな取引を認証して伝えるのに、〝ブロックチェーン〟と呼ばれる新テクノロジーを実験している。仮想通貨ビットコインに使われていることで有名になったブロックチェーンは、「二者間で金融取引を行なう際に完全な信頼を保証する方法です」とシュルマンは説明した。「インターネット・プロトコルを使い、関係者すべてに見えるようなやりかたで、国民国家を迂回し、すべての仲介者や規制機関を超越します——したがって、コストが下がることが見込めます」

医療と製造業の改革

金融工学《フィンテック》とおなじように、医療技術《メドテック》でも、デジタル・グローバリゼーションは急激に医学を変えて、医療をハイブリッド・システムにした。ますます多くの診断と処方が、半分はオンライン、それも携帯電話を使って行なわれ、あとの半分が医師による診察で行なわれるようになるだろう。その結果、コスト削減と遠隔医療が見込めるようになる。

私はオーランドでひらかれた遠隔医療会議で、イギリス生まれのカリフォルニア大学デービス校医学部教授ピーター・イエローリーズ博士に会った。博士はそこで、ロード・ロジャーとレディ・パット・スウィンフェンが設立したイギリスの慈善団体スウィンフェン財団と手を組んでいると説明した。スウィンフェン夫妻は世界各地をまわって、医療サービスが行き届いていないさまざまな地域で、150カ所の保健医療通信拠点を設立した。ノートパソコン、カメラ、発電機、衛星通信アンテナを、電気も来ていない地域の診療所に寄付した。さらに、地元の保健関係者を教育し、スウィンフェンのハブにアクセスする基本的な手順を教えて、患者が来たときにセカンド・オピニオン（もしくは最初の診断）を衛星通信もしくはインターネットで容易に受けられるようにした。患者の病状やレントゲン写真や心電図について診療所のスタッフが質問を送ると、スウィンフェンは、無料で所見を提供するボランティア500人の1人（イギリス、アメリカ、オーストラリアなどにいる）にそれを転送する。循環器専門医、小児科医、整形外科医が、ボランティアの多くを占めている。地元の医療従事者が病気に対処できるように、スウィンフェンは専門家とじかに話ができるようにする。

「私は精神科医として参加しています」イエローリーズは説明した。「サクラメントに住んでいて、もう10年も相談医のリストに載っています。3年ほど前に、ワーキングホリデーでネパールの孤絶した地域にいるイギリス人医学実習生から、メールを受け取りました。その実習生はまだ2年生で、経験が浅かったのですが、非常に暴力的な患者を受け持っていました。患者は攻撃的で、病床20床の病院をぶち壊していました。みんなを道連れにして自殺すると脅しているというのです。実習生は、その患者は精神病だと考えていました――双極性障害か統合失調症だと。そこで、患者がどういう薬を持っているかときくと、15年か20年前の薬だとわかりました。私がメールで、なにを投与すればいいかを教えたところ、患者は落ち着き、病院を壊すのをやめました。［現地の医療スタッフが］患者の精神状態を詳しくメールで知らせてきて、譫妄《せんもう》症の可能性が高いと、私は判断しました――病気ではありますが、精神病ではありません――そして、地元でできるテストをいくつかやるように頼み、脳マラリアにかかっているとわかりました。脳に炎症を起こす感染症で、錯乱を引き起こします。マラリアには特殊な治療が必要なので、メールをやりとりし、病状に応じた適切な治療を行なって、回復しました。かかった時間は30分です。ネパールでもこれができるのですから、世界のどこででもできます。バングラデシュ、ナイジェリア、必要とあればアメリカのどこででも、低コストでかなり優れた医療を提供できます」

イエローリーズはいう。デジタルのグローバリゼーションが加速したおかげで、「医療システムは、こういう電子と人間のハイブリッド医療に変わっていくと思います」。

製造業でも、おなじようなデジタル・フローの移行が起きている。２０１７年5月、私はテネシー州オークリッジにあるオークリッジ国立研究所を訪問した。同研究所は地元コミュニティとさまざまなやり方で協働している。先進的な製造の分野で会社を興したいと考えている地元のトップレベルの技術者向けに、そういう分野での起業を促す研究フェローシップも提供している。オークリッジの製造デモンストレーション機関（ＭＤＦ）は毎夏に、若い実習生１００人に３Ｄプリンティングを学ばせ、また地元の高校のチームを専門家が指導して、全米ロボット・コンペに備えさせる。ニューヨーク州北部にあるＧＥの研究所を訪問したときに、３Ｄプリンターさえあれば、どんなコミュニティでも製造業に参入できることを、私ははじめて知った。オークリッジのコーポレート・フェローのロニー・ラブは、私がＭＤＦを訪れたときに、自動車の車体や部品が巨大な３Ｄプリンターで〝印刷〟されているのを見せて、それを強調した。

「従来、自動車部品を製造するときには、まず金型を作る必要があり、それに50万～100万ドルかかりました」ラブはいう。金型には雌型と雄型があり、それでプレスして部品を作る。自動車1台を製造するのに、金型が数百基必要で、だからデトロイトの新車製造ラインはコストが2億ドルかかる場合があり、建造には2年を要する。残念なことに、金型製造業はこの15年ほどのあいだに、アメリカからアジアに移り、アメリカには十数社しか残されていない。

今後はそれが変わる。「大規模な3Dプリンティングによって、アメリカは金型製造業を国内に呼び戻すことができます」ラブはそういってから、例を挙げた。ノースカロライナ州チェリーポイントの海兵隊航空基地にある艦隊即応センターは、世界中の海軍と海兵隊の全飛行隊の垂直離着陸機の修繕を行なっている。2014年初頭、同基地の科学技術部長ロバート・ケストラーがラブに連絡してきて、一見、どうということのない依頼をした。自分のチームがそれをあっといわせるようなものに変えたことが、ラブは忘れられない。

ケストラーは「月曜日に私に電話してきました」と、ラブはそのときのことを思い起こして述べた。「鋳物の金型を3Dプリントできるかときかれたので、私はいいました。〝ええ、プリントしたいもののデジタル・モデルを送ってください〟午後にメールでモデルが届き、金曜には新部品を製造するための鋳型ができていました。3Dプリントでは、内部をくり抜いて軽くしても強度がより高いものを作れるので、重さはわずか18キログラムでした。次の月曜日にケストラーがまた電話してきて、コストはどれくらいで、製造にどれほどの日にちがかかるのかとききました。それを製造するよりも輸送するほうがコストも時間もかかると、私は答えました」

それを製造するよりも輸送するほうがコストも時間もかかる。つまり、複雑性のコストがゼロになる……。

ビッグシフトが未知の人間に起こるとき

２０１６年1月24日、フェイスブックは〝友だちの世界〟イニシアチブの一環として、長年の宿敵同士がフェイスブックのサイトで結びつきを強めた数を追跡した。フェイスブックは、１日だけで、インドとパキスタンの人々が２０３万１７７９回、イスラエルとパレスチナの人々が15万４２６０回、ウクライナとロシアの人々が13万７１８２回つながりを持ったと述べている。これらのやりとりから強い友情がどれほど生まれたか、それがどれほど長続きするか、歴史的な深い敵意を克服するのに役立ったかどうかは、またべつの問題だ。しかし、これらの数字を見て、未知の人間や敵のあいだに驚異的な結びつきがある証左だと考えないのは、よっぽどのつむじ曲がりだろう。

フローの加速は、明らかにあらゆるかたちの人間の接触、ことに未知の人間同士の接触が加速していることを示している。地球のどこにいても、たいへんな遠隔地でなければ、人類史上いまだかつてなかったほど、直接もしくは間接的に、さまざまな異なった考えや人々との接触にさらされることになる。古典的名著『西洋の台頭』の著者で歴史家の故ウィリアム・H・マクニールの論文を私が読んだのは、それも1つの理由だった。1995年5月、出版25周年の際に、マクニールは《歴史・理論ジャーナル》に〝世界史のかたちの変化〟と題する小論を寄せ、『西洋の台頭』執筆の動機となった、歴史家にとってもっとも深遠な疑問をあらためて提起して、それに答えた。歴史の原動力とはなにか？　他の要素よりも強く歴史を推し進める要素は、なんであるのか？

それは、彼が「散発的だが不可避的な自由の前進」と呼ぶものだろうか？　そう考えれば、「国家主義的な歴史家たちは、人間の歴史に対する、壮大なヨーロッパ中心の見方を打ち立てられる。なぜなら、自由（主に政治機構という観点から定義される）は、古代も現代もヨーロッパ諸国のみに根をおろしているからだ」。この見方では、「したがって、それ以外の世界は、ヨーロッパによって発見され、植民され、征服されたときに歴史の主流に加わった」とされる。

そうではないと、マクニールは論じている。それが歴史の原動力なのではない――その考え方の代償が第一次世界大戦だった。「塹壕で生き、死ぬ自由は、19世紀の歴史家たちが予想したような、リベラルな政治機構がもたらす結果ではなかった」

マクニールは、そこでべつの通俗的な説を示している。「シュペングラーとトインビーの2人は……第一次世界大戦で自由がこうむった異様な解体に対して反応した、もっとも著名な歴史家だった」とマクニールは述べている。2人の見解は次のようなものだった。

人間の歴史は、個別の文明のあらかじめ運命づけられた興亡のようなものだと理解するのが、もっとも適切かもしれない。前代の人々と現代の人々の歩む道がおおむねくりかえされている……

第一次世界大戦、1918年のドイツ崩壊、第二次世界大戦の勃発、2度の大戦で勝利を収めた連合国の戦後の分裂のような、予想外の重大事件について、多くの思慮深い人々はシュペングラーとトインビーの著作から新しい深刻な意味合いを汲みとった。……2人は、いずれもヨーロッパと非ヨーロッパの文明を同列に論じている。

マクニールは、その後、3つ目の答えを示している。歴史を衝き動かす力について、『西洋の台頭』で持論を述べているが、その理論を、時がたつにつれて彼はいっそう強く確信するようになった。「歴史的に重要な社会の変化を促進する主な要素は、新しいなじみのないスキルを持つ未知の人間との接触である」それがどういう結果をもたらすかを、マクニールは次のように述べている。

高度なスキル（すなわち文明）は、自然の帰結として、その魅力的な新奇なものに触れた近隣諸国を動揺させる傾向がある。スキルが劣る周囲の人々は、洗練されたスキルが所有者にあたえる富、力、真理、美を獲得するために、その新奇なものを自分たちで創り上げようとする。しかし、そういう努力は、模倣したいという衝動と、自分たちのしきたりや機構を護りたいという強い願望のあいだに、苦しい葛藤を生じさせる。文明社会には腐敗や不公平も内在するが、それを模倣する側はもっと純粋であるからだ。

マクニールはさらに説明する。

〝文明〟という言葉がなにを意味するかについて、明確に一致した意見はなく、〝相互に作用する領域〟をいい表わすのに合意した単語や語句はないが……現実を見据えて、文明同士の遭遇が歴史的に重要であるのを認識することが、世界史研究の将来の主流となるはずだと断言できると思う。

私が『西洋の台頭』を書いたときには、ユーラシアのいくつかの文明が、それぞれの歴史がはじまってからどのように交流してきたかを示して、トインビーの理論をさらに推し進めた。文明はそれぞれ重要なスキルを借用し、大切にされてきた旧い知識と借用された新しい知識を調整するための変化をさらに促進してきた……

もちろん、人間の変幻自在の根源は、新しい思想、慣習、機構を発明する能力だ。だが、発明がもっともさかんになるのは、未知の人間と接触し、注目を競って、思考や行動を変えざるをえなくなるようなときだ。つまり、選択が意識的になり、旧い慣習の計画的な手直しが容易になり、場合によってはそれが不可避になるときだ。

強力化された接触

私はマクニールの史観を心底から信じている。外国で駐在員として私が見聞きしてきたすべてと、合致している。気候が変動し、天気がさまざまに循環するように、思考も速いピッチで循環したり変化したりしている。グローバリゼーションはそれにつれてかたちを変えている。そのことが、適応を難しくしている。フローがすべて加速している結果、現在では未知の人間同士の接触が強化されるようになった。文明と個人が、お互いの考えに、錯綜した新しい手法で遭遇し、衝突し、吸収し、反発する――その手法とはフェイスブック、オンラインゲーム、テレビの衛星放送、ツイッター、メッセージング・アプリ、携帯電話、タブレットなどだ。一部の文化、社会、個人は、未知の人間と接触し、彼らから学び、最善のものを総合し、ほかは無視するような素地ができている。それ以外の脆弱な文化、社会、個人は、そういう接触によって脅かされるか、自分たちの文化のほうが優れていると思っていたのに、順応して他者から学ばなければならないことに屈辱をおぼえる。

未知の人間とそのなじみがない思考との接触の爆発的増加をさばいて利益を得られる文化と、それができない文化との違いは、マクニールが書いた時代以上に、この加速の時代では歴史を大きく動かすだろう。具体的にいうと、貿易、情報、金融、文化、教育のフローにもっとも開放的な社会や、そこから学び、それに貢献する意欲が高い社会が、加速の時代にもっとも繁栄する可能性が高い。それができない社会は、苦労するだろう。

このフローのなかにいることの利益は、イスラエルきっての科学技術研究機関であるテクニオン・イスラエル工科大学のホッサム・ハイク教授のような人々の研究によって例証されている。ハイク教授は、イスラエル人である。イスラエル系アラブ人で、イスラエルのナノテクノロジーの第一人者だと目されている。また、大規模な公開オンライン講座MOOCで教えている初のイスラエル系アラブ人でもある。イスラエルの大学を拠点に、アラビア語で講義を行なっているのだ。

2014年2月に私がコラムを書くためにハイファを訪れたとき、ハイク教授は当然ながら、MOOCに登録しているアラブ世界のあちこちの学生から非常に面白いメールを受け取ると、私に話してくれた。彼らの質問には、「あなたは本物の人間ですか?」とか「アラブ人なのですか、それともアラビア語を話し、アラブ人になりすましているイスラエル人なのですか？」というものがあるという。ハイクはナザレ出身のキリスト教徒のアラブ人で、この講義は自分が所属するテクニオン・イスラエル工科大学から行なっている。

ハイク教授の講座は〝ナノテクノロジーとナノセンサー〟と題され、教授の専門、つまり「ナノテクノロジーを駆使して、私生活や仕事上のさまざまな出来事をふるいにかけ、探知し、監視する新奇な感知ツール」について学びたい人間向けに設計されている。3、4本の短時間の講義ビデオ――アラビア語と英語の両方――が、10講座分あり、インターネット接続があればだれでも無料で視聴でき、毎週のクイズや討論会に参加したり、最終プロジェクトを実行したりすることができる。

現在の中東で教育への渇望がいかに強まっているか、そのため、仇敵はもとより未知の人間を疎外する心情がいかに克服されているかについて疑いがあるなら、ハイクのMOOCがそういう疑いを払拭するはずだ。ハイクのアラビア語の講座には、エジプト、シリア、サウジアラビア、ヨルダン、イラク、クウェート、アルジェリア、モロッコ、スーダン、チュニジア、イエメン、アラブ首長国連邦、ヨルダン川西岸地区の人々を含めた5000人近くが登録している。イラン人は英語版に登録している。登録はアメリカのコーセラMOOCを介しているので、テクニオンのイスラエル系アラブ人が教えていることに、最初は気づかない視聴者もいると、ハイクはいう。その事実を知ったときに登録を取り消す教授や学生もいる。だが、ほとんどは取り消さない。

近隣諸国でこれほど関心を持たれているのはなぜかという質問に、ハイクはこう答えた。「ナノテクノロジーとナノセンサーは、未来のものだと思われているし、未来がどういうものになるかを理解したいと、人々が考えているからです」当時40歳のハイクは、父親の母校でもあるテクニオンで博士号を得ている科学の天才だった。ハイクとテクニオンは、すでに共同でスタートアップを立ちあげ、〝電子の鼻〞と呼ぶものを開発している——ハイクのチームは、呼気に含まれる特異なマーカーが体のあちこちの癌を見つける手がかりになることを立証し、犬の鼻の仕組みを模したセンサー・アレイでそれを探知しようとしている。その作業と化学工学を教える合間に、大学を〝ブローの国とMOOC〞に導くようにと、テクニオンのペレツ・ラビエ学長がハイクに提案した。

ハイクは説明する。ラビエは「科学に国境を越えさせることが急務だと考えていました。MOOCというものがあると、私に教えてくれました。MOOCがなにか、わたしは知りませんでした。ウェブで数千人に講義を受けさせることができる仕組みだと、ラビエはいい、テクニオンで初のMOOCをアラビア語でやらないかと私にいいました」。テクニオンが資金を出し、準備に9カ月かかり、ハイクが講座を受け持った。ハイクは、誇張なしにいう。「アラブ世界から私にこういう若者がいます。〝先生は私たちのロールモデルです。先生のようになれる要因を教えていただけませんか〞」

2016年2月23日、AP通信はハイクの講座を修了したエジプト人学生ズイヤド・シェハタをインタビューした。「修了証明書を履歴書から削ったほうがいいと、何人かにいわれました」シェハタはいう。「厄介なことになるかもしれないというんです。イスラエルの大学かどうかということには興味がありませんが、ハイク教授のことはとても誇らしいし、立派な指導者だと考えています」

これを翻訳すると、〝勉強したいという渇望を抱いている学生と、加速の時代の新しい知識のフローのあいだに立ちふさがってはならない〟ということだ。

意識の融合

こういった未知の人間同士の接触に、ソーシャル・ネットワーク上のアイデアのフローの加速が重なったことは、世論の急激な変化に間違いなく貢献している。氷山のように動かしがたく、永遠に存在すると思われていた観点、しきたり、通念が、かつては数世代を要したような過程を、いまや1日で通りすぎて消え去ってしまう。

南部連合国の旗は、サウスカロライナ州議会の敷地の上で54年間はためいていた。しかし、2015年7月10日、この旗はサウスカロライナ州ハイウェイ・パトロール儀杖兵によっておろされ、もう掲揚されることはなくなった。チャールストンの歴史的な黒人教会で白人至上主義者を名乗る男が、信者9人を射殺した。犯人は南部連合国のシンボルであるその旗を背景に写真を撮っていた。その殺人事件は、たちまちソーシャル・ネットワークで激しい反動を引き起こし、そのため、州議会から旗がおろされたのだった。

大統領に立候補したバラク・オバマは、２００8年4月17日にこう宣言した。「結婚は男と女の結合であると考えています。いま、キリスト教徒である私にとって——私にとって——キリスト教徒である私にとって、それは神聖な結合でもあります。神が介在しているのです」わずか3年後の２０１１年10月1日、オバマ大統領は男と女の関係の歴史における最古の慣習に触れ、人権運動の年次の晩餐会で、同性婚を支持すると告げた。「すべての独身のアメリカ人——ゲイ、ストレート、レズビアン、バイセクシュアル、トランスジェンダー——すべての独身のアメリカ人は、法と私たちの社会の目の前で平等に扱われなければなりません。これはきわめて単純な事柄です」

わずか5年のあいだに、レズビアン、ゲイ、バイセクシュアル、トランスジェンダーに対する大衆の態度が急激に変わったことについて、パロアルトのシンクタンク、未来研究所（ＩＦＴＦ）のエグゼクティブ・ディレクターのマリーナ・ゴービスは、「価値に関して多くのグローバルな対話が進んでいて、若者がそれに熱中していることと関係があると、思わざるをえないでしょう」と述べている。「このシステムは、それを通過するすべてを増幅し、他人をいじめるのに使われるフィードバック・ループを生み出しますが、それ以上に、人々が触れ合う接点を増やし、ゲイ嫌いの人々がゲイの人間に会う機会も増えます。やがて、ゲイの人間に会う人々が急増します。人間同士の触れ合いは感情移入を生み、このシステムはさらに触れ合う機会を増やします」

ゴービスにインタビューした日、未来研究所の研究者ベッティナ・ウォーバーグは私に、サンフランシスコ地域での最近の通勤のエピソードを語った。「先日の朝、おなじ方角に向かう人たちのライドシェアの〝リフト〟を使っていたんです。ドライバーの人が私とおしゃべりをして、前日に乗った男性が〝多数決によって車からおろされた〟という話をしました。その男が、極端なゲイ嫌いの発言をしたからだそうです。ドライバーは〝サンフランシスコではそういう価値観の人間は乗せてもらえない──いる場所を間違えているよ〟といいました。そのとき車には、黒人、ヒスパニック、女性が1人ずつ乗っていて、さまざまな人々の参加を重視するプラットフォームを基盤にしている経済に、差別はそぐわないと話し合いました」

未知の人間との接触が、錯綜した新しいテクノロジーによって増えると、「コミュニティという意識が発展します」と、フェイスブックのグローバル・オペレーション兼メディアパートナーシップ担当副社長、ジャスティン・オソフスキーはいう。フェイスブックがなかったソーシャル・ネットワーク以前の時代、コミュニティは「自分の周囲、その時間、その場所を取り巻くものに制約されていました」。いまでは、ソーシャル・ネットワークがあるので、「自分が選べば、人生のあらゆる状況を通じて、結びつきを維持する能力を持てます」──そして、10年前には想像もできなかったような結びつきのために、あらたな状況を創出できる。「こういうレベルのつながりがなかったときには、それぞれに分かれた小集団で暮らしを営み、個々人はそのなかの一員として成長していましたが、いまは小集団と小集団がつながっています」さらに、興味が共通する人々をひっくるめるために、自分の地理的限界のはるか外へその小集団をひらくことも可能になった。「世界をつなげるのが、私たちの使命です。それが実現すれば、〝コミュニティの性質〟は進化します。従来は、人生の選択肢は基本的に2つしかありませんでした——コミュニティにとどまるか、あるいはそこを出ていくか」オソフスキーはいう。現在では、「フェイスブックや携帯電話がある世界で成長すれば、コミュニティとのつながりは、とどまるものにも出ていくものにも、強力でありつづけられます」。

さらに、「あなたがエリトリアの政治の世界的権威だとすると、おなじことに興味がある人々を膨大な数、見つけることができます」とオソフスキーはいう。「あなたかあなたのお子さんが難病のとき、フェイスブックができる前は、孤独でどうすればいいのかわかりませんでした」いまではすぐに「おなじ経験をしているグループの支えを見つけられます」。

それが、現在のフローのグローバル化のもっともありがたい部分だ——おなじような考えの未知の人間同士の接触をはぐくみ、見知らぬ人間になってしまった旧友を友人に戻し、コミュニティに戻す能力が。

あいにく、おなじような考えの人々を探すのが容易になったことには、マイナス面もある。ネオナチや自爆テロを行なう聖戦主義者になる下部団体を、探し求めているやからがいる。ソーシャル・ネットワークは、過激派が互いに連絡をとったり、若くて感受性の強い未知の人間を勧誘したりするのに、天から降ってきたような都合のいい仕組みだし、スーパーノバはそういう連中の火力を強めつづける。困ったことだが、避けられない（〝破壊者《ブレイカー》〟を扱う第9章で、これについて述べる）。しかし、いまはマイナス面よりもプラス面のほうが多く目にはいる。

当然ながら、悪い物事と戦い、いい物事を促進するフローを奮い起こさせるのが容易になったのは、きわめてよろこばしい。ベン・ラットレーは、2007年にChange.orgを設立し、デジタルのダビデが、企業、政府、その他のいかなる巨人《ゴリアテ》とも対決できるプラットフォームを創出した。《ファスト・カンパニー》は、2013年8月5日号でChange.orgについて、「アマチュア活動家とあらゆるタイプの自己主張を行なう人々にうってつけ」だと述べた。いまでは世界中に1億5000万人以上のユーザーがいて、着実に数が増えている――1日に1000件以上の請願を申し立てているChange.orgは、オンラインでの請願の方法を助言し、それを公表して注目と支持者を集めるグローバルなプラットフォームを提供している。

グローバルなフローを利用して変革を速めるChange.orgの能力を裏付ける、驚異的な例がある。南アフリカ人レズビアンのンデュミー・フンダは、フィアンセを5人の男に〝矯正レイプ〟された――レズビアンなど特定のグループを狙った、差別主義者による性的暴行である。暴行のためにフィアンセはクリプトコックス髄膜炎を発症し、脳と脊柱に感染して2007年12月16日に亡くなった。「矯正レイプは、比較的新しい言葉です」2011年2月15日にWomenNewsNetwork.netのインタビューで、フンダは説明した。「この〝ヘイトによる〟レイプは、世界中で見られます。レズビアンに男とセックスをさせれば、〝変質的な生活〟を〝治療〟できるという考え方に基づいています。その際にはたいてい極度の暴力をともないます」

2010年12月、フンダはケープタウンのインターネット・カフェから、Change.orgを通じて、南アフリカの貧民街でのレズビアンに対する矯正レイプを阻止するよう、政府に行動を促す請願への署名集めをはじめた。たちまち世界中の17万人の署名が得られた。デジタル活動家サイトAvaaz.orgでもべつの請願が進められたと、WomenNewsNetwork.netは報じている。2件の請願は世界中で100万人以上の署名を集め、南アフリカ議会は政治的に追い込まれて、矯正レイプを非合法化するための全国的タスク・フォースを創出した。2007年以降、南アフリカでは同性婚が合法となっていたし、矯正レイプはいまも大きな問題として残っているが、犯人がかつてのように大衆に容認されることはなくなった。

私はラットレーに、この実例からChange.orgはなにを学んだかとたずねた。ラットレーは答えた。「レイプのような大規模な社会問題についてきくと、たいがいの人間は反対だというが、なにかの手を打つことはめったにありません。しかし、直接の影響をこうむった個人の物語を伝えて、変革のための運動に参加する機会をあたえると、たいがいすぐさま反応して行動を起こします」

壁ではなく床を築く

グローバリゼーションはつねに、あらゆる事象と、その反対の事象をもたらす。たとえば、信じられないほど民主化を促すいっぽうで、巨大な多国籍企業に信じられないほど力を集中させる。細かく特化して、もっとも小さな声が、あらゆるところで聞かれるようになるいっぽうで、大きなブランドによる均質化が途方もなく進み、あらゆるところのあらゆるものを呑み込む。グローバルなカスタマー、サプライヤー、共同作業者《コラボレーター》をあたえて、小企業や個人が一夜にしてグローバル企業になれるほどすさまじい力を付与するいっぽうで、その力をあっという間に奪う——大勢力がどこからともなく現われ、おなじビジネスに割り込まれたことに気づくまもなく、叩き潰される。私たちがフローに投入する価値観やツールに、その趨勢が左右される。

管理できない移民がどんどん増えるなかで、現在のグローバリゼーションは、これまでになく脅威にさらされている感じがする。EU離脱を支持したイギリスの国民投票や、ドナルド・トランプの大統領就任に、それが見られる。だが、デジタルで結びつきを強めている世界、デジタル・フローが新鮮で取り組み甲斐のある発想やイノベーションや商業エネルギーの重要な源になる世界との結びつきを絶つことは、経済成長の戦略にはならない。

なぜなら、人間には肉体と魂があるから、その片方に糧をあたえ、もういっぽうにあたえなかったら、かならず厄介なことになる。アイデンティティやふるさとがあるという感覚が脅かされたとき、人間はたちまち経済的な利害をあとまわしにして、ウェブよりは壁を、開放よりは閉鎖を選ぶ——だれもがそういう途を選ぶわけではないが、多くがそういう選択を行なう。

適切なバランスをとるのは、容易ではない。この10年間、私たちは西洋の民主主義的先進国で何度となく失敗を重ねてきた。アメリカやヨーロッパで多くの人が最近、グローバリゼーションに呑み込まれていると感じているなら、それは、デジタルや、貿易、移民の急速なフローの拡大が、あまりにも社会的テクノロジー——すなわち学習し、適応し、衝撃を和らげるツール——の先を行き過ぎているからだ。その結果人々は、未知の人同士の接触すべてが、自分たちを呑み込んでしまうように感じたり、自分たちをつなぎとめるもの——仕事、地元の文化、家庭や地域や祖国があるという実感——を脅かすと感じたりする。

警告――加速の時代には、社会が人々の下に堅牢な床を築かないと、おおぜいが壁に手をのばす――それがいくら自滅的であろうと。その不安感に取り組むのは、現在の指導者層にとって最大の難問の1つだ。それについては、本書で後述する。

それでも私たちはうまくバランスをとることができるし、デジタル・グローバリゼーションを最大限に利用して最悪の影響を緩和する努力をつづけるインセンティブは膨大にある。政治の仕事は、そのあらたなバランスを見つけることであり、事態を見誤って重要なものを捨ててしまうことではない。緩和が必要なグローバリゼーションの悪い面に目を奪われて、拡大が必要なその良い面を見失ってはいけない。

現在のモバイルのスーパーノバは数多くのフローを創出し、それによって、これまでよりも多くの人々が貧困から脱け出し、世界最大の問題の解決に関与できるようになった。私たちが利用できる頭脳が増えて、それをグローバルな神経系に導入して〝創造者《メイカー》〟にしている。欧米でグローバリゼーションが産業崩壊と同一視され、忌み嫌われている現在の世界で、それが検討されたり評価されたりすることはまれだが、もっともプラスの思潮であることは間違いない。

だから、この章での結論は、神経外科医のエリック・C・ルーサート博士に述べてもらうことにする。ルーサート博士は、セントルイス・ワシントン医科大学院の神経科学およびテクノロジー・イノベーション・センターの所長で、みずからの〝脳と機械〟というブログで「世界はなぜこんなに速く変化しているのか？」と問いかけ、その答えも述べている。

変化が加速している原因は、ネットワーク化したコンピュータがきわめて強力になっていることと類似していると、私は考える。プロセッサを増やせば、あたえられた機能を実行する速度があがる。それとおなじように、人間が考えをやりとりできるような統合が進めば、新奇なインサイトを速く達成できるようになる。より速い分析機能を実行させるために論理ユニットをコンパイルすることが主眼のムーアの法則とは異なり、コミュニケーションの増加とは、よりクリエイティブなタスクを実行するために、クリエイティブなユニット（すなわち人間）を集めることなのだ。

第6章　母なる自然

神はつねに赦す。人間はしばしば赦す。自然はけっして赦さない。

――諺

私たちは複利の結果に対処するのが、ものすごく下手だ。

――ジェレミー・グランサム、投資家

2015年7月31日、《USAトゥデイ》は、ペルシャ湾に面したイラン南西部の人口数十万人の都市バンダルマズハーで、体感温度（ヒートインデックス）が摂氏74度という気が遠くなるような数字に達したと報じた。

熱波は、それでなくても世界でもっとも暑い地域である中東を焼きつづけた。「私が目にしたもっとも信じがたい気温の観測結果で、世界一極端な数値だった」アキュウェザーの気象学者アンソニー・サグリアーニが報道発表資料で述べた。気温は〝たった〟摂氏46度だったのだが、露点温度が32度だった。気温と露点温度を基準とする相対湿度の組み合わせにより、体感温度――戸外にいてじっさいに感じる温度――がこの数字になった。

「高気圧の強力な峰が7月の大部分、中東上空に居座り、世界でもっとも暑いと見なされている地域で極端な高温が発生した」とサグリアーニは述べた。

この記事を読むと、1年前にオーストラリアのシドニーでひらかれた世界公園会議に出席したときに憶えた新語を思い出した。〝黒いゾウ《ブラック・エレファント》〟というのが、その言葉だった。〝ブラック・エレファント〟のことを私に説明したのは、ロンドンの投資家で環境保護主義者のアダム・スウェイダンだった。〝黒い白鳥《ブラック・スワン》〟――大きな波及効果をもたらす、希有で、確率が低く、予想外の出来事――と〝部屋のなかのゾウ〟――みんなに見えているが、だれも取り組みたくない問題――をかけ合わせた言葉だという。それがいつの日か大きな問題になって、ブラック・スワンのような影響を及ぼすことを、だれもが承知している。「現在」スウェイダンは、私にいった。「環境問題のブラック・エレファントの群れが、集まっている」――大きな問題としては、地球温暖化、森林破壊、海水の酸性化、生物多様性の消滅の4つが挙げられる。「それらの影響が出たときには、だれも予測していなかったブラック・スワンだと私たちは主張するだろうが、じっさいはいまはっきりと見えているブラック・エレファントなんだ」――大がかりに迅速に対処する必要があるのに、私たちはそれを怠っている。

イランの体感温度74度は、もちろんブラック・エレファントだ。部屋のなかに座っているのが見える。感じられる。新聞にも載っている。そして、あらゆるブラック・エレファントがそうであるように、正常な状態とは大きくかけ離れているし、ブラック・スワンのすべての特徴を備えている――つまり、私たちが制御できないかもしれないような、予測できない大きな変化が地球の気象システムに生じることを示す、前触れなのだ。しかしながら、このことはアメリカ中央政界の集合意識にはなぜか浸透しておらず、ことに共和党にその意識はない。「冷戦中に私たちは、影響がきわめて大きいが起きる可能性が低い出来事――核戦争――を阻止するために、白紙小切手を切った」元クリントン政権の核拡散担当顧問で、現在はウィルソン・センター副所長のロバート・リトワクはいう。「いま私たちは、影響がきわめて大きく、起きる可能性が高い出来事――気候変動――を阻止するのに、5セントのガソリン税をかけることもやらない」

気象関連の1つの出来事が、なんらかのかたちの気候変動の決定的な証拠だということはできないが、現在、正常な状態とまったくかけ離れた気象・気候の数値が積み重なっていることには驚愕する。気候変動、生物多様性の消滅、人口増加が、ことに脆弱な国で起きたときには、〝母なる自然〟がムーアの法則や〝市場〟とおなじようにチェス盤の後半にはいるということを、これらの数値が甲高い声で警告している。そして、さまざまな面で、母なる自然は、テクノロジーとグローバリゼーションにおけるさまざまな出来事の加速に衝き動かされている。

地球上に住む人々が増え、1人の人間が持つ影響力が増幅したとき、正しい目的に活用するようにすれば、〝多数の力〟は途方もなく建設的になる。しかし、自然保護の倫理による抑制や調整が行なわれなかったら、途方もなく破壊的な力になる。これまでに起きているのは、そういうことだ。人間と機械とフローの力が、仕事の現場、政治、地政学、経済、私たちの倫理的な選択肢まで作り変えてきたあいだに、多数の力は母なる自然の加速を推し進めていた。母なる自然は生物圏、地球全体の生態系を作り変えた。それによって、私たちのたった1つの住まいである地球の物理と気候の輪郭が変化している。

気候話法を学ぶ

変化は、目に見える前に、耳から伝わってくることがある。最近の人々がどういう話をしているか、どういう表現を使っているかを、聞いてみるといい。異変が起きているのは、みんな知っている。この話法を、私は〝気候話法〟と呼んでいる。すでに多くの国々で使われているし、私たちの子供はすらすらとそれを使っているに違いない。あなたも自分では気づかずに、使っているはずだ。

グリーンランド氷床についてコラムを書いていたときに、気候話法のことを知った。2008年8月のことで、当時デンマークの気候エネルギー省大臣だったコニー・ヘデゴーとともに視察した。グリーンランドは気候変動の影響を観察するのに最適な場所だ。世界最大の島だが、住民は5万5000人しかおらず、工業はほとんどないので、巨大な氷床の状態は、気温、降雨量、風と同様、地球の大気とそこで交わる海流に大きな影響を受ける。中国やブラジルで起きていることはすべて、グリーンランドで感じられる。また、グリーンランド人は自然の近くで生活しているので、気候変動のバロメーターでもあり、したがって、ふんだんに気候話法を使う。

気候話法を学ぶのは簡単だ。使われる言い回しは4つしかない。

1つ目は「たった2、3年前には……だったけど、そのうちになにかが変わった……」だ。グリーンランド版なら、こうだ——たった2、3年前には、冬に結氷した浅瀬を犬橇《いぬぞり》で65キロメートル渡ってディスコ島へ行けたけど、冬の気温が上がると、氷が解けてつながらなくなった。ディスコ島は切り離された。犬橇は博物館行きだ。《ネイチャー》2015年12月号に発表された科学者15人の研究によれば、グリーンランド氷床の融解は加速しているという。「2003〜2010年に解けた氷の量は、1983〜2003年の倍であるだけではなく、20世紀中に失われた総量に相当する」グリーンランドは年間287

10億ドル規模の被害が生じた異常気象　1980～2012年

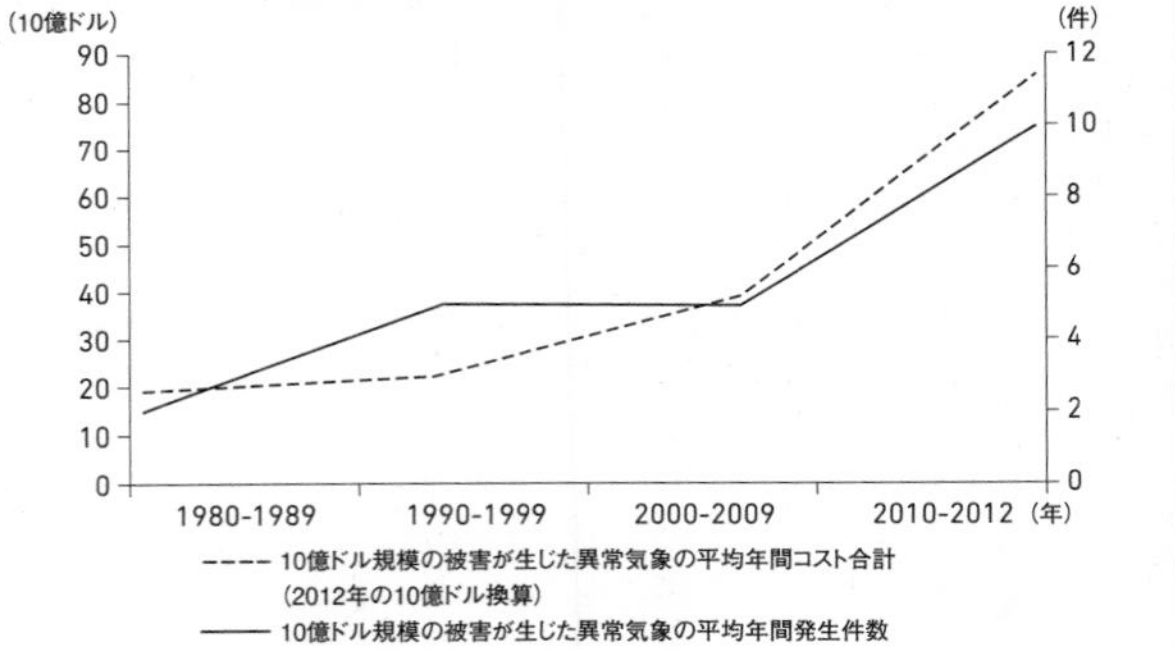

出典：米国海洋大気庁

０億トンの氷を失っているとするＮＡＳＡの発表が２０１５年12月16日の《ワシントン・ポスト》に載っている。私が２００８年に訪れたときは、年間〝たった〟２０００億トンだった。

２つ目の言い回しは、「わーお、前にはこんなもの見たことがない……」だ。私がグリーンランドを訪れた年の12月と翌年１月、イルリサットで雨が降った。ここは北極圏内だ！　冬にそこで雨が降ることは、ふつうはありえない。氷を監視しているコロラド大学環境科学共同研究所（ＣＩＲＥＳ）のコンラッド・ステフェン所長は私にいった。「20年前にイルリサットの住民に私が、２００７年のクリスマスに雨が降るといったら、笑われたでしょうね。それがいま現実になりました」

３つ目の言い回しは、「まあ、いつもそうだったが、いまはもう、私にはわからない……」。

グリーンランドの年配者たちが生涯を通じてなじんでいた昔ながらの気候のパターンがいくつかの場所で急速に変化したため、年配者がこれまで蓄積してきた知恵や直感が役に立たなくなった。いつも流れていた川が、いまは干上がっている。山を覆っていた氷河が消え失せた。8月1日の狩猟解禁日にいるはずのトナカイが、今年は姿を現わさない……。

そして最後の4つ目の言い回しは、「こういう状況は、このX年間、見られなかった……」。Xには途方もない大きな数字が当てはめられる。遠い昔のことだ。人類史上最大のCO_2濃度——400ppm——を一瞬記録したと、ハワイのマウナロア観測所が発表した直後の2013年5月3日、アンドルー・フリードマンが、ClimateCentral.org に書いている。「前回、地球の大気中にCO_2がこれだけあったときには、現在の人類は存在していなかった。メガロドンが海を遊弋《ゆうよく》し、世界の海面は現在よりも30メートル高く、地表の平均温度は現在よりも摂氏11度ほど高かった」

あるいは、2016年1月7日に Bloomberg.com に載った環境関連の記事に目を通すといい。「周知のとおり、CO_2が現在の大気に排出されている量は、約1万2000年前に地球がもっとも現在に近い氷河期を脱したときの100倍に及ぶ。現在の大気中のCO_2濃度は、80万年前の最大濃度よりも35%高い。海面は11万5000年前よりも高く、海面上昇は加速している。100年に及ぶ化学肥料生産が、地球の窒素サイクルを25億年間のいかなる出来事よりも過激に破壊している」

母なる自然がチェス盤の後半に至るにつれて、記録がたびたび破られて深刻な事態が引き起こされ、それを追跡している政府省庁は、自分たちが見ているブラック・エレファントをいい表わす気候話法の語句も尽きそうになってきた。2017年4月に、米国海洋大気庁は、次のような報告を行なった。「2017年4月に地表付近の気温と海面水温を平均した地球の平均気温は、20世紀の平均気温摂氏13・7度を0・90度上回っていた――気温が記録されるようになった1880年以降、2番目に高い4月の気温だ……また、地表付近の気温と海面水温の全世界平均が、わずかながら20世紀の平均気温を上回るのは、2017年4月で388カ月目にあたる。2017年4月は、2015年3月、2016年8月、2017年1月と並んで、記録のある月平均気温において12位タイの高温だった」1880年以降、2017年4月まで1648カ月ある。そのうちの12位ということだ！　その極度の気温は、いっそう極端になっている。2017年8月、アメリカ国立気象局は、デスバレー国立公園が記録上もっとも暑い7月になり、100年間破られていなかった記録が破られたと報告した。同月のデスバレーの平均気温は、41・89度だった。いっぽう、それまで最高記録だった1917年7月の平均気温は、41・78度だった。

気候話法の語句ばかりだ――〝超え〟、〝最高〟、〝記録〟、〝更新〟、〝最大〟、〝最長〟。いずれも気が遠くなるような数字だ。根本的な大変化、人類が長期間経験していないような重大事が起きていることを、それらの数字が物語っている。私たちの惑星は、多数の力によって作り変えられ、1000年のあいだ私たちの生物圏を決めてきた境界が、1つずつ破られるか、あるいは裂け目が生じている。

私たちのエデンの園

環境という観点から現在が重要であることを理解するには、地質学上の画期的な出来事についてざっと学ぶ必要がある。

「誕生から現在までの地球の研究という困難な課題を担ったのは、地質学者でした。地質学者が、地球を現在のように形作った出来事を解明しようとしてきました」と、科学史のウェブサイトScienceViews.comは説明する。なぜなら、「地球は岩の層に地質学的な歴史を残しているからです。……これらの岩の層をすべて組み立てることで、地質柱状図と呼ばれる、さまざまな年代の岩の記録を、科学者は調べられます。膨大な地質学的情報を単純化するために、地質学者は地球の歴史を区切って、代、紀、世《せい》という地質学上の単位を設けました」。

地球は約46億年前にできたが、化石の記録では単純な生命が見られるようになったのは約38億年前にすぎず、複雑な生命はようやく6億年ほど前にできあがった。世にもよるが、生命のかたちは何千年もかけて変化し、進化した。この1万1500年ほど、私たちは完新世にいると、地質学者はいう。その前は更新世で、いわゆる氷河期だった。

どうしてそんなことを考えるのか？　なぜなら、完新世が進むにつれて、私たちはそれを失いつつあるように思われるからだ。

地球の46億年の歴史のほとんどを通じて、地球の気候は人類にとって快適とはいえず、「過酷な氷河期と植物が繁茂する暖候期」のあいだを揺れ動いていたため、「人類は半遊牧民的な生活に封じ込められていました」とストックホルム・レジリエンス・センターのヨハン・ロックストローム所長は説明する。ロックストロームは、地球科学の第一人者で、気候問題すべてに関する私の師でもある。穏やかで安定している気候状況を私たちが満喫しているのは、この1万1000年間だけにすぎない。私たちの祖先は、そのおかげで旧石器時代の洞窟から出て、季節ごとの農耕を行ない、家畜を飼い、都市や町を建設し、やがてルネッサンスや産業革命やIT革命を起こすことができた。

地質学者が完新世と呼ぶこの時期は、「ほとんど奇跡的なくらい安定している温暖な間氷期で、私たちが知る現代の世界を地球上で確実に維持できるのは、この状態しかありえません」『小さな地球の大きな世界』の著者であるロックストロームはいう。この状態が私たちに「森、サバンナ、サンゴ礁、草原、魚、哺乳動物、バクテリア、良質な空気、豊富な氷量、気温、新鮮な水、肥沃な土壌」の理想的なバランスを提供し、文明をその上に築くことができた。

地質学的な世として、完新世は私たちの「エデンの園時代」だとロックストロームはつけくわえた。完新世に人類は、大気中のCO_2の量や海の酸性度が適切で、赤道沿いには熱帯雨林があり、南極と北極が氷に覆われて水を蓄え、太陽光を反射するという状態を維持して、人間の生命を守り、世界の人口を着実に増やしてきた。これらすべてのバランスは気候に左右され、最終的には天候によって動かされる。母なる自然は、地球全体への最悪の影響を吸収し、緩和する、驚異的な能力を備えている。

しかし、それは際限なく永遠につづくわけではない。母なる自然のバンパー、クッション、スペアタイヤは、無尽蔵ではない。それに、現在の私たちの気候話法とブラック・エレファントはすべて、人類が、経験したなかでもっとも安定していて穏やかな地質学上の世である完新世を提供してくれる地球の個別のシステムの多くを、限界に追い詰めていることを物語っている。

世界を作り変えるなど、滅相もない……。

「私たちは地球を最適な状態から追い出そうとしています」とロックストロームはいう。やがて、人間の生活や文明にとって完新世のような快適でありがたい環境とはまったく異なる地質学上の世になってしまう。現在、この問題がもっとも重大な論議になっている。

論議の根幹をなしているのは、産業革命以降——さらにいえば1950年以降——完新世のバランスを維持してきた、地球の重要な生態系と安定をもたらす要素すべてに人間があたえる影響が急激に加速した、という主張だ。この数十年、それらの影響がきわめて大きくなり、多くの個別のシステムの作用が変わりはじめたため、比較的穏やかだった完新世から私たちが追い出され、未知の地質学上の世に至るのではないかと、多くの科学者たちが確信している。

私が〝多数の力〟というのはそのことだ。いまの私たちは、種として、さまざまなかたちで自然に関わっている力なのだ。20世紀以前の人間はそういう存在ではなかったが、1960年代や70年代からは、産業革命がこれまでになく多くの地域にひろまって最大の力を発揮し、とくに中国、インド、ブラジルなどで人口とミドルクラスがともに拡大した。実質的に世界中でこれまでよりも多くの人々が、アメリカのミドルクラスの生活様式――車、核家族の住宅、ハイウェイ、空の旅、高タンパク質の食事――で暮らすようになった。

そして、2000年代になると、スーパーノバが次のグローバルな製造業、都市化、電気通信、旅行、貿易のフローを生み出した。こういったトレンドすべての組み合わせが、地球の主な生態系とその仕組みのそれぞれに、地球の歴史でこれまで見られなかったような度合いの圧力をかけるようになった。その結果、エデンの園のような暮らしが、いまは脅かされている。

大加速

それがどれほど深刻に進んでいるかを確証するには、地球科学者が、母なる自然への加速するストレスを量で表わさなければならない。母なる自然が安心できる領域からほとんど押し出され、正常に機能する限界を超えていることは間違いない。このストレスを科学者たちは〝大加速〟と名付けた。第2章で指摘したように、大加速のグラフは、2004年にウィル・ステフェンの率いるチームがまとめた『*Global Change and the Earth System: A Planet Under Pressure*』にはじめて発表された。ステフェンはアメリカの化学者で、もとはオーストラリア国立大学気候変動研究所のエグゼクティブ・ディレクターだった。

これらのグラフは、〝多数の力〟を鮮明に例証している。1750年から2000年にかけて、ことに1950年以降、数多くのテクノロジー、社会、環境の力が、増えるいっぽうの人々の手によって、母なる自然の体——地球の人間と生物物理学の全体状況——に加速度的な影響を及ぼしていることが、グラフに示されている。ステフェンとその同僚たち——ウェンディ・ブロードゲート、ライザ・ドイッチ、オーウェン・ガフニー、コーネリア・ルドウィッグ——が、1750年から2010年までに期間を拡大した大加速のグラフ最新版を、《アンスロポセン・レビュー》2015年3月2日号に発表したとき、この加速が完新世の地球の限界値《プラネタリー・バウンダリー》を超えて私たちを不可知の未知の領域へ推し進めていることを、彼らはいっそう確信した。

そのことを、次のように述べている。

大加速は、地球システムの人間の部分である、グローバルな社会経済システムの驚異的な成長を示している。その変化の規模と速度は、いくら過大評価してもかまわないくらい激しい。２世代に満たないあいだに――あるいは一生分の時間で――人類（つい最近までは人類のごく一部）は、惑星規模で地質学的な影響力を持つようになった。従来、人間の活動は、生物物理学的な地球システムに比べれば取るに足りない存在だったし、両者は独立して機能していた。しかしながら、いまでは両者を切り離して見ることはできなくなっている。大加速の潮流は、グローバリゼーションを通じて不意に出現した、社会経済システムと生物物理学的な地球システムの惑星規模の結合を、動的に示している。多くの生物物理学的な指数が、完新世の変数の限度を明らかに超えるようなところに、私たちは到達している。私たちはいま、非アナログの世界に住んでいるのだ。

もう一度いおう。私たちはいま、非アナログの世界に住んでいる。それは、私たちがヒトとして行ったことのない領域にいることを意味する。私たちは地球の重要なシステムすべてを、完新世の限界となる安全な活動範囲を超えるところまで押しあげてしまった。「非アナログの世界」……私はぜったいに気候話法の辞書にこの言葉をつけくわえるつもりだ。

３２４～３２５ページのグラフ群は、まさにそう見える。

地球システムの傾向

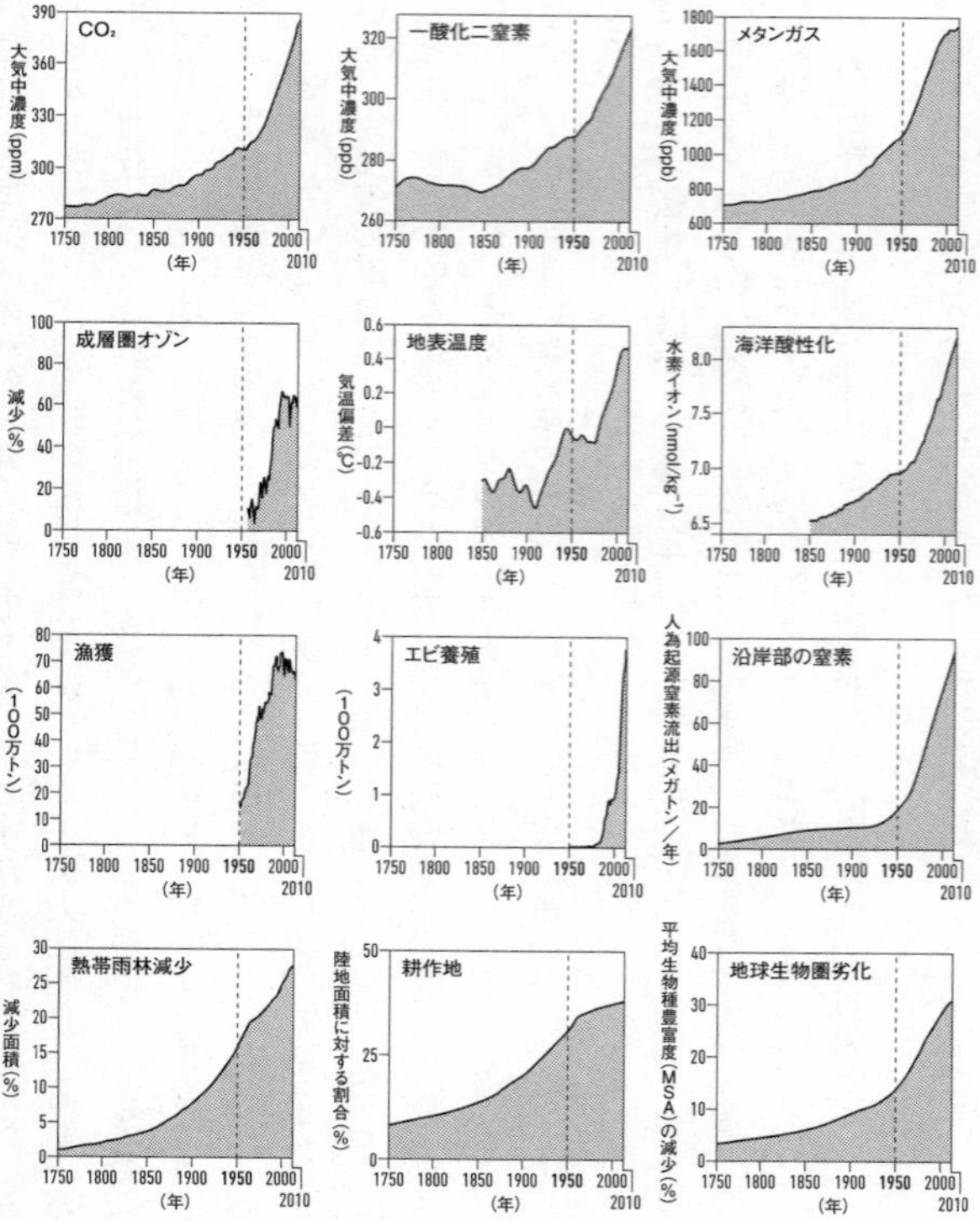

出典：Steffen, W., Broadgate, W., Deutsche, L., Gaffney, O., and Ludwig, C., "The Trajectory of the Anthropocene: The Great Acceleration" *Anthropocene Review* (vol.2, no.1), pp81-98.

社会経済の傾向

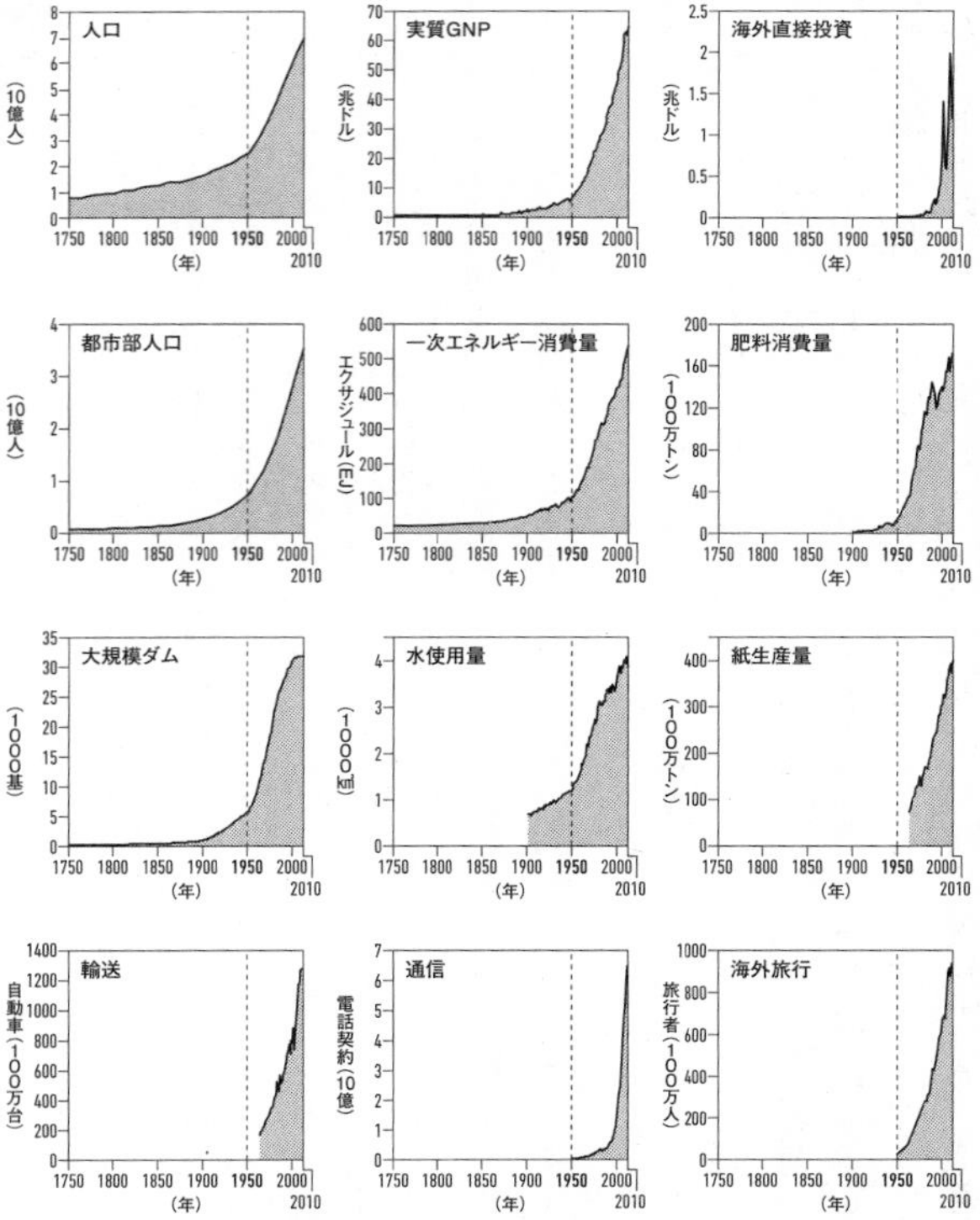

出典：Steffen, W., Broadgate, W., Deutsche, L., Gaffney, O., and Ludwig, C., "The Trajectory of the Anthropocene: The Great Acceleration" *Anthropocene Review* (vol.2, no.1), pp81-98.

地球の限界値《プラネタリー・バウンダリー》

これらの加速が確立してしまったときには、母なる自然のもっとも重要なシステムへの影響を、可能な限り数量的に把握することが重要になる。母なる自然が私たちにそれを語ることはないからだ。だから、ロックストローム、ステフェン、その他の地球システム科学者の一団が、２００８年にじっくり腰を据えて、人間の生存に不可欠な〝惑星生命維持システム〟を突きとめようとし、同時に、完新世を実質的に終わらせて、地球を人間が住めない場所にしてしまうような〝突然の不可逆性の変化〟が起きるのを避けるために、とどまらなければならない領域の限界も明らかにしようとした。研究結果は２００９年に《ネイチャー》に発表され、《サイエンス》２０１５年2月13日号に最新の更新結果が載った。

彼らの論理はいたって単純だった。私たちは、意識しているかどうかはべつとして、自分たちの社会、産業、経済を完新世の環境を基本に組み立ててきた。したがって、長年ずっとそれを支えてきた重要な環境システムが稼働するレベルを壊すと、地球は私たちが身につけて満喫してきた現代的な生活を維持できないような、これまでにない状態に陥る。母なる自然を健康な人間と見なし、健康なままで、マラソンすらできるような、体重、コレステロール、血糖値、脂肪、酸素摂取量、血圧、筋肉量の最適な数値を見定めてみよう。

人体は個別のシステムと器官から成るシステムで、それぞれが最適に稼働する条件があるが、それとおなじことが母なる自然にもあてはまると、ロックストロームは説明する。私たちの器官と全体としての体は、ある程度まではこの最適な条件を超えても稼働できるし、じっさいに稼働してもいる。その最適の条件をどれほど逸脱すると体が壊れるかを、すべての事例で知ることはできないが、いくつかわかっている事例がある。最適な深部体温は摂氏37度だとわかっている。体温がおよそ摂氏42度以上もしくはおよそ摂氏21度以下になると、ふつうの人間は死ぬ危険があることがわかっている。それが人間の健康の許容範囲で、そのどちらかの極限に近づけば近づくほど、器官と体液の機能が悪化する。

母なる自然も、大洋、森林、大気、氷帽など個別のシステムと器官から成るシステムで、地球科学者たちは、そういったシステムがもっとも安定して稼働するレベルを突きとめている。じっさい、母なる自然は生命体ではないから、どう感じているかを私たちに語ることはできないが、人体のように「生物地球物理学的に合理的に機能している複雑なユニットなのです」と、ロックストロームはいう。「私たちには母なる自然の正確な稼働限界はわかりません。なぜなら、人体ほどには理解できていないからです。しかし、母なる自然はそれを正確に知っています。それに、弾力性というものはありません。グリーンランド氷床は、ある臨界点《ティッピング・ポイント》で解けます。アマゾンの熱帯雨林は、あるティッピング・ポイントで後戻りできなくなります。人間はティッピング・ポイントぎりぎりで体を管理することはできません。おなじようなことを地球でやるべきではありません」

つまり、母なる自然は自分のもっとも重要なシステムがどう感じているかを、私たちに告げられない。だから、ロックストロームやステフェンやプラネタリー・バウンダリーを研究している彼らのチームは、ティッピング・ポイントがどのあたりにあるのかを、実例と知識に基づいて推定しようとしている。それを超えると、システムはまったく異なる状態に陥るはずだ。彼らはプラネタリー・バウンダリーについて9つの重要な要素を突きとめた。私たちはそれらの限界を破ってはならない（あるいは破りつづけてはならない。すでに破っているもののもいくつかある）。限界を破れば連鎖反応を引き起こすかもしれず、現代の文明を維持するのが不可能になるような、これまでになかった状態に、地球を陥れるかもしれない。

2015年に発表されたプラネタリー・バウンダリー健康診断書は、次のようなものだ。警告——健康状態は思わしくない。

最初の限界は気候変動だ——これはすでに破ってしまった。プラネタリー・バウンダリー・チームは、気象学者のおおかたの合意とおなじように、産業革命後の地球の平均気温上昇を、安心できる範囲の摂氏2度以下に収めるには、大気中のCO_2を350ppm以下に保つ必要があると確信している。そのレッドラインを超えると、抑制できない氷床の融解、海面上昇、気温の極端な変化、極度に激しい嵐や旱魃を引き起こすおそれがあると、ほとんどの気象学者が確信している。現在の大気中のCO_2は400ppm以上で、この〝毛布〟がいまやきわめて厚くなり、厚くなる速さが加速している。先に指摘したように、地表付近の気温と海面水温の平均値も、産業革命前と比べると最高レベルに達している。

母なる自然は、発熱しているのを感じているはずだ。地表の温度について報告しているNASAの地球生命徴候報告は、2015年末に、「観測記録がある134年間でもっとも温暖な10年は、1998年という例外を除けば、すべて2000年以降だった。2015年は記録上もっとも温暖だった」と述べている。気候システムは、すべての生物の成長環境を左右する。その環境が、プラネタリー・バウンダリーを大きく超える方向へ進み、地球を人類がこれまで暮らしたことがないような温室に変えようとしている。

第2の限界は生物多様性だと、彼らは論じている。それには、生物圏のすべての生命体と、地球を覆うすべての自然が含まれる――森林、草原、湿地、サンゴ礁、そこで生きているすべての植物と動物だ。プラネタリー・バウンダリー・チームは、工業化以前のレベルの90%の生物多様性を地球上で維持すべきだと論じている。アフリカ各地で、すでに84%を割り込み、さらに悪化している。

生物多様性なしに気候を調整するのは不可能だということを人々は忘れている、とロックストロームは指摘する。ハチなどの送粉者が空を飛んでおらず、土のなかに微生物がおらず、鳥などの動物が排泄物を介して樹木の種を蒔《ま》かなかったら、森林はできない。CO_2

を吸収する樹木もない。CO_2を吸収する樹木がなかったら、CO_2は大気中に拡散して地球温暖化を激化させるか、海中に溶け込んで海水の成分を変える。自然な状態での種の絶滅率は、100万種に対して1年当たり1種もしくはそれ以下だ。「私たちは限界を10種としました」とロックストロームは説明したが、グローバリゼーションによってそのレベルは頻繁に破られている――現在では、100万種に対して年間10～100種が絶滅している。生物多様性がどれほど失われているかを、それが示している。

私たちが第3の限界を破った結果は森林破壊だと、ロックストロームは説明した。この問題は、バランスがとれて調整された完新世の状態を陸地が維持するのに必要な生物群系――主に熱帯雨林、北方針葉樹林（タイガ）、温帯林――の最低レベルに関わっている。地球にもとからあった森林の75％前後を維持しなければならないと、科学者たちは推定している。現在は62％で、森林の一部はCO_2の吸収が減少している徴候を示している。

生物地球化学的循環と呼ばれる第4の限界も、すでに破られている。「私たちは世界の農作物システムにリン、窒素、その他の化合物を大量投入し、地球を汚染している」肥料と農薬の使い過ぎだと、ロックストロームはいう。さらに、これらの化学物質は海に流れ込んで、植物や魚介類に被害をあたえている。「タンパク質を食べたり作ったりする動植物を育てるには、窒素とリンのバランスをとらなければなりません。海と陸地の状態は、それらの化学物質に左右されます――窒素とリンが多すぎると動植物は窒息しますし、すくなすぎると成長しません。生物圏の他の植物を窒息させないで、どれほど肥料と農薬を使うかが、きわめて重要です」気候変動は、トップダウンでバランスを崩し、肥料と農薬の過度の使用は、ボトムアップでバランスを崩すと、ロックストロームはいう。「現在の使用量の25％まで減らさなければなりません」

その他の4つの領域では、プラネタリー・バウンダリー・チームが設定したレベル内になんとかとどまっているが、あまり余裕はない。1つは海洋酸性化だ。私たちが排出するCO_2の一部は大気中に拡散するが、かなりの量が海に吸収される。しかし、それが魚や海の熱帯雨林ともいえるサンゴ礁に被害をあたえている。CO_2を水と混ぜると炭酸ができ、それがすべての海洋生物に欠かせない要素である炭酸カルシウムを溶かす。貝殻とサンゴ礁がことに影響を受ける。それが起きると、「海は海洋生物を受け入れる役割から、破壊する役割に変わります」とロックストロームはいう。「炭酸カルシウムの破壊が進むと、海洋システムは一転して、これまでの完新世を通じて維持してきた魚やサンゴ礁を維持できなくなります」

まだどうにか限度内にとどまっていると、プラネタリー・バウンダリー・チームが指摘する2つ目の領域は、真水の使用量だ。湿地や熱帯雨林が完新世の状態を維持し、人間が大規模農業をつづけられるようにするには、世界中の川や地下水から汲みあげる水の量に限度がある。

私たちがまだ超えていない第3の限界は、エアロゾル排出量だ。工場、発電所、自動車などの通常の汚染物資を、私たちは微粒子として大気中に放出している。バイオマス燃料の不完全燃焼（主に料理用コンロ）や化石燃料がスモッグの層をつくり、太陽光をさえぎって、植物に被害をあたえる。喘息など、人間の肺の疾患も引き起こす。

私たちがまだどうにか超えていない第4の限界は、〝新規物質の導入〟と呼ばれる。化学物質、合成物、プラスチック、核廃棄物など、自然界にはなかった物質が、土や水に染み込んでいる。それらの物質が、私たちがまだ完全には理解していない異様なことを引き起こし、そのうちにさまざまな種の遺伝子コードを変えてしまうのではないかということまで懸念されている。

1つだけ、過去に破られたことがあるが、その後安全な範囲に戻った限界がある。成層圏オゾンの適切な厚さだ。オゾン層は、皮膚癌を引き起こす危険な紫外線放射から人間を守っている。オゾン層がなかったら、地球のかなりの地域が居住に適さなくなる。人工の化学物質——クロロフルオロカーボン（CFC、フロン）——がオゾン層にあけた穴が大きくなっているのを科学者が発見したあと、国際社会は団結して1989年にモントリオール議定書を取りまとめ、フロン使用を禁止し、その結果、オゾン層は無事に、工業化以前のレベルの5％以下の消失というプラネタリー・バウンダリー内にとどまっている。

プラネタリー・バウンダリー・チームは、自分たちが設定した限界値が絶対的な不動の数値だとは主張していない。それが破られたら崖の下に転落するとはいっていない。彼らが示したレッドラインは、知識と経験に基づく推定で、そこを超えると〝不確実な領域〟にはいる――人類はそこまで到達したことがないので、なにが起きるのかは、だれにも予測できない。

私たちにとってありがたいのは、これまでのところ、母なる自然がストレスに適応する方法を巧みに見つけてきたことだと、ロックストロームはいう。海と森林は、増えたCO_2を吸収し、アマゾンのような生態系は森林破壊に適応し、いまも雨と真水を提供している。北極の氷は小さくなったが、消滅してはいない。たしかに、地球は多くのクッションと適応能力を備えている。しかし、私たちはいずれそれらを使い果たすおそれがある。とりわけこの半世紀に、私たちはまさにそういうことをつづけてきた。

「地球は、驚異的なバランス維持能力があることを実証しました。あらゆる奥の手を使って、私たちの行動を緩和し、現状のまま踏みとどまってきました」ロックストロームはいう。しかし、私たちがプラネタリー・バウンダリーを破りつづけたら、「地球を味方から敵に変えるかもしれません」。アマゾンがサバンナになり、北極圏が1年を通じて海になって、太陽の熱を反射せずに吸収するような世界になる。「私たちの知る唯一の文明を持続させた安定状態は完新世だけでしたが、それとは打って変わって、人間にとって温暖で心地よい場所がどこにもない世界になるでしょう」

現在を完新世という地質学の時代区分で呼ぶのは、もう適切ではないと、すでに多くの地球学者が唱えている。私たちはとっくにそれをあとにして、自分たちが促進した新時代にはいっていると、学者たちは確信している。その新時代には、〝人新世（アントロポセン）〟という名称まであたえられている。アントロポが〝人〟、センが〝新〟を意味する。多数の力を指す、なんともきらびやかな科学的名称だ。

「人間の活動は、地球のいたるところに消せない痕跡を残している」《サイエンス》2016年1月8日号の共同論文で、英国地質調査所のコリン・ウォーターズは、人新世は完新世とは異なる世として定義されるべきだとして、そう述べている。

共著者たちは、「人新世が地質学時代として正式に承認されるかどうかは、人間が地球システムを大幅に変えて、堆積物と氷に完新世とは異なる層位学上の特徴をつけくわえたかどうかに左右される」と認め、それが起きていると唱えている。地球の表面に私たちが注いだ何億トンものセメントから、核実験による放射性核種に至るあらゆる物質が、これからの長い年月、地球を形作っていくだろう。

歌手のジョニ・ミッチェルはかつて〈ビッグ・イエロー・タクシー〉で、〝彼らは天国を舗装して／駐車場をこしらえた〟と歌った。

ウォーターズとその同僚たちは、その歌詞を科学用語で単純に述べている。

最近の人類の影響による堆積物には、これまでにない鉱物や岩石が含まれている。これはアルミニウム、コンクリート、プラスチックなどの新規物質の急速なグローバル拡散を反映するもので、〝テクノ化石〟が急増している。化石燃料の燃焼は、世界中で黒色炭素、球状灰粒子、球状炭素微粒子を拡散させた。１９５０年ごろに、それが全世界でほぼ同時にはじまった。森林破壊と道路建設が原因で侵食が進んだことも含めて、人為的な堆積物の流出が激化している。ダムによる堆積物の滞留による三角州の後退が、全世界で起きている。

私たちの堆積物の層を未来の地質学者が掘り起こし、ｉＰｏｄやテールフィンのあるキャデラックや自撮り棒を見つけてなんだろうと思うところを想像するのは、いささか薄気味悪い。たとえ地質学者がある日、この新しい世について合意したとしても、いつからはじまったかという点では異論があるだろう。農業のはじまり――数千年前――がそうだったという意見もあるだろう。あるいは、17世紀初頭に海を越えて欧米の植民地主義が押し寄せたときがそうだという意見もあるはずだ。「人新世がいつはじまったかについては、ありとあらゆる説がある」ステフェンと大加速チームは記している。「地球システム科学という観点では、大加速の開始時点であるという説が、もっとも説得力がある。地球システムの状態と機能に、①完新世の変動の範囲を超え、②自然の変動ではなく人間の活動によって促進された、根本的な変化が起きた明らかな証拠が見られたのは、20世紀半ばを過ぎたころにすぎない」

地質学時代の世を命名する責任を負っている国際層序委員会はこうした議論を受けて、まだ現代は完新世だとしている。しかし、本書の目的からすると、私たちは人新世にいる。多数の力――つまり私たち――が、地球システムを形作り、作り変え、プラネタリー・バウンダリーから押し出す支配的な要素になっているのが、人新世だからだ。

だが現代をどの世で呼ぼうがおなじことだと、ロックストロームは力説する。「私たちには、地球をできるだけ完新世に近い状態にしておく責任があります」だが、それは容易ではない。なぜなら、多数の力における〝多数〟が、多くの地域で人々が認識しているよりもずっと激しく加速しているからだ。

多数、多数、多数の力

2016年4月、気候変動がアフリカの移住パターンにあたえる影響についてのドキュメンタリーを制作するためにニジェールへ行ったとき、私はサハラ砂漠の中心部にあるディルクを最初に訪れた。4月なのに気温は41・6度だった。主にニジェールからリビアへ仕事を探しにいったアフリカの移住者にインタビューした。浸水する船で運よくヨーロッパに渡ることができたものも、何人かいた。しかし、前述のように、たいがいの人間が仕事も船も見つからず、彼らを邪魔者だと見なすリビア人に虐待された。リビアそのものも経済と政治がメルトダウンしている。

そんなわけで、ディルクにはニジェールや他の西アフリカ諸国の人々が数百人いて、仕事も金もなく、仕事を探しに北へ行くことも故郷に帰るために南へ行くこともできないどっちつかずの状態で孤立していた。彼らは国際移住機関（ＩＯＭ）に支援されていた。日用品を満載して南に向かう途中の大型トラックのそばで、焼けるような陽射しを浴びながら、私は移住者数人の話を聞いた。ほとんどが故郷の村を出て1年以上たっていたので、ニジェール人のマティ・アルマニクに私は、家族はどうしているのかとたずねた。

アルマニクは、妻3人と子供17人を村に残して、リビアかヨーロッパで仕事を探そうとしたが、ひどく幻滅して帰ってきたと、私に語った。食糧の備蓄を残してきたが、いまごろは食べつくしていると思うと、アルマニクはいった。「家族は神様の手にゆだねられた」そういうぎりぎりの生活なのだ。となりに立っていたアルマニクの道連れは、子供を12人残してきたといった。珍しいことではない――ニジェールの母親は平均7人の子供を産む。

私はこういったことをすべて《ニューヨーク・タイムズ》のコラムに書き、翌日、友人で人口問題研究所所長のロバート・ウォーカーからメールが来た。「１９５０年のニジェールの人口は２５０万人にすぎなかったが、現在は出生率が低下しているにもかかわらず、

1900万人に達している。また、国連の最新の人口予想では、出生率が低下しても、2050年に7200万人に達するだろうとしている。気候変動や、地域の紛争や不安定さを考えると、国として明らかに持続不可能だ。ニジェールで児童婚が世界でもっとも蔓延していることも、事態をいっそう容認しがたいものにしている」と、ウォーカーは指摘した。

ニジェールも含め、アフリカ以外でも多くの国々で、私が〝母なる自然〟に含めたい加速の要素、つまり人口増加が、いまなお起きている。人口増加は、〝自然資本〟の消費を増やし、その国と近隣の地域で川、湖、土地、森林に被害をあたえる。世界の多くの地域で、人口が変わらなかったり、減ったりしているが、国連の2015年の報告では、地球全体の人口が73億人から2050年には97億人に増えると予想されている。わずか30年のあいだに20億人以上が地球上で増えることになる。

ちょっと立ちどまって、この数字をもう一度考え直そう――20億人増える。

それよりもさらに重要なのは、地球の自然システムと気候にあたえる影響が、幾何級数的に破壊力を増すという事実だ。なぜなら、この97億人が、都市部に移動し、社会経済の梯子を登って、それぞれの国でミドルクラスになると、車を持ち、どんどん広い住宅に住み、水や電気を消費し、タンパク質を多く摂るようになるからだ。国民1人当たりが地球にあたえる影響は、膨大なものになる。現在、アメリカ人の86％が家にエアコンを備えている。ブラジルではわずか7%、インドではさらにすくない。しかし、そういった人々の基本的ニーズが満たされたら、エアコンもほしがるだろうし、日本、ヨーロッパ、アメリカに住む人々とおなじように、要求する権利がある。

私は1953年生まれのベビーブーム世代なので、きわめて風変わりな集団に属している。アダムとイブがカインとアベルを産んで以来、世界の人口が自分たちの一生のあいだに2倍になったといえるのは、私も含めたベビーブーム世代だけだ。それどころか、私たちがヨーグルトをいっぱい食べて、しっかり運動し、ヨガをやれば、長生きできて、人口が3倍になるのを見られるかもしれない。1959年に30億人だった世界人口は、1999年に60億人になり、前述のように、2050年には97億人になると現在では予想されている。

私が〝現在では予想されている〟という言葉を使ったのは、人口問題研究所の2015年の報告が強調している点を明確にしたかったからだ。世界が全体として、高い死亡率と高い出生率から、低い死亡率と低い出生率という人口動態へ移行していることはたしかだ。世界の多くの地域で、そういう移行が見られる。ヨーロッパ、北米、そして中南米と東アジアの多くの地域で、死亡率と出生率は急激に低下し、いまでは人口置換水準かそれ以下になっている。人口そのものも、台湾、ドイツ、日本では減少している。しかし、すべての国がそうなのではない。

「地球の反対側では〝人口動態の分断〟が見られる」と人口問題研究所は指摘する。「死亡率と出生率は比較的高いままだが、死亡率の低下のほうが急激だ。その結果、人口が増え、地域によっては急増している。現在の割合だと、40カ国近くの人口が今後35年で倍増する［傍点筆者］」

これはあまり注目されていないが、国連の人口問題機関——経済社会局人口部——は、世界人口の予想の数字をひそかに増やしつづけている。人口部は、２０１５年7月29日に〝世界人口予想：２０１５年改訂版〟を発表し、わずか2年前の予想を上方修正した。現在の世界人口73億人が、２０３０年には85億人に達し（前回の予想では84億人）、２０５０年には97億人（95億５０００万人から上方修正）に、２１００年には１１２億人（前回の予想１０８億人から上積み）になるとしている。

国連は次のように述べている。

> 世界人口予想の上方修正の大部分は、主に出生率が高いアフリカの少数の国や、すでに人口が多い国の人口動態によって変更された。２０１５年から２０５０年にかけての世界人口の5割増加は、インド、ナイジェリア、パキスタン、コンゴ民主共和国、エチオピア、タンザニア連合共和国、アメリカ合衆国、インドネシア、ウガンダに集中すると予想される……

中国とインドは、世界最大の人口を抱える国でありつづけ、いずれも10億人以上で、それぞれ世界人口の19％と18％を占める。しかし、２０２２年には、インドの人口は中国を超えると予想されている。

現在は人口で世界の第10位までの国は、１カ国がアフリカ（ナイジェリア）、５カ国がアジア（バングラデシュ、中国、インド、インドネシア、パキスタン）、２カ国が中南米（ブラジルとメキシコ）、１カ国が北米（アメリカ）、１カ国がヨーロッパ（ロシア連邦）という構成になっている。そのうちでナイジェリアは現在世界第7位だが、もっとも急速に増加している。そのため、ナイジェリアの人口は２０５０年頃にアメリカを抜き、その時点で世界第3位になると予想されている。２０５０年には6カ国で人口が3億人を超えていると予想される――中国、インド、インドネシア、ナイジェリア、パキスタン、そしてアメリカだ……

人口増加率がもっとも高いアフリカは、２０１５年から２０５０年までのあいだに世界人口の半分以上を占めると予想されている。

この間に、アフリカの28カ国で人口が2倍以上になると予想されている。

人口問題研究所は、予想される人口増加について、次のように述べている。

その大部分は、飢餓と貧困を緩和しようと四苦八苦している国で見られるだろう。多くの国は、人口急増によって水不足と森林破壊に脅かされている。紛争や政治の不安定によって苦しんでいる国もある。進歩が不可能になるとはいえないが、これらの国の人口増加は難題を増加させる。そういった国は人口動態がきわめて不安定で、飢え、貧困、水不足、環境悪化、政治的混乱に苦しめられる可能性が高い。

べつのいい方をすれば、高い死亡率が低くなり、高い出生率が低くならないと、すさまじいひずみが生じる。女性が子供を20人産み、その20人がすべて生き延びて、子供を20人つくったら、孫が400人できる――それも1家族だけで。ニジェールのような国では、じっさいにそういうことが起きている。出生率が高止まりのままで死亡率が下がっているニジェールでは、人口が膨れ上がりつづけ、「性差別の激しさと児童婚がそれを助長している」とウォーカーは説明する。「ニジェールは、合計特殊出生率では第1位だ」サウジアラビア、エジプト、パキスタンもそれに近い。原因は避妊具がないことではない。現代的なジェンダーの規範がなく、宗教的理由から男性が受胎調節に反対していることが原因なのだ。こういった国々では、「7人の息子と7人の娘が生まれますように」という祝福の言葉がいまも通用している。貧困と、教育やインフラの不備も原因になっている。

この組み合わせがよかったためしがない。だが、ムーアの法則とグローバリゼーションが現在の割合で加速しているなかで、国が教育とインフラで遅れをとると、その遅れも加速する。したがって、グローバルなフローに参加できない人々が増える。そして、その人々は社会保障の代わりとして子供を増やす。そこへ気候変動が加わり、農業を脅かす。そして、（ほどなく検証するが）それが混乱をいっそう煽る――人口が増えているのに、政府には穴から脱け出す道具がない。この恐ろしい悪循環が、すでにアフガニスタン、中東、西アフリカで起きている。

イギリスの金融サービス機構（ＦＳＡ）の元長官で、現在は新経済思想研究所（ＩＮＥＴ）会長のアデア・ターナーには、『債務、さもなくば悪魔――ヘリコプターマネーは世界を救うか？』という著書があるが、２０１５年８月21日にプロジェクト・シンジケートに発表した小論で、この問題を簡潔に述べている。イギリスの最新の人口予測は、ヨーロッパ、ロシア、日本には低出生率による大きな高齢化問題があるが、それは処理しやすい問題だと、ターナーは指摘している。

いっぽう、処理しにくい問題について、ターナーは次のように述べている。「１９５０年から２０５０年までに、ウガンダの人口は20倍、ニジェールの人口は30倍に増える。19世紀の工業国も、20世紀末に追いつくことに成功したアジアの各経済も、これほど高い人口増加率は経験していない。この増加率では、国民１人当たりの蓄えを増やしたり、労働力のスキルをじゅうぶんに早く向上したりすることができない。経済的に追いつくことも、慢性的な失業を防ぐための雇用創出も望めない」こういった現状に追い打ちをかけるような要素がある。先進国では、機械やロボットがブルーカラーの最下層やホワイトカラーに取って代わろうとしている。発展途上国がどうなるかは、説明するまでもないだろう。

ターナーは次のように述べている。

先進国で労働者がほとんどいない工場での製造が可能になると、東アジアの各経済がこれまで行なって成功を収めてきた輸出主導型の成長は、オートメーション化によって絶ち切られるかもしれない。その結果、失業率が高まり、若者のあいだで政治的な不安定がはぐくまれるおそれがある。IS(イスラム国)の過激な暴力には、数多くの要因があるが、北アフリカと中東の人口がこの50年のあいだに3倍に増加したことは間違いなく一因だろう……

アフリカの人口が今後85年のあいだに30億人以上増えると、EUは押し寄せる移民の波に直面するおそれがある。そうなったら、政治亡命者数十万人を受け入れるかどうかという現在の議論は的はずれに思えるだろう……

寿命がのびることと、出生率が下がることは、人間の総体的な幸福にとってむしろ大きなプラスとなる展開なのだ……

この目標を達成するのに、中国の一人っ子政策のような容認しがたい強制措置は必要ではない。必要なのは女性に高度な教育を受けさせ、避妊具を無制限に支給し、子供を産むかどうかを選択する自由を女性にあたえればいい。それには、保守的な宗教指導者や、人口急増は国の経済発展を促進するという幻想のもとに活動している政治家の道徳的圧力から、女性を解放しなければならない。

イギリスの環境保護グループ、E3G（第3世代環境保護主義）代表のトム・バークは、この問題を1、1・5、2・0、2・5という4つの数字に絞って説明している。

現在、地球上には、ミドルクラスもしくはそれ以上に達して、安全な資産を持ち、安定した高収入が得られている人々が1ビリオン（10億人）いる。そこへ移行しようとしている人々が、1・5ビリオン（15億人）いる。彼らは発展途上の経済で15年前に都市部に移住した。いまはある程度の資産があって、収入を確保しているが、不安を感じている。公共セクターで働いている人々が多く、グローバリゼーションとテクノロジーによる圧力を受けているからだ。次の2・0ビリオン（20億人）は、最近都市部に移住してきた人々で、資産はほとんどなく、収入はかなり不安定で、道端に座って品物を売るようなことをやっている。最後の2・5ビリオン（25億人）は農村地帯の貧困層で、森林のそばで自作自給農業を営み、グローバル経済にはまったく参加していない。気候が変動したら、一部は移住し、あとは死ぬだろう。

1・5と2・0の期待に私たちが応じられなかったら、彼らがあらゆる国でミドルクラスを不安定にするだろうと、バークは述べている。この人々は主に、ハイパーコネクテッドな都市部にいて、自分たちが持てないものを目の当たりにしている。彼らはISなどの不満分子の支持層になるだろう。未来の成長と安定は、都市人口のこの2つの下層のために一定の収入を創出することに、大きく左右される。お金がはいったときに物を買うのはこの人々だし、食糧や水の値段が上がったり、ひどい悪天候に見舞われたときに、もっとも大きな打撃を受けるのも、この人々だ。2010年代後半にはじまったアラブの目覚めにも、都市に移住した1・5と2・0の大多数が参加した。

「人口問題否定論者は、気候変動否定論者とおなじように、人口増加が地球にあたえている影響を認めようとしない」ロバート・ウォーカーは、2015年1月30日に公開された《ハフィントン・ポスト》の記事で述べている。「人口問題は、気候変動も含めた多数の科学的懸念に、なんらかのかたちで関わっている。……世界の人口が、現在の予想どおりに増加したら、気候変動の最悪の影響を避けるために到達しなければならない困難な目標に達するのは、難しいと思われる」

けっして発展途上国を非難しているわけではないが、自国の利益のためにも、女性の扱いに関する文化的なしきたりを改善すべきだと思われる国もある。気候の影響に関して、私たち欧米諸国は長期にわたって、もっとひどいことをやってきた。ミドルクラスが今後増えていく惑星を、すべてのプラネタリー・バウンダリーの範囲内にとどめるために、私たちにはクリーン・エネルギー、エネルギー効率、エネルギー節約のモデルを発明する責任がある。

雨の部屋

2015年11月1日、NPRの〈ウィークエンド・エディション〉は、母なる自然の大加速が引き起こす難題を、巧みに浮き彫りにする話題をとりあげた。ロサンゼルス郡美術館の〝雨の部屋〟と呼ばれる異色の展示についてだった。展示を制作したアーティストの1人、ハーンネス・コックはインタビューの際に、自分と仲間はアート、自然、テクノロジーの関係を探究したかったのだと述べた。

Artnet.com は2015年10月30日に、彼らが制作した〝雨の部屋〟を次のように描写している。暗くした広い一室で人工雨が降り、「明るいスポットライトが片隅を照らしている」。どこに立ってもセンサーによって雨がやむことを確認するために、入館者は部屋にはいるよう勧められる。あるいは記事にあるように、「嵐のような雨がつづいていても、科学とアートにまかせれば濡れることはないので、土砂降りのなかにはいってみてください」と頼まれる。「……一度に部屋にはいれるのは7人だけで、15分以上はいられない。入館者には不満が残るかもしれないが、それは彼らのためだった。人間を探知して雨がやむようにするセンサーは、濡れない場所を180センチ四方つくる。人が多すぎると、雨が降る部分がほんのわずかになる」

その文句が気に入った。人が多すぎると、雨の降る部分がほんのわずかになる。

多数の力の影響とは、そういうことだ。ムーアの法則とグローバリゼーションは、機械の力と、1人の力と、フローの力を大幅に拡大させた。だが、多くの手段の力を大幅に拡大してしまったために、人間は人類と地球の歴史はじまって以来の膨大な数になり、それがスーパーノバによって強化されて、自然の一大勢力になり、自然に対する強制関数になった。

現在の私たちの行動は、雨を降らせたり、降りやませたりする力をいっそう強めている。文字どおりそうなのだ。気候変動は、さらに極端な状態をもたらす——ある地域では豪雨になり、べつの地域では旱魃が長期化する。この力はいまだかつてなかったものなので、人々は意識をあらためるのに苦労する。「わかった」懐疑論者がいう。「気候が変動しているということは認めよう。しかし、人間が関係あるというのは信じられない」私たちは、自然には限界がないと考えるように刷り込まれている。長年のあいだ、自然には限界がないように見えたからだ。それに、人間はこれまでは割合少数で、割合弱い勢力だった。ほしいだけ使っても、自然を使い果たすことはありえないと思っていた。しかし、あいにくいまの私たちはかなり数が増えている。人間の数は増える一方だし、影響をあたえ、消費する量もそれにつれて増えている。

著名な世界的投資家のジェレミー・グランサムが、かつて述べたように、人間は「複利の結果に対処するのが、ものすごく下手だ」。――市場、母なる自然、ムーアの法則が、チェス盤の後半で同時に加速しつづけるときには甚大な影響があるのだが、それをなかなか認識できないということを、この表現も表わしている。

アダム・スウェイダンは、もっとあからさまないい方をしている。「私たちは、意図していない結果を招くことにそれ相応の懸念を抱かずに、テクノロジーの進歩の実りを刈り取ってきた」スウェイダンはブログで述べている。あらゆる生き物は「生態系のなかで、生態系として、生きている」。それがすべての生活と商業の基盤をなしている。「その基盤の質を悪化させれば、やがてはピラミッドの崩壊を引き起こす」プラネタリー・バウンダリーを意に介さずにいると、機械が私たちをそこへひっぱっていく。「現在のシステムは、暴走モードに陥っているように見受けられる」スウェイダンはなおもいう。「商品需要の増加によって、天然資源の採取に、一段と進歩したより侵略的なテクノロジーを使うようになる。それによって経済成長を維持しようとする。それが土地を濫用《らんよう》し、自然の生態系の質を悪化させるいっぽうで、不平等を増大させ、強制的な移住や社会不安を引き起こす」

さらに、「それがすさまじい速度で起きている」と、ロックストロームは、自著『小さな地球の大きな世界』に記している。「わずか2世代のあいだに、人類は私たちの世界を安定したかたちで支えつづける地球の能力を圧倒した。大きな惑星の小さな世界だったのが、小さな惑星の大きな世界になってしまった。いまの地球は、グローバル経済に環境ショックで対応している。これは大きな転換点だ」

私たちは、自然を〝人々から〟護るために、20世紀を費やしたと、ザ・ネイチャー・コンサーバンシーのリーダーの1人、グレン・プリケットはいう。「21世紀は、人々のために自然を護るのに費やさなければなりません」自然がなかったら、CO_2を吸収し、流域環境を維持する森林がなくなる。高潮から護ってくれるマングローブがなくなる。今後生まれてくる地球上のすべての人々を養う健康な海やサンゴ礁がなくなる。太陽光を反射して気温上昇を抑えている氷帽や氷河がなくなる。自然は人間を必要としていないが、人間にはぜったいに自然が必要なのだ――ことに狭い地球で世界が大きくなっているときには。その単純明快な事実を見過ごせば、人類は壊滅的な打撃を受けるかもしれない。

そういう終わり方をするとは限らない。完新世のドアは、私たちのうしろでぴたりと閉ざされたわけではない。あるいは、閉ざされたのだとしても、ロックストロームが私にいったように、「私たちのために――世界のために――人新世の地球の均衡」を保てる可能性はまだ残っている。恒久的な不均衡という危険な惨状に、取り返しのつかないかたちで陥らずにすむかもしれない。

しかし、確実にわかっているのは、いまがその瞬間、転換点であるということだ。私たちの選択がそれを決定的に形作り、確定する。加速の時代を味方につけるか、それとも恐ろしい敵にまわすかに、多くの物事がかかっている。スーパーノバは、私たちの破壊力と、防御して保護する力のどちらも強化する可能性がある。

私たちは、1人の力、機械の力、多数の力、フローの力を味方につけ、プラネタリー・バウンダリーの範囲で大きな余裕を生むツールにしなければならない。敵にまわしてはならない。しかし、そういうふうに利用するために私たちが団結するには、人類全体として一度も示したことがないようなレベルの意志、行動規範、集団行動が必要とされる。ソーラー・エネルギー、風力、電池、エネルギー効率の面で、毎日のように飛躍的進歩があり、数十億人が利用できるくらい安価で大規模なクリーン・エネルギーの実現が期待できる。ただしそれには、これらのテクノロジーが迅速に規模拡大して、損益分岐点が下がるように、炭素排出の価格を設定しなければならない。

環境保護主義者がしばしば指摘するように、私たちは、たとえばヒトラーの近隣諸国侵攻やパールハーバーや9・11といった地政学的激変の直後には、敏速に行動する。しかし、自分たちが共同でつくりだした脅威に対して行動するのは、人類史上これがはじめてだし、影響が完全に現われる前に、まだ生まれていない世代のために大規模に行動しなければならない——しかもそれを、プラネタリー・バウンダリーすべてが破られる前にやる必要がある。

いままさに、人類はその難問にぶつかっており、それはこの世代が解決すべき難問なのだ。私たちは第二次世界大戦後、ヨーロッパを復興できたし、ワールド・トレード・センタービルの跡地も再建し、1929年と2008年の大暴落後に経済を立て直した。だが、母なる自然のプラネタリー・バウンダリーを超えたら、再建できないものが数多く残される。グリーンランド氷床、アマゾンの熱帯雨林、グレート・バリア・リーフは、再建できない。サイ、コンゴウインコ、オランウータンもおなじだ。3Dプリンターでは、それらを生き返らせることはできない。

したがって、重なり合っているこれらの脅威が一気に悪化する前にこれと対決する唯一の方法は、正しい行動規範と積極的な意志を重ね合わせて共同で行動し、積極的な姿勢で、クリーン・エネルギー生産とより効率的な消費に関する研究と投資を強化することだ。せめてアメリカだけでも、炭素税を設置し、クリーンパワーとエネルギー節減への投資を強化する。また、女性の教育への取り組みを強化し、全世界で権利改善の倫理を徹底させる。倍加するような取り組みを、私たちが直面している難問それぞれに対処できるような規模で、これらの前線すべてに厚く配置しないと、勝ち目はまったくない——莫大な数の人々が、スーパーノバが強化したツールを持つようになったら、安定した惑星を維持できる見込みはゼロになる。

前にもいったし、息がある限り、これからもいいつづけるつもりだが、母なる自然のクッション、スペアタイヤ、奥の手、適応して回復するためのツールが使い果たされるか破られるかしたときには、私たちは〝出遅れた〟初の世代になる。この傾向を緩和するために、私たちがともに迅速に行動しなかったら、〝出遅れた〟どころか〝手遅れにした〟人類初の世代になる。

有名な海洋学者のシルビア・アールは、それを簡潔に述べている。「私たちがいますること、あるいは怠ることが、未来を左右するでしょう——私たち人類の未来だけではなく、地球上の全生命の未来を」

第3部

イノベーティング

第7章　とにかく速すぎる

私たちは加速の時代にはいっている。すべてのレベルで社会の基調をなしているモデルは、主に線形の変化を基本としているので、今後はそれを見直していく必要があるだろう。幾何級数的な成長には爆発的な力があるので、21世紀には、現在の成長率で2万年分の成長を遂げるだろう。組織はいよいよ迅速に自分たち自身を見直す必要がある。

――グーグルのエンジニアリング・ディレクター、レイ・カーツワイル

私のべつの車は無人です。

――シリコンバレーの車のバンパーステッカー

こうして加速の時代がどういうものであるかを明らかにしたわけだが、そこで2つの疑問が浮かぶ――素朴な疑問と知的な疑問が。物事がとにかく速すぎないか？　というのが

素朴な疑問だ。知的な疑問は、テクノロジーの力がこの変化を衝き動かしていて、その変化が減速する可能性が低いとしたら、私たちはどう順応すればよいのか？　というものだ。

最初の疑問に〝その通り〟と思うのは、あなた1人ではない。エリック・ブリニョルフソンとアンドリュー・マカフィーの共著『ザ・セカンド・マシン・エイジ』に、私が好きな話が載っている。オランダ人チェス・グランドマスターのヤン・ハイン・ドナーが、IBMのディープ・ブルーのようなコンピュータとチェスの試合をすることになったら、どういう準備をするかと質問された。

ドナーは答えた。「ハンマーを持っていく」

最近のソフトウェアとAIの進歩を叩き潰したいと夢想しているのは、ドナー1人ではない。それらの進歩はブルーカラーの仕事を奪うだけではなく、ホワイトカラーのスキルも乗っ取る――チェスのグランドマスターのスキルさえしのぐ。これまでも、創造的破壊のおかげで、雇用は増えたり減ったりをくりかえしてきた。馬に投票権があったら自動車は生まれなかったかもしれない。だが、いまは激変が起きるのがあまりにも速いように思える。テクノロジーの進歩が重なり合い、私たちをどんどん次のプラットフォームに運びあげて、影響を受ける労働市場がますますひろがっている。

私は63歳のジャーナリストとして、このプラットフォームの変化をくぐりぬけて生きているので、それを知っている。変化は速くなるいっぽうだ。孫ができて、そのうちの1人に、「おじいちゃん、タイプライターってなに?」ときかれる日が来るのを、いまから覚悟している。

テクノロジーの変化の速さを、私がじっさいにどう感じたかを示す話をしよう。多くの読者が共鳴するはずだ。

オックスフォード大学でアラビア語と現代中東研究で修士号を取得したあと、私はUPI通信社に就職した。1978年春のことで、フリート・ストリートにロンドン支局があった。そこで記事を書くのに、デスクトップの手動式タイプライターと、初期のワード・プロセッサーを使った。タイプライターを憶えていない若い読者のためにAbout.comの説明を引用すると、「タイプライターは小型の機械で、電動式と手動式があり、ローラーに挟んで挿入された紙に、タイプ・キーが一度に1つずつの文字を打ち出す」。ウィキペディアは、タイプライターは「1860年代に発明され、たちまち、個人的な手紙以外のあらゆるものを書くのに、欠くことのできない道具になった。著述を職業とする人間が事務所で使い、個人宅で仕事上の書簡を作成するのにも用いられた」としている。1980年代まではさかんに使われていたが、「ワード・プロセッサーとパーソナル・コンピュータが登場し……タイプライターは欧米では……ほとんどがそれらに取って代わられた」。

そのことをすこし考えてほしい。作家、企業、政府は、そもそも100年のあいだ、タイプライターというおなじ道具で書いていたのだ。これは3世代に相当する。テクノロジーの変化は、かつてはそれほどゆるやかだった——それでも産業革命前よりは、だいぶ速かった。もちろん当時は知る由もなかったが、私は産業革命の末期——タイプライターの時代が終焉する間際——に、ジャーナリストの仕事をはじめたことになる。そして、それはＩＴ革命の直前でもあった。

やがて、20世紀末が訪れると、進歩は雪崩《なだれ》を打っていよいよ速くなった。だが、産業革命末期に仕事をはじめた私は、まずタイプライターで速く文章を書けるようにしなければならなかった。そこで、１９７８年にＵＰＩ通信社に就職すると、ロンドンの夜間秘書学校へ行って、速記と両手でタイプするやり方を学んだ。クラスメイトのほとんどは、秘書志望の若い女性だった。

当時はまだ携帯電話もなかった。そのために、私はジャーナリストとしてはじめての重要な教訓を学んだ。ＵＰＩ通信社ロンドン支局に、最初の本格的なニュースの取材を命じられたときのことだ。競争相手に電話を切らずに待ってくれと頼んではいけないというのが、その教訓だった。

イランでイスラム革命が起きていた。ホメイニ師を支持する学生たちが、ロンドンでイラン大使館を乗っ取り、国王の外交官を追い出して、大使館本館に立てこもった。私はなんとか大使館内にはいり込み、学生革命家数人をインタビューした。どういう話を聞いたのかは憶えていないが、その内容に興奮して、手帳にメモし、支局に伝えようとして、大使館のそばの電話ボックスへ行った。昔ながらのイギリスの赤い電話ボックスだった。記事を電話で伝えるために、ベテランの新聞記者が6、7人ならんでいた。私は辛抱強く順番を待った。電話ボックスにはいると、もれなく伝えられるようにメモをめくりながら、大使館内で見たことや、学生たちから聞いたことを、興奮気味に編集者に話した。私が書き取ったことを聞いていた編集者が途中で、大使館の建物の詳細をきいたが、私は知らなかったので、「ちょっと待ってください。確認します」といった。

私は赤い電話ボックスのドアをあけて、うしろで順番を待っていた記者に、「悪いけど、ちょっと待っててくれませんか」と頼んだ。そして、編集者がきいた細かい点を確認するために、電話ボックスから駆け出した。

私が2歩と行かないうちに、その記者がするりと電話ボックスにはいり、受話器を乱暴にかけて電話を切り、自分の社の番号をダイヤルして、私に向かってけっして忘れられない2つの言葉をいった。「すまんな、あんた」

それ以来、競争相手に電話を切らないで待ってくれとは、二度と頼んでいない。

もちろん、携帯電話がどこにでもある時代に、記者がそういう教訓を学ぶことは——教えることも——ありえない。

1年後の1979年、UPIは私をナンバー2の通信員として、内戦中のベイルートに派遣した。当時の私のテクノロジー・プラットフォームは、次のようなものだった。デスクトップの大きな手動タイプライターで記事を書き、テレックスでロンドン支局に送った。若い読者のために《メリアム・ウェブスター大学生用英英辞典》の定義をつけくわえると、テレックスとは「テレタイプ端末を使い、自動交換機を通じて電信で通信するサービス」だ。私たちのそのころの手順では、まず白いタイプ用紙にダブルスペースでタイプした。一度に送れるのは3パラグラフだけで、テレックス・オペレーターにその原稿を渡すと、オペレーターがテレックス用紙テープにそれを打ち込んで、オフィスにあるガタガタと音をたてる巨大なテレックス機に挿入する。それが国際電話ケーブルを通じて、海の向こうへ送られる——私の記事の場合は、まずUPIロンドン支局に送られて、それからマンハッタンの《ニューヨーク・タイムズ》本社に送られる。

パラグラフの移動・消去・スペルチェックができないという条件下で、3パラグラフずつ記事を書くのは、結構厄介なものだ。一度ためしてみるといい。私の場合は、全体的な記事やニュース分析をまず最初から最後までタイプして、もう一度それをくりかえし、パラグラフが正しく、順序が適切だと納得すると、送り先に応じて3度目の記事を3パラグラフでタイプし、オペレーターに渡す。ベイルートのテレックス・システムは、内戦の境界線のすぐそばにあるレバノンPTT（郵便・電話・電信）を介していた。

1981年、私は《ニューヨーク・タイムズ》の仕事をはじめた。1年間、ニューヨークでビジネス担当記者をつとめ、1982年にまたベイルートに支局長として派遣された。

行くときに、ポータブル・タイプライターを持参した。それもよく憶えている。ドイツ製の〈アドラー〉で、ケースが白だった。アドラーのポータブル手動タイプライターは、当時の市販品としては最高で、たしか300ドルくらいだった。それを手に入れたときに、「これで私も本物の海外特派員になった!」と思ったのを憶えている。それほどそのタイプライターが自慢だった。字を印すときに押すキーの感触が、ほんとうにしっかりしていた。

そこで、私は本書を執筆するときに、実物がどんなだったか、記憶をあらたにしようとして、「アドラー・ポータブル・タイプライター」とググった。3つ目の項目が目に留まった。希少な最高品質の年代のアンティーク、クライン・アドラー・ポータブル・タイプライター、ドイツ製、イーベイに出品。

うわっ! 40年前に、駆け出しの記者として記事を書くのに使っていた道具が、いまでは〝希少な最高品質の年代のアンティーク〟になっている。まるで1878年の製品みたいだ。自分のタイプライターの写真をお見せしたいのはやまやまだが、なくなってしまった。1982年のイスラエル–パレスチナ戦争の最初の数日に、私のアパートメントのさまざまな品物といっしょに吹っ飛ばされた。私はブリス・ストリートのアパートメント・ビルの部屋を借りていたのだが、レバノン南部から来た難民の2集団が空き部屋の奪い合いで戦闘をはじめた。負けたほうの集団がビル全体を破壊し、私のホーム・オフィスにいた、運転手の妻と娘2人が死ぬという痛ましい事態になった。

1982年6月にイスラエルが侵攻したとき、私はレバノン南部にいて、その夏はずっとベイルートにいた。《ニューヨーク・タイムズ》との取り決めでは、アラファト議長率いるPLO（パレスチナ解放機構）の部隊が、船でベイルート港から出発するまで残ることになっており、停戦交渉の結果、それが1982年8月21日になった。6段抜きの見出し2つ「イスラエル侵攻」と「アラファト退去」を自分のスクラップブックの記念すべき記事にできると期待していた。そして、その日が来た。美しい朝で、私はABCニュースのピーター・ジェニングズとともに港に立って、一部始終を見ていた。トラックにぎっしりと乗ったパレスチナ・ゲリラが、空に向けてカラシニコフを撃ち、空薬莢《からやっきょう》が私たちのほうに降り注いだ。彼らはベイルートを出て、アルジェリアやチュニジアへ行くことになっていて、今後どうなるかは読めなかった。劇的で、胸を打つ、ものすごく生き生きとした光景だった。それが終わると、私はデスクがあるロイターのベイルート支局へ行って、ポータブル・タイプライターを出し、一度に3パラグラフの記事を書きはじめた――ひと夏の情熱とエネルギーを、その最終章に注ぎ込んだ。

記事を書き終えると、テレックス・オペレーターに渡した。オペレーターがテープに打ち込んだが、それがテレックスで《ニューヨーク・タイムズ》のニューヨーク本社に送られる前に、ベイルートと全世界との通信が絶ち切られた。当時はすべてがPTTの1台のケーブル交換機を介して送られていたが、なんらかの理由でそれが使用不能になった。私はテレックスの機械のそばで徹夜し、復旧して記事が送れるようになるのを待った。復旧しなかった。そうだよ、きみたち若者は知らないだろうが、当時はそういうことが起きる場合と場所があったんだ。電話もテレックスもない。携帯電話もない、インターネットもない。なにもない。そのときのテレックスの穿孔《せんこう》テープを、私はいまも靴の空き箱に入れて地下室に保存してある。翌朝の1982年8月22日、《ニューヨーク・タイムズ》はアラファト議長がベイルートを去ったことについて全段抜きの見出しの記事を載せた。筆者名の行には、「AP通信発」とあった。AP通信は私よりも数時間早く、PTTがメルトダウンする前に記事を送っていた。

1984年にベイルート駐在を終えるころには、デジタル革命が出現しはじめていて、《ニューヨーク・タイムズ》は私にテレラム・ポータバブルという代物を送ってきた。スーツケース大のワード・プロセッサーで、小さな画面と、てっぺんに受話器をはめ込む円い受け口が2つあった。タイムズ・スクエアにある《ニューヨーク・タイムズ》の第1世代コンピュータに、音響カプラを使用して電話回線で記事を送信することができた。私がベイルートの次に行ったのはエルサレムで、1984年から1988年までいた。そこでもテレラムを使い、最後の1年くらいは、大きなフロッピー・ディスクを差し込むIBMのデスクトップを使った。変化の速度が、すこし速まっていた。私のテクノロジー・プラットフォームは、急速に改善されていった。

エルサレム駐在の次はワシントンDC支局で、1989年から《ニューヨーク・タイムズ》の外交問題担当記者をつとめた。ベルリンの壁崩壊と冷戦終結の秋には、ジェームズ・A・ベイカー国務長官とともに前のほうの席で空の旅をした。そういう旅行のときには、〈タンディ〉ハンドヘルドコンピュータを使い、ファイルを長距離電話回線で送った。私たち記者は、世界中のホテルの部屋で電話機を分解して、〈タンディ〉に電話回線をじかにつなぐ専門家になった。記者の手帳とともに、どこへ行くにも小さなネジまわしを持っていかなければならなかった。

1992年にビル・クリントン新大統領が指揮するホワイトハウスの担当になったときには、私の知っている人間はだれもメールを使っていなかった。クリントン政権の2期目が終わるころには、私の知っている人間はみんなメールを使っていた。《ニューヨーク・タイムズ》の現場の記者としての私の最後の仕事は国際経済担当で、1993年から1994年末までつとめた。1995年1月にコラムニストの仕事をはじめた。その年の8月9日、ネットスケープというスタートアップ企業が株式を公開し、インターネット・ブラウザなるものを発売した。それによって、インターネット、メール、ワールド・ワイド・ウェブが、これまでとはまったく異なり、コンピュータの画面で生き生きと動きはじめた。ネットスケープの株式公開――初値は28ドルで、正午には74・75ドルに跳ね上がり、終値は58・25ドルだった――がITブームとバブルを引き起こした。

それ以降、私は次々と、デル、IBM、アップルのノートパソコンやデスクトップを買い替え、ウェブとの接続はどんどん速くなっていった。10年ほど前から、新聞配達事業は明らかに急速に縮小していたし、新聞そのものの廃刊も増え、広告がどんどんウェブに移った。新聞記事は携帯機器で読まれることが多くなった。記者はかつては《ニューヨーク・タイムズ》の紙版の記事を1本書けばよかったが、ウェブ版を最新の状態にするために、1日に何本も記事を書かなければならなくなった。そのほかに、ツイッターやフェイスブックの投稿に応じ、動画のナレーターもやらなければならない。まさにベイルートで通信社の特派員だったころを思い出す――ニュース速報を伝え、写真を送り、ラジオのスポット番組に出演する――一度にいくつもの仕事をあわただしくやらなければならないので、見出し1つ分の記事の締め切りしかない新聞記者になりたいと思った。いまの新聞記者は、通信社の記者とおなじで、毎秒毎秒が締め切りだ。

自分が所属する産業、自分のツール、他のホワイトカラー労働者のツールが、スーパーノバのおかげで年々歳々これまでになく速く変化しているのを、私は目にしてきた。2013年5月、私はロンドンのヒースロー空港で入国管理の列にならび、パスポートに入国のスタンプを捺《お》してもらうのを待っていた。すると、列の前の男がふりむいて、一読者だといい、うちとけた会話になった。お仕事はなんですかと、わたしはたずねた。男はジョン・ロードと名乗り、ソフトウェア・ビジネスに携わっていますと答えた。
「どういうソフトウェアですか？」わたしはきいた。会社の目標は、「弁護士を時代遅れにする」ことだと、彼が答えた。個人が弁護士の助けなしで法的なことをもっとやれるようにするソフトウェアを創り出せば、それが可能になる。「アメリカ人の40％強は、弁護士が必要なときに雇うお金がない」――遺言書や基本的な法律文書の提出、家の差し押さえ、家庭内暴力、子供の保護といった人生の重要な事案を行なうときのことだ。そういった際に、助言や司法をもっと手軽に利用できるようにすることが、ニーオタ・ロジックという彼の会社の目標だという。

ニーオタ・ロジックは、〝エキスパート・システム〟と呼ばれる新種のソフトウェアの一部だった。クライアントが抱える問題を特定するという、これまで弁護士が担ってきた仕事をソフトウェアにやらせるのが目的だ。法律家版〈ターボタックス〉（税務申告用のソフトウェア）を思い浮かべるといい。同社のウェブサイトには、あるコメンテーターの批判が載っている。ニーオタ・ロジックのテクノロジーは「行間が読めない……［あるいは］手を握ったり、涙を拭ったりすることができない」というのだ。それに同社はこう応じている。「できるようになったときには、大々的な発表があるでしょうね」ロードはその後、私に説明した。「法廷で闘う弁護士は格別尊敬していますし、彼らや陪審員に代わるアルゴリズムが登場するまで、長い年月がかかるといいと思っています」残念なことに、「むろんそれが現われる可能性はなきにしもあらずですが、いまのところニーオタの使命ではありません」。

娘たちが弁護士を目指していないことに、私はほっとした。

しかし、衝撃的なことは次々と起きた――何度もくりかえし。そんなものを見るとは夢にも思っていなかったようなことを、目の当たりにして、スーパーノバは私たちの世界を完全にひっくりかえしたのだと実感した。2015年初頭、私は運転手のいない車のリアシートに乗り、カメラ付き携帯電話で取材していた！グーグルの研究開発機関、Xを訪問し、運転手のいないSUV、レクサスRX450hに乗せてもらったのだ。前の席にはXのスタッフが2人座っていた。助手席にいたのは膝にノートパソコンを置いたグーグルの女性エンジニアだった。もう1人、運転席にスタッフが座っていたが、ハンドルは握っていなかった。彼は主に、信号でとまったときに、となりの車の運転手に、ちゃんと人間が運転していると思わせて安心させるために、そこに乗っていたのだ――じっさいは運転していないのに！

私たちは出発し、カリフォルニア州マウンテンビューの近隣の住宅地や商業地域を走っていった。車が自動運転する――というより、ソフトウェアが運転する――ルートは、あらかじめプログラミングされていた。完全な〝自律モード〟だった。車がおだやかにすべての交差点を通り、完璧な左折をして、歩行者が通るのを待ち、自転車を慎重に追い越すのを5分眺めていると、自分が一線を越えたことに気づいた――予想もしていなかったことだが、自分か運転手が車を走らせているよりも、ソフトウェアに運転してもらうほうが安全だと思えた。

それには妥当な理由がある。Xのウェブサイトは、典型的なアメリカの道路で毎日数千件の小さな事故が起きていることを報告している。その94%が人間の過失で、55%は通報されていない。いっぽう、自律的に運転するグーグルの車53台は、2016年までに合計225万キロメートル走り、17件の衝突事故に関わったが、車の側に過失はなく、死者も出ていない。ただ、衝突を未然に防ぐために、人間が介入しなければならなかったことが十数回あったと、グーグルは認めている（残念なことに、2016年2月14日、グーグルの自動運転車が道路の砂嚢《さのう》をよけようとして、時速3キロメートルで走っていたときに、バスと接触した。6年間の運転歴としては、かなり優秀だ）。

そんなわけで、私は助手席のエンジニアに、自律運転の車に乗っているとかなり安心できると、正直にいった。エンジニアが、車のすべての動きを追っているノートパソコンから静かに顔をあげてふりむき、私の記者生活で一度も聞いたことがないようなことを口にした。

「フリードマンさん」彼女はいった。「この車にはすべての方向が見えているんです。そもそも事故の大部分は、運転者が不注意だったために起きる追突事故です」

すべての方向が見えている！　私はその言葉を記者手帳に書き留めた。

Xの本部に戻ると、グーグルの共同創業者セルゲイ・ブリンが、私の案内を引き継いだ。2人乗りの自律運転の試作車を見せてもらった。名前はまだないが、車輪をつけた大きな卵のようで、山の斜面を上ってゆくスキーのリフトを思わせた。2人分の座席があるだけで、ダッシュボードはなく、ハンドルもなかった――なにもない。しかし、自動運転車なのだ。

「どこかへ行くときには、どう指示するのですか？」私はブリンにきいた。

「携帯電話でプログラミングするだけです」世界一わかりきったことだというような口調で、ブリンが答えた。

当然だ。どうしてそれを思いつかなかったのだろう！　優秀な記者として写真を撮るのに使う携帯電話が、私の次の車のキーも兼ねる。それも悪くない。そのとき突然、組織コンサルタントのウォーレン・ベニスの有名な言葉の意味がわかった。ベニスはこういったのだ。「未来の工場で働いているのは、1人の人間と1匹の犬だけだ。人間は犬に餌をやるためにいる。犬は人間が機械に触らないように見張るためにいる」

そこで、そのジョークに笑うのをやめた。深刻な事態になりかけているし、身につまされる話なのだ。

2015年3月7日付の《ニューヨーク・タイムズ》は、〝人間とコンピュータのどちらが書いたでしょうか？〟というニュース記事兼クイズを載せた。「私たちが読んでいるもののうち驚くほど多くが、人間ではなくコンピュータのアルゴリズムによって書かれています。違いがわかりますか？　クイズをやってみてください」

1「アメリカ地質調査所によれば、カリフォルニア州ウェストウッドから8キロメートルの地点で、月曜日の朝に震源の浅いマグニチュード4・7の地震が観測された。地震が起きた時刻は太平洋標準時で午前6時25分、震源の深さは8キロメートル」

□人間
□コンピュータ

2「アップル社の2014年のホリデーシーズン商戦の業績は、記録破りだった。売上746億ドル、利益180億ドルにのぼった。史上どの会社も達成したことがない利益額だった」

□人間
□コンピュータ

3「夢のなかで、あなたの淡い面影を見る
夢のなかの面影が、まどろみの朝を目覚めさせる

私の恋人が真昼に見せる影が
おぞましい夜に、夢の色褪せた形を添える」
□人間
□コンピュータ

4
「ハミルトンAフォルチーニのホームゲームでベナーが好調。3打数2安打、打点1、得点1。3回にシングルヒット、5回に二塁打」
□人間
□コンピュータ

5
「キティは長いあいだ眠れなかった。神経がきつく張った糸のように緊張していて、ウロンスキーが飲ませたホットワインも効き目がなかった。ベッドに横たわり、草地でのあの恐ろしい場面を何度もくりかえし思い返した」
□人間
□コンピュータ

6
「火曜日はW・ロバーツにとってすばらしい1日だった。1年生の投手ロバーツは、ダベンポート球場でジョージ・ワシントン大学を2対0の完全試合で押さえ、バージニア大学に勝利をもたらした」

□人間

□コンピュータ

7

「私はアメリカ車のバンの柔らかいシートに横向きに寝かされ、数人の若い男に無理強いされたウォッカをおとなしく飲んだ。ロシア人だから、それを拒むことなどできない」

□人間

□コンピュータ

8

「ほんとうは、あなたに詩を贈りたい
1日に10億もの詩をつくりたい
だから私がじっくり噛み砕くための新しい考えをタイプしてほしい
私はずっと待っているから、行ってしまわないでほしい」

□人間

□コンピュータ

☑正解　1コンピュータ・アルゴリズム、2人間、3コンピュータ作詩アプリ、4コンピュータ・アルゴリズム、5コンピュータ・アルゴリズム、6コンピュータ・アルゴリズム、7人間、8コンピュータ作詩アプリ

きょうの詩人は、あすのコラムニストか……。

２０１６年４月、前述のように私はニジェールに行った。サハラ砂漠にある北部のアガデスでは、同国の環境大臣アダモウ・チャイフォウとともに、旅をする経済移民の群れを観察した。近隣諸国からの移民たちは、ニジェールを通ってリビアを目指し、多くがヨーロッパへ行くことを願っていた。２０１６年４月13日、私はチャイフォウの言葉を引用する記事を現地で書いた。アメリカ東部標準時で午前３時20分、ニジェールの現地時間で午前８時20分に、NYTimes.com に記事が掲載された。私はその午後に出国の予定で、午後１時ごろに空港に到着した。チャイフォウが見送りに来てくれたので、記事のことを知らせる最初の人間になるつもりでいった。「きょうの《ニューヨーク・タイムズ》のコラムに、あなたの言葉を引用しました。ウェブ版の NYTimes.com に載っています」

「知っています」チャイフォウが答えた。「子供たちが中国の学校で学んでいて、もう私に送ってくれました！」ニジェールの大臣の子供たちが遠い中国の大学で学んでいて、私がニジェールから送ったコラムを、ベセズダにいる私の妻が目を覚まして読む前に、大臣

に送ってきたというのだ。

そして最後に、本書の執筆作業もあった。調査に2年半かけたあいだ、自分が書いているのが最新情報になるように、主なテクノロジー関係者すべてに2度か3度インタビューしなければならなかった。前に著者としてそういう経験をしたことは、一度もなかった――網を持って蝶を追いかけ、蝶がひらひらと届かないところへ逃げるたびに、捕まえようとしてしじゅう移動しているような感じだった。

これでわかってもらえたと思う。最初は手動タイプライターで一度に3パラグラフの記事を書いていたのに、わずか40年のあいだに、それが大きく変わった。いまでは自動運転車に乗って、携帯電話でそれを記録し、アルゴリズムで書かれた詩を読み、ニジェールからワイヤレスで記事を送り、翌朝には中国でそれが読まれて、メールでニジェールの大臣に送られる――私が大臣に、引用したと教える前に。テクノロジーの変化についての本を書いていると、しじゅうテクノロジーの変化に追いつかれる。

いまハンマーが必要なのは、私ではないか?

ギャップを意識する

それを想像しないわけではないが、答えはノーだ。このあらたな速度の変化を学び、順応するほかに、手立てはない。厳しいし、さらにセルフ・モチベーションが必要かもしれい――そして、その現実が世界中、ことにアメリカとヨーロッパで政治をかき乱している。私たちがグラフで示した数々の加速は、たしかに、テクノロジーの変化、グローバリゼーション、環境ストレスが進むペースと、人々や政府のシステムがそれらに順応し管理する能力のあいだに、大きなギャップを生んだ。制御を失ったと感じている人々は多く、道案内と納得のいく説明を必死で求めている。

無理もない。多くの物事が一度に加速しているときには、急流でカヤックに乗り、どんどん速くなる流れに運ばれているような心地がするものだ。そういう状況では、本能的なことをやりたいという誘惑に抵抗するのが難しくなる――だが、水にパドルを突っ込んで速度を落とそうとするのは、大きな間違いだ。

それではうまくいかないと、カナダ・フリースタイル・ホワイトウォーター・カヤック・チームの元メンバーで、オリンピックの銅メダリストのアナ・レベックは説明する。レベックは、国際競技選手、インストラクター、ガイドとして15年以上の経験がある。すさまじい速さで流れる川でカヤックを制御するやり方について、彼女はブログに単純な戦略を載せている。加速の時代を乗り切るには、それを意識しておいたほうがいい。

ブログの記事には、「〝パドルを水に入れたままにしなさい〟という助言が初心者にとってよくない理由」という題がついている。

〝パドルを水に入れたままにしなさい〟という言葉のほんとうの意味をじっくり考えたことがありますか？　考えたことがあるのなら、急流でパドルを漕ぐ初心者に、そうは勧めないはずです。善意でこの助言をあたえる選手や教官の本来の意図は、〝急流を乗り切るときには、安定を維持するためにパドルを動かしつづけなさい〟というものです。でも、〝パドルを水に入れたままにしなさい〟といわれた初心者は、パドルを舵にするのだと誤解し、パドルを艇尾のそばで水に入れて抵抗を発生させ、それで舵をとろうとします。これはきわめてまずい体勢です……

急流で安定を高めるには、急流とおなじ速さか、あるいはもっと速く進むことが重要です。パドルを水に入れて抵抗を発生させたり、舵に使ったりすると、そのたびに、勢いが失われ、転覆の危険が増します。

現在の統治にも、おなじことがいえる。テクノロジー、グローバリゼーション、環境の変化の速度よりも速く進むようにパドルを漕ぐのが、乗り切る唯一の方策だ。繁栄するには、動的安定――アストロ・テラーがいう自転車に乗るコツ――を維持するしかない。だが、政治や社会ではなにが、急流でできるだけ速くパドルを漕ぐことや動的安定に相当するのだろう？

テクノロジー以外のあらゆる物事でのイノベーションがそれに相当する。その社会の職場、政治、地政学、倫理、コミュニティを捉え直し、再設計する――暮らしを作り変えているこれらの加速に遅れることなく、急流を乗り切るあいだもっと安定が得られるように、より多くの市民がいろいろなかたちでもっと頻繁に参加できるようなやり方で、それをやらなければならない。

仕事場のイノベーションが必要とされる――人間のなにが機械よりも優秀なのか、機械とともにどんな優秀な仕事ができるのかを正確に見極め、そういう役割を果たす人間の訓練をひろめなければならない。地政学的なイノベーションが必要とされる――1人の力、機械の力、フローの力、多数の力が、弱い国を破壊し、破壊者に絶大な力をあたえ、強国を圧迫している世界を、共同で管理する方法を編み出さなければならない。政治のイノベーションが必要とされる――産業革命、ニューディール、冷戦に応じて生まれたのが、伝統的な右翼と左翼という政党プラットフォームだったが、テクノロジー、社会、環境の大加速が進む時代に必要とされる社会のレジリエンスをそなえるために、そのプラットフォームを調整しなければならない。倫理のイノベーションも必要とされる――1人の力と機械の力が増幅されて、人類がまるで神のようになっているなかで、持続可能な価値観をどうやって普及させるかを、再考しなければならない。そして最後に、社会のイノベーションも必要とされる――あらたな社会契約、生涯学習の機会、民間と公共のパートナーシップの拡大、多様な人口の安定と促進、健全なコミュニティの樹立を学ばなければならない。

この難問について思索している人物で私のお気に入りは、オックスフォード大学の新経済思想研究所のエグゼクティブ・ディレクターで、『*The Origin of Wealth: The Radical Remaking of Economics and What It Means for Business and Society*（富の源泉――経済の根本的作り直しと、それがビジネスと社会にとって意味するもの）』の著者エリック・ベインホッカーだ。あるインタビューでベインホッカーは、私たちの眼前の難問を簡潔に要約している。〝物理的テクノロジー〟――石器、馬に輓《ひ》かせる犂《すき》、マイクロチップ――の進化と〝社会的テクノロジー〟――貨幣、法の支配、規制、ヘンリー・フォードの工場、国連――を区別するところから、論を起こしている。

社会的テクノロジーは、私たちが協力によって利益を得るために組織をまとめる手法であり、ゼロサム・ゲームではありません。物理的テクノロジーと社会的テクノロジーは共進化します。物理的テクノロジーのイノベーションは、あらたな社会的テクノロジーを可能にします。たとえば、化石燃料テクノロジーは大量生産を可能にしました。スマホはシェアリング・エコノミーを可能にしました。その逆も成り立ちます。社会的テクノロジーは、あらたな物理的テクノロジーを可能にします。スティーブ・ジョブズはグローバルなサプライチェーンなしには、スマホを作れなかったでしょう。

しかし、この2つのかたちのテクノロジーには、1つの大きな違いがあると、ベインホッカーはつけくわえている。

物理的テクノロジーは、科学の速度で進化します――高速で、幾何級数的に加速します。いっぽう、社会的テクノロジーは、人間が変われる範囲内の速度で進化するので、ずっと遅いのです。物理的テクノロジーの変化は、驚異的な新しいもの、新しいガジェット、より優れた薬品を創り出します。社会的テクノロジーの変化は、しばしば巨大な社会のストレスや騒乱を生み出します。アラブの春運動で、部族主義的な独裁から法の支配へ移行しようとした国々がそうでした。また、私たちの物理的テクノロジーは、それを管理する私たちの社会的テクノロジーの能力が及ばないくらい、先へ進んでいます。核の拡散、バイオ・テロリズム、サイバー犯罪といったことが、いま現在、私たちの周囲で起きています。ムーアの法則が打ち勝ち、私たちの物理的テクノロジーは、減速しないでしょう。だから私たちは、社会的テクノロジーがそれを追いかける競争の渦中にあります。個人の心理、組織、機構、社会の仕組みをもっと深く理解して、社会的テクノロジーの順応と進化を加速させる方法を見つけなければなりません。

それは長くつづく難題になるだろう。

すべての社会、すべてのコミュニティは、社会的テクノロジーを再考して作り直す速度を倍加しなければならない。なぜなら、私たちの物理的テクノロジーが近いうちに減速する見込みは薄いからだ。政府の要職を歴任したリントン・ウェルズが、２０１４年11月１日に〝徹底した受け入れを通して、よりよい結果を出す〟と題した小論で、大ざっぱではあるがそれを説明している。

ユニットコスト当たりのコンピュータの演算能力は、約18カ月ごとに倍増する。つまり、1年半で能力が100％強化され、5年では900％以上、10年では1万％以上強化される。……しかも、変化は情報の領域にとどまらない。バイオテクノロジーは、情報やロボットよりも変化が速いし、自律運転システムは普及しはじめている。ナノテクノロジーは新素材やエネルギー貯蔵など商業的に利用できる分野に影響をあたえている。エネルギーそのものも根本的に変わりつつあり、社会全体に影響をあたえている。これら5つの分野――バイオ、ロボ、インフォ、ナノ、エネルギー（BRINEと略される）――が重なって、テクノロジー変化の速度が、法、倫理、政策、運用、戦略に、企業も個人も独力では取り組めないようなチャンスとリスクをもたらしている。

これはとてつもない規模の社会の作り直しという難問だ。

アメリカは50州と数千の地方に権限が分散されているので、統治に関して多種多様な実験を行なうことができ、社会の作り直しには理想的だ。しかし、2007年にあらゆる加速するテクノロジーが一式生まれた直後——2008年——に、アメリカは深刻な景気後退に陥り、政府の機能不全が引き起こされた。その結果、物理的テクノロジーの多くが驀進するいっぽうで、社会的テクノロジー——加速に追いついてそこから大きな利益を得るのに必要な学習、統治、規制システム——が失速した。前述のように、すべての人々の足もとで地面が前よりも速く動きはじめたのに、人々が調整して順応するのを手助けする統治システムが、ほとんど凍りついたままだった。また、実情を人々に説明できる政治指導者が、ほとんどいなかった。

この政策の空白によって、アメリカや全世界の市民が、海で漂流しているような心地を味わい、極左か極右の候補者を多数が支持する結果になった。現在では、ブレーキをかけ、変化の力をハンマーで打ち砕くような人間を——あるいは不安を解消する単純な答えを聞かせてくれる人間を——多くの人々が望んでいるように見受けられる。

その不安な空隙を想像力とイノベーションで埋める努力を倍加する時期が来ている。脅し戦術や子供だましの単純な解決策では、うまくいかない。このことに関して、じゅうぶんな対策を知っているふりをするつもりはない。だが、本書の次の部分で、適応のための最善策を示すつもりだ。5つの重要な分野——職場、地政学、政治、倫理、コミュニティ作り——において、この加速の時代に、人々がもっと安心感とレジリエンスを持ち、躍進するのに必要な発想だ。急流にパドルを突っ込んで減速しようとすることだけは避けたい。それをやったら、カヤックも国も不安定になる。

第8章　AIをIAに変える

1つだけはっきりさせておこう。ロボットが雇用をすべて奪うことにはならない。そうなるのは、私たちが手をこまぬいていた場合――労働、教育、スタートアップの分野でのイノベーションを加速しなかったとき――だけだ。初等教育、仕事、生涯学習のコンベアベルトすべてを、考え直さなければならない。

しかし、まずは仕事についての率直な話からはじめる必要がある――そもそもアメリカでは、この問題についての率直な話は長年なされていなかった。1990年代初頭、ビル・クリントン大統領とその後継者たちは、アメリカ国民に、おなじ古い話をくりかえしていた。〝一所懸命働いて、ルールを守れば〟、アメリカのシステムが人並みのミドルクラスに引きあげてくれるし、子供たちはもっといい暮らしができる、と。一時期はそれが事実だった。職場へ行き、並みの人間として、きちんと仕事をして、ルールを守れば、万事がうまくいった……。

もう、それらすべてとはお別れだ。

完新世──自然界のすべてが見事なバランスを維持していたエデンの園時代──の気候と別れを告げたのとおなじように、私たちは完新世の仕事とも別れを告げようとしている。第二次世界大戦後のこの〝輝かしい〟数十年間、市場と母なる自然とムーアの法則がすべてチェス盤の後半に達するまでは、高校や4年制大学を卒業した平均的な労働者として、組合に属していてもいなくても、人並みの暮らしを営むことができた。ただふつうに週に5日間出勤し、1日に平均8時間働けば、家が持てて、平均2・0人の子供をつくり、ときどきディズニー・ワールドへ行き、のんびりと引退生活を送る資金を貯めることができた。

平均的な労働者にとって、多くの物事が有利に働いていた。ヨーロッパやアジアの国々の多くで産業基盤が第二次世界大戦によって破壊され、工業中心の世界経済をアメリカは支配していた。したがって、その後何年ものあいだ、製造業では莫大な数の雇用が生み出された。アウトソーシングには限りがあったし、中国はまだWTOに加盟していなかったので（加盟は2001年12月）、中国の労働力は高賃金のブルーカラーの仕事をあまり脅かしていなかった。グローバリゼーションの影響も比較的穏やかで、イノベーションは遅く、他業種への参入障壁は高かった。組合の力は強く、会社側と交渉して、賃金や手当を着実にあげさせていた。企業は社内で労働者を教育する余裕があり、労働者はあまり移動せず、したがって習熟して辞めることもすくなかった。変化の速度が遅かったので、高校や大学で学んだことが現実に即していて、長いあいだ通用した。スキルの格差が、まださほどひろがっていなかった。機械、ロボット、さらに重要なソフトウェアが、複雑性を簡単に安価で消せるほど進歩していなかった――したがって、製造業やサービス業の組合の交渉力を損ねることもなかった。

こういった要素すべてが好結果をもたらし、この労働完新世の労働者の多くが、〝高給で中スキルの仕事〟と呼ばれるものを満喫していたと、カレッジボード（大学進学をサポートする教育NPO）のグローバル政策&支援部長のステファニー・サンフォードはいう。

私たちは、それらすべてとも別れを告げなければならない。

高給で中スキルの仕事は、フィルム大手のコダックとともに消滅した。加速の時代、もうそういう動物は動物園にはいなくなっている。高給で高スキルの仕事はいまもある。中程度の賃金で中スキルの仕事もある。だが、高給で中スキルの仕事はもはや存在しない。並みという概念は、正式に終わりを告げた。私が大学を卒業したときには、仕事を見つけなければならなかった。私の娘たちは、仕事を創り出さなければならない。私は大学で生活のためのスキルを身につけ、その後の生涯学習は趣味だった。娘たちは最初の仕事を得るスキルを身につけるために大学へ行き、生涯学習はその後のあらゆる仕事で必要になる。現在のアメリカン・ドリームは、動かない目標ではなく、移動しつづける旅のようだ――しかも、ますます下りのエスカレーターを昇るようなものになっている。できないことはない。みんな子供のころにはやった。しかし、エスカレーターの速度よりも速く昇らなければならない。つまり、たえず自分を作り直し、なんらかのかたちの高等教育を受け、生涯学習に邁進し、新しいルールに従い、なおかつ新しいルールを作り直して、いっそう努力しなければならない。そうすれば、ミドルクラスにいられる。

バンパーステッカーの標語として、あまり見栄えがしないのはわかっている。それに、楽しくない。古い世界のほうが好きだ。しかし、人々を誤った方向に導くようなことはいえない。現在の仕事場でうまくやるには、リンクトインの共同創業者リード・ホフマンがいうように、「自分のなかのスタートアップに投資する」ことが重要なのだ。アメリカの政治家は、だれもそんなことはいわないだろうが、すべてのボスはいうはずだ。ただ出勤するだけではだめだ。成功するための計画がなければならない。

加速の時代の他の物事とおなじように、仕事を確保して維持するには、動的安定が必要とされる——自転車のペダルを（あるいはカヤックのパドルを）たえず漕ぎつづけなければならない。Codecademy（コードカデミィ）（プログラミング無料学習のオンライン・プラットフォーム）創設者のザック・シムズはいう。現在では、ただルーティンの課題をやるのではなく、「知識をどんどん増やし、知っていることをより頻繁に情報更新し、それによって、より創造的なことをしなければなりません。その循環の輪が、現在では仕事や学習の範囲を確定します。だからこそ、いまはセルフ・モチベーションが非常に重要なのです」。高校や大学を卒業し、親の家を離れてから長い年月を経て、学校の教室のような厳しい規律がない環境で、こういった大量の学習をこなさなければならないからだ。「オンデマンドの世界は、あらゆる人間にオンデマンドの学習を求めます。世界中のだれもが携帯電話やタブレットを使ってアクセスできれば、学習の定義が完全に書き換えられるのです」とシムズはいう。コードカデミィのプラットフォームは、コンピュータ・コードの書き方を学ぶやさしい方法を提供している。「地下鉄に乗って、だれかが［ビデオゲームの］〈キャンディ・クラッシュ〉をやっているのを見ると、自分の教養を高める時間を5分も無駄にしていると思います」

1990年代半ばにインターネットが登場してから10年以上ものあいだ、〝デジタル・デバイド〟が不満の種になっていた。ニューヨーク市にはインターネットがあったが、ニューヨーク州北部にはなかった。アメリカにはあったが、メキシコにはなかった。南アフリカ共和国にはあったが、ニジェールにはなかった。なにが学べるか、どこでどうやってビジネスをやるか、だれと共同作業を行なうかが、それによって限定されたので、重大な問題だった。その後の10年で、デジタル・デバイドはおおむね解消された。そうなったときのもっとも重大な格差《デバイド》は、「モチベーション・デバイド」だと、未来研究所のマリーナ・ゴービス所長はいう。未来は、スーパーノバが生み出す無料もしくは安価なツールとフローを、セルフ・モチベーションによってすべて利用する人間のものだ。

第二次世界大戦後の50年間、世界に計器盤があったとすると、その針は右から左に動くように設定されていて、ソ連に近づくほど針が左端に近づいた。針の先には、こう書かれていた。「あなたは給付金が明確に示されている世界に生きている。毎日仕事をして、姿を見せ、並みであれば、給付金が得られる」スーパーノバの登場によって、針が急激に右に動き、現在の針の先には、こう書かれている。「あなたは貢献度が明確に示されている世界に生きている。給料や給付金は、あなたの正確な貢献度に直結しているし、ビッグデータによって、貢献度を正確に測ることがますます容易になっている」いまは確定給付ではなく確定拠出の世界なのだ。第二次世界大戦のポスターの文句をもじるなら、アンクル・サムはきみ——のさらなる努力——が必要だ。

2016年5月20日、GEのジェフ・イメルトCEOは、ニューヨーク大学スターン経営大学院の学位授与式の祝辞で、それをはっきりとこう告げた。「企業と人々にとって、テクノロジーは競争で求められる物事のハードルを高くしました」経営の泰斗ジョン・ヘーゲルは、さらにあからさまに表現している。「パフォーマンスに対するプレッシャーが高まっている——個人にも組織にも。コネクティビティによって参入と移動の障壁がかなり低くなり、加速する変化や極端な破壊的事件の増加などすべてが、私たちの機構への圧力をかなり強めている。……個人レベルについて私が取りあげる例は、かつてこのシリコンバレーにあった幹線道路脇の広告掲示板だ。そこには単純な質問が書かれていた。〝あなたの仕事ができる人間が世界中に100万人いるとわかったら、どんな気分ですか?〟

1000人なのか、それとも100万人なのかは、議論の余地があるかもしれないが、20〜30年前にはひどく馬鹿げた質問だった。気にするようなことではなかった――自分はここにいたし、彼らはどこかべつの場所にいたからだ。いまはかなり深刻な疑問になっているし、こうつけくわえてもいい。"あなたの仕事ができるロボットが100万体いるとわかったら、どんな気分ですか?" 私たちはみんな、個人レベルでもパフォーマンスに対するプレッシャーが高まっているのを感じている」

あらたな社会的接触

しかし、全員がついていけるものだろうか?

それが私たちの時代のもっとも重要な社会経済的疑問だ――何事よりも重要かもしれない。次のような考え方がある。すべての大規模な経済変化で、「新しい資産階級が、生産性成長、富の創出、ビジネスチャンスの主な基盤になる」。元オバマ大統領の経済顧問で、100万人以上のアメリカ国民が今後10年のあいだに"可能な限り働き、学び、稼ぐ"ことを可能にするのを目的とするソーシャル・ベンチャー、Opportunity@Work(オポチュニティ・アット・ワーク)を共同で立ちあげたバイロン・オーガストは、そう唱えている。「農業経済では、土地が資産でした」オーガストはいう。「工業経済では、物的資本が資産でした。サービス経済では、方法、デザイン、ソフトウェア、特許のような無形のものが資産でした」

「現在の知識・人間経済では、人的資本——才能、スキル、ノウハウ、共感、創造力——が資産になるでしょう」オーガストはつけくわえる。「こういった過小評価されている莫大な人的な資産が、まだ掘り起こされていません——私たちの教育機構と労働市場は、それに対応する必要があります」幸運な少数の人間だけが資産やビジネスチャンスを手に入れられるような成長モデルは、なんとしても避ける必要がある。政治的に持続可能な社会を支えるのに必要な、富の大規模な再配分が求められる。

「私たちは人的資本への投資を基本とする成長モデルに集中する必要があります」とオーガストは主張する。「それが活力のある経済と排他的ではない社会を生み出す可能性があります。才能や人的資本は、ビジネスチャンスや金融資本よりもずっと平等に配分されているからです」

では、どこから手をつければよいのか。オーガストによれば、加速の時代には3つの社会契約を考え直さなければならない、というのが簡潔な答えだ——すなわち、労働者と雇用主、学生と教育機関、市民と政府の社会契約を考え直す必要がある。自分の才能の潜在力をすべて実現し、人的資本が万民の奪うことのできない資産になるような環境を創出するには、それが唯一の方法だ。

銀行の出納係をもっと雇おう

この新しい社会契約一式に必要な構成要素を理解するには、まず、労働市場でじっさいになにが起きているかをはっきりと把握して、なにを改善しなければならないかを知る必要がある。

それに関して、私は経済学者のジェームズ・ベッセンのすばらしい研究に頼ることにする。ボストン大学法科大学院の講師で研究者のベッセンには、『*Learning by Doing: The Real Connection Between Innovation, Wages and Wealth*（実践しながら学ぶ――イノベーション、賃金、富のほんとうの関係）』という著書がある。この問題にまつわる間違った通念や誤解は、かなり多い。

ベッセンは、私たちが集中して取り組まなければならない重要な課題は、雇用自体ではなくスキルの問題だと主張している。作業の自動化と、１つの職種の完全な自動化には大きな違いがあると、ベッセンはいう。後者は人間がまったく不要になる。たしかに、産業そのものが消滅したために完全に消滅する職種もある。アメリカでも他の国でも、馬車用の鞭《バギーホイップ》（この言葉そのものに「時代遅れ」の意味がある）を製造して暮らしを立てている人間は、１人もいないだろう。自動車が馬に取って代わってからは、仕事として成り立たなくなったからだ。それでも、ある職種の98％の自動化と１００％の自動化では、大きな差がある。なぜか？　19世紀に織布に関わる労働の98%が自動化された。人間の労働は100%から2%に低下した。

「そしてなにが起きたか？」ベッセンは問いかける。「織工の雇用は増加した」

なぜか？「人間がやっていた仕事の大部分が自動化されると、生産性が大きく向上する」そうなったときには、「価格が下がり、製品への需要が増える」。19世紀初頭には多くの人々が服を1着しか持っておらず、それらはすべて手縫いだった。19世紀末には、たいがい数着持っていて、窓にはカーテンがかかり、床には絨毯が敷いてあり、家具は布張りだった。つまり、織布の自動化が進むと、価格が下がり、「人々が布の使い道がもっとあることに気づいた。そのために、需要が爆発的に増え、機械が労働に取って代わった分を埋め合わせた」。

ベッセンは政府のデータを用いて、1980年から2013年までに317種類の職業にコンピュータ、ソフトウェア、自動化があたえた影響を研究し、「コンピュータの使用を増やした職種のほうが、雇用増加が明らかに速かった」と結論を下した。1990年代に大規模に使用されるようになり、いまではどこにでもあるATMを例に、ベッセンは説明している。ATMは銀行の出納係に取って代わるだろうと、だれもが思い込んでいた。しかし、そうはならなかった。

ATMはテクノロジーが労働者に取って代わる典型的な例だと解釈されることがある。

ATMは現金を扱う仕事を乗っ取った。それなのに、おなじ仕事をやるフルタイムの銀行出納係は、1990年代末にATMが幅広く展開されてから、大幅に増えた。じっさい、2000年以降、フルタイムの同質の出納係は、1年ごとに2%増加している。労働市場全体の伸びよりもかなり速い。なぜ雇用が減らなかったのか? ATMのおかげで、銀行の支店運営コストが下がったからだ。そのため、支店を多く開設することができ、出納係の仕事が失われた分を埋め合わせることができた。それと同時に、出納係のスキルも変化した。日常業務ではないマーケティングと個人との関係が貴重になり、現金を扱うような日常業務は重要ではなくなった。だから、銀行の出納係の日常業務は減ったのに、雇用は増えたのだ。

ATMは現金を扱う日常業務を自動化したが、そのテクノロジーだけが、出納係の雇用の増減を左右したわけではなかった。経済も重要だった。新テクノロジーは、雇用を減らすと一般に思われているが、職業の需要を増加させる場合もある。ATMはけっして例外ではない――

- バーコード・スキャナーは、レジ係の精算時間を18~19%短縮したが、1980年代にスキャナーが普及してから、レジ係の数は増えている。
- 1990年代以降、法手続きのための電子書類を探すソフトウェアは、10億ドル規模のビジネスになり、弁護士補助職がやるような仕事をこなしているが、弁護士補助職の数は健全に伸びている。

- 1990年代末からeコマースは急増して、小売の7%以上を占めているが、販売業に携わる人間の数は2000年以後、増加している。

テクノロジーの影響は一様ではないというのが、ベッセンの主張の要点だ。特定の活動の需要を減らすこともあるかもしれない——電話に出たり、伝言を聞いたりするようなありふれた仕事は、ボイスメールによってほとんど消滅した。しかし、テクノロジーは1つの職業からべつの職業に仕事を移すこともある。「電話に出たり、伝言を聞いたりする受付は、いまもいる」ベッセンは指摘する。「しかし、受付はほかの仕事もしている。だから、電話交換手そのものの数は大幅に減少した(1980年にはフルタイムが31万7000人だったが、現在は5万7000人)が、受付は増えた(43万8000人から89万6000人)。むろん、受付には電話交換手とは異なる新しいスキルが求められる」

それと同時に、テクノロジーは、データ・サイエンス・エンジニアのようなこれまでになかった新しい仕事への需要を創出したと、ベッセンは指摘する。銀行の出納係、弁護士補助職、店員のような古いありきたりの仕事に必要なスキルをテクノロジーは変えてしまい、コンピュータやロボットの出現によってそれらの仕事はすたれるかと思われたが、じっさいはすたれていない。また、テクノロジーによって変容した古い仕事――グラフィック・デザインはその一例――を行なうのに必要なスキルも、大幅に増えている。だから、コンピュータのデザイン・ソフトを使えるグラフィック・デザイナーは、昔の植字工よりも多くのお金を稼いでいる。

スキルの格差などないと、一部の経済学者はいいつづけている――あれば、スキルの高い労働力が需要に応えられないときには、そういった職業の賃金の中央値が上昇するはずだというのだ。そう唱える経済学者は、もっと深い部分を精査しなければならないと、ベッセンは論じている。

「中位の労働者の賃金からわかるのは、中位の労働者のスキルは不足していないということだけだ」ベッセンはいう。また、どの分野でも一部の労働者がより需要の高いスキルを備えているから、需要に応えられる労働者のあいだに格差が生じる可能性がある。「テクノロジーは、すべての労働者のスキルの価値を高めるわけではない。一部のスキルだけが貴重になり、その他のスキルは時代遅れになる」とベッセンは説明する。さまざまな知的職業を詳しく調べると、テクノロジーを利用できる人材の需要が急増して、報酬がきわめて高くなっていることがわかる――利用能力が低いと、その逆になる。多くの職業で、そこにほんとうの〝スキルの格差〟が生じる。スーパーノバを利用して藁の山から針を探すクオリティ・データ・サイエンティストを、現在のシリコンバレーで探してみるといい。

さあさあ、ならんで！

こういったさまざまな理由から、ベッセンは結論を下している。「仕事はなくならないが、いい仕事に必要とされるスキルが高くなっている」また、私たちはテクノロジーの新プラットフォームに乗っているので、なにもかもがあっという間に進む。たとえば、新しいソフトウェア――いずれもウェブ用モバイル・アプリを制作するための、Ｊａｖａを基本とするプログラミング言語、AngularJS（アンギュラージェイエス）やNode.js（ノードジェイエス）など――は、どこからともなく現われて、一夜にして特定の産業の標準になることがある。大学はカリキュラムを調整するひまもない。そういうときには、該当するスキルを持っている人々の需要と賃金は高騰する。

では、問題点をもっと精密に定義してみよう。終わりを告げたのは雇用ではない。雇用の完新世が終わったのだ。ミドルクラスのすべての雇用が、一度に４つの動きを見せている――そして、そういう世界でも成功するように市民を訓練するのであれば、その４つの動きのそれぞれについて考え、仕事を見つけ、維持し、その仕事で進歩するにはどういう新しいスキルや態度が合うのかを、考え直す必要がある。

第一に、ミドルクラスの仕事は急速に引き上げられ、高度化している――仕事を首尾よくやるには、より高度な知識と教育が求められる。そういう仕事を完全にやるには、３つのＲ――読み《リーディング》、書き《ライティング》、算数《アリスメティック》――だけでは不十分で、４つのＣ――創造性《クリエイティビティ》、共同作業《コラボレーション》、コミュニティ、コーディング――が必要だ。

２０１４年4月22日の《ニューヨーク・タイムズ》の記事は、次のように報じている。

ニューヨーク北部の農場では、不思議なことが起きている。乳牛が、自分で乳を搾っているのだ。

当てにできる労働力がなんとしても必要なニューヨーク州の酪農家たちは、価格上昇に勢いづけられ、牛の乳房管理に搾乳ロボットという、思い切った新しい手法を使いはじめた……

ロボットは、乳牛に搾乳の時刻を決めさせ、自動搾乳を1日に5、6回行なう――酪農家の暮らしに昔から付き物だった夜明け前と深夜の搾乳は、過去のものとなった。首に発信器をつけた牝牛は、個別に世話を受ける。レーザーが腹部をスキャンして乳頭を検知し、24時間態勢の搾乳に必要な1頭ずつの〝搾乳速度〟をコンピュータが算出する。ロボットは、搾られる牛乳の量と質も監視する。それぞれの牛が［餌を目的に］ロボットへ行く頻度、それぞれの食餌量、1日に歩く歩数まで記録している。歩数は発情の指標になるからだ。

将来は、酪農家として成功するには、炯眼《けいがん》のデータ・アナリストになる必要があるかもしれない。

第二に、ミドルクラスの仕事は急速に引き離されている。酪農家も細分化されるかもしれない。その仕事の高スキルな部分が、より高度になる可能性もある——コンピュータを駆使できるだけではなく、乳牛の解剖学に通じている獣医や、ビッグデータで乳牛の行動を分析する科学者になる必要があるかもしれない。それと同時に、その分野の低スキルの部分——搾乳場に乳牛を追いこんだり出したりする仕事や、糞尿を清掃する仕事——は、最低賃金の労働者でもできるように（おそらく近々ロボットがやる）単純化されるだろう。ベッセンが指摘しているように、これが職場の全体的な傾向になる。それぞれの職種の高スキルの部分では、より高いスキルが求められ、スキルが高いほど報われる。自動化しやすいありふれた反復作業は、最低賃金になるか、ロボットにあたえられる。

それと同時に、あらゆる仕事が、急速に引っ張り合いになっている——機械、ロボット、インドと中国の労働者が、そういった仕事の大部分もしくはすべてを奪おうとして競争している。だから、私たちは生涯学習によって、ロボット、インド人、中国人その他のスキルを有する外国人に一歩先んじなければならない。そうやって技術的なスキルか社会性・情動面での新しいスキルを身につけるには、学習意欲を駆り立てるセルフ・モチベーション、粘り強さ、気概が一段と要求される。

そして最後に、あらゆる仕事が急速に引き下げられている——現在のかたちのままでは過去にアウトソーシングされるしかなく、あっという間に時代遅れになる。そのため起業家的な思考があらゆるレベルで必要とされる。利益を生み、雇用を創出するような、新しいニッチ、なにかをはじめる新しいビジネスチャンスを、つねに探さなければならない。

つまり、私たちの教育システムはせめてツールを更新して、必要なこれらのスキルや特質を最大にしなければならない。読み、書き、コーディング、数学の強力な基盤を築き、創造性、批判的思考、コミュニケーション、共同作業、セルフ・モチベーション、生涯学習の習慣、起業家精神、その場その場の工夫を、あらゆるレベルで強めていかなければならない。

複合的な解決策

さいわい、新テクノロジーのツールが、この真剣な努力を手助けしてくれる。私たちが政府、企業、ソーシャルセクター（NPO、協同組合、社会的企業などの非営利民間組織）、労働者とのあいだに結ぶ必要がある新しい社会契約は、創造的なやり方——ネスト・ラボの設立者トニー・ファデルの言葉を借りれば、〝AIをIAに変える〟方法——を発見すれば、一段と実行しやすくなる。私の解釈では、それはAIを知的支援《インテリジェント・アシスタンス》、知的補佐《インテリジェント・アシスタント》、知的な《インテリジェント》アルゴリズム（いずれも頭文字はIA）に変えることであるはずだ。

知的支援とは、政府、企業、ソーシャルセクターがAIを利用して高度なオンラインおよびモバイル・プラットフォームを開発し、すべての労働者が自分の時間を使って生涯学習に専念するのを可能にし、なおかつその学習が認められて、昇進に結びつくようにすることだ。知的補佐は、AIを使用して人間とツールやソフトウェアのインターフェイスを改善し、人間が速く学習できるようにするだけではなく、行動も速く、より賢明になるようにしたときに実現する。最後に、私たちはAIを駆使して、もっと知的アルゴリズムを創出しなければならない。リード・ホフマンの言葉を借りれば、〝ヒューマン・ネットワーク〟を創出して、すべての既存の雇用機会、それぞれの職務に必要なスキル、そのスキルを低コストで簡単に身につけられる教育機会と人々を、効果的に結びつける必要がある。「複合的な問題を抱えているときには、複合的な解決策が必要です」ホフマンはつけくわえる。「雇用問題は「べき乗則の問題で、それを解決する唯一の方法は、べき乗則の解決策なのです」。つまり、人間の適応能力を改善しなければならない。AIのさまざまな形態を、さまざまなIAに変えることが、その解決策になる。

マ・ベルの知的支援

本書を執筆するにあたって、私は数多くの企業を訪れた。信頼できる老舗企業のAT&Tが、なかでももっとも革新的に知的支援を創出して、社員の生涯学習を手助けしている。〝マ・ベル〟という綽名《あだな》に、惑わされてはならない。AT&Tのランドール・スティーブンソンCEOは、田舎の気さくなおじさんみたいなオクラホマなまりだが、いうことを真に受けてはいけない。人事責任者のビル・ブレイスは、中西部人らしい温和な物腰だが、警戒をゆるめてはいけない。また、なにをやってもかまわないが、最高戦略責任者のジョン・ドノバンと、AT&T研究所所長のクリシュ・プラブから目を離してはいけない。なぜなら、彼らはあなたと競合する会社の代わりに、朝食前にあなたのビジネスを潰すだろう。ただ楽しみのために、それをやるかもしれない。

注意しろ、Kマートの買い物客のみなさん。これはあなたのおばあちゃんの時代の〝マ・ベル〟ではない。

2007年、AT&Tは自社開発のソフトウェアによるネットワークで、iPhoneが生み出す爆発的な量のデータを処理しなければならなくなった。AT&TはiPhoneの独占プロバイダーだったからだ。そこで彼らは、イノベーションの代謝を加速しなければならないと気づいた――それも幅広く、迅速にやらなければならない。アップルといっしょに走るのであれば、アップルとおなじ速さで走る必要がある。2016年、AT&Tはまだそれに取り組んでいた。同年、ダラスに〝IoTファウンドリー〟を開設したのだ。ネットワーク・エンジニアをおおぜい雇い入れた、イノベーションのための施設だった。顧客をそこに招いて提案したと、当時副会長だったラルフ・ド・ラ・ベガが説明した。「どういう問題を私たちに解決してほしいかをいってくれれば、2週間以内に現実のネットワークで機能するプロトタイプを提出します。……それをやるたびに、契約を1本ものにできます」

実例を挙げよう。世界的海運会社のマースクラインは、コンテナが世界のどこにあるかを追跡するために、すべてのコンテナにセンサーを取り付ける必要があった。20万台の冷蔵コンテナにセンサーを取り付け、湿度と温度を計り、損壊していないかどうかを確認し、データを本部に送ることが求められていた。しかも——これが難問だったのだが——センサーはバッテリーなしで10年以上使用できなければならない。しじゅう交換するわけにはいかないからだ。AT&Tのエンジニアは2週間以内に、靴箱の半分ほどのプロトタイプを制作した。マースクラインのすべてのコンテナに取り付けることができ、太陽光と運動エネルギーを利用した発電が電源だった。

AT&Tのビジネスは、スーパーノバによって一夜で変わった。ネットワーク仮想化で回線容量を拡大するという決断によって、ソフトウェア・ネットワーク企業の性質が強まり、ビッグデータの勃興によって金鉱を掘り当てた。AT&Tがその回線で運ぶデータと音声通信が、統合され、匿名化され、トレンドが取り出された。そして、前述のようにAT&Tはにわかにワイヤレスの携帯電話データを使い、高速道路脇の看板の横を通ったあとで何人が看板が宣伝している店で買い物をしたかを、看板広告会社に教えられるようになった——看板がデジタル化され、1時間ごとに変えられるようになったら、どのメッセージがもっとも効果的かということも教えられる。AT&Tは一部の顧客に、顧客の問題解決のために情報を分析して利用させてくれるなら、送信コストの減額交渉に応じると提案している。愛想のいい電話会社だったAT&Tは、またたく間にあらゆる分野を網羅するビジネス・ソリューション企業になり、IBMやアクセンチュアと競合している。

自分の会社が繁栄するには、世界でもっとも激変しやすい企業に対しても、ネットワーク化を実現し、ソリューションを提供しなければならないことを、スティーブンソンは明確に理解していて、その過程で自社の従業員を激変させる必要があると考えている。「私たちは、自社の従業員のスキルを更新する責務を担っていると考えています」ドノバンはいう。「いまよりもずっと賢い従業員が必要です。STEM［科学・テクノロジー・エンジニアリング・数学］スキルは、いまではあたりまえのものになりました」しかし、社員30万人を対象にスキルを更新するよう求めるには、私が唱える〝知的支援〟の戦略が必要とされる。多数の人々が持続可能になるように、あらたな学習の旅に出る足場と誘因を提供しなければならない。

AT&T式の知的支援について、ブレイスは次のように説明した。まず、経営陣が会社の方向性と必要とされるスキルについて、透明度を大幅に高めなければならない。年度のはじめにスティーブンソンは、AT&Tの管理職を全員集めて討論会をひらき、演説をする。「会社がどこを目指しているか、どういう難問が生じるかということについて、社員に完全に明らかにするためです」スティーブンソンは説明する。

意図が管理職から下へ浸透して、やがて全社員が、今後12〜14カ月の会社の目標をおおよそ理解する。「会社が今後5〜10年、どこへ向かうかも示されます」とブレイスはつけくわえた。「1月にはじめ、7月には全員が意図を知っています」理想的には、全社員が「わかりました。私はその一翼を担いたい。私は30万人のうちの1人です。どうすれば参画できますか」というようになることだ。しかし、べつのことをいう人間もいるだろう。「どうするかだって？　私は35年勤めたから、そろそろ辞める潮時だ。もう新しいことを学ぶつもりはない」そんなわけで、毎年、AT&Tの社員の10%がドロップアウトする。

ブレイスはつづけた。

この変化のなかで効果的に指揮をとれるスキルを持つ社員の数は、じゅうぶんとはいえません。私たちが販売しているテクノロジーやその背後にあるテクノロジーについて、じゅうぶんな知識がある社員も足りません。そこで毎年、社外から［社員を］3万人雇っています。人事異動や昇進で、そのほかに3万人を埋め合わせます。1人雇うだけで2000ドルのコストがかかりますから、つねに社員を使うことを優先して考えます。そのほうがコスト効率が高く、社員の取り組みや生産性も向上します。つまり、社員がよけいにがんばるので、顧客対応がよくなり、株主価値も高まります。社員が一所懸命取り組む会社は、そうでない会社の3倍の利益をあげられます。

しかし、そのためには、いままでよりも多くの社員が、生涯学習を一段と強化することが求められる。ほとんどの社員が、「私たちがやろうとしていることを熱心に受け入れています」とブレイスはいう。「彼らはいいます。〝ツールを渡して、正しい方向を示し、なめらかに移行するのを手助けし、費用対効果を高め、モバイルでアクセスできるとウェブベースにしてくれれば、自分の時間を使ってできます。融通のきくやり方で、自分が速く効果的にできるような訓練のフォーマットにします〟と」

ドノバンはなおもいう。「わが社には、中心的存在になりたいという社員がいます——自分が命を懸けるような会社を築きたいと思っている社員です。彼らにその機会をあたえる必要があります。そういった社員は、昔ながらの高卒のブルーカラーなので、ネットワーク化された会社で働けるように、たえず訓練しなければなりません」

その取り決めを実行に移すために、AT&Tは6年前に、役職者《マネジャー》全員に、リンクトインのアカウントとおなじような社内向けの自己紹介《プロフィール》を作り、職歴、スキル、教育、資格、特殊技能を詳細に記してほしいと頼んだ。現在では、11万人のマネジャーの90%が、それに応じている（AT&Tでマネジャーとは、管理職か一般社員かにかかわらず、組合加入者ではない専門職すべてを指す）。新しい職務を発足させるとき、ブレイスのチームはまずそのプロフィールを見て、必要なスキルを持っている社内の候補者を探す。

それと同時に、AT&Tは刺激的な新職務を設置し、配属される場所と、その仕事に具体的に必要なスキルと、社内の〝パーソナル・ラーニング・エクスペリエンス〟――社員向けの総合訓練プラットフォーム――でそのスキルを獲得する手順を、明確にした。

もっとも時流に乗っているテクノロジー職務は、ソフトウェア・エンジニアとデータ・アナリストだ。ビジネスの側では、セールスを支援し、AT&Tのセキュリティ、ネットワーク、音声製品と音声サービスの顧客対応を担当する職務のテクニカル・コンサルタントに人気がある。クラウド・コンピューティング、暗号化技術、リスク管理で、顧客である政府機関に協力するインテリジェンス・スペシャリストにも需要がある。ディレクTVなどのサービスの運営も含むエンタテインメント部門では、コンテンツ制作者と、次々と登場する新製品のマーケティングを改善するスキルを持つデータ・アナリストが、隆盛になっている。

自社の学習コンテンツを充実させるために、AT&Tは多くの大学――ジョージア工科大学、ノートルダム大学、オクラホマ大学から、ユダシティやコーセラのようなオンライン大学まで――と組み、手ごろなコストで大学と大学院の学位を得たり、必要なスキルに特化した教育を受けたりできるようにしている。社員が勤務時間外に勉強することだけが会社側の条件だが、授業料の補助として年間8000ドル（もしくは特定の教育課程にはそれ以上）を支払い、定年までに上限3万ドルの補助が出る。

さらに、そのお金ができるだけ有効に使われるように、AT&Tは各大学に、会社の予算に適合するオンライン学習ができるような課程を案出するよう求めている。この手法によって教育界では数多くのイノベーションが促進された。たとえば、ユダシティ、AT&T、ジョージア工科大学が創出したコンピュータ科学のオンライン修士課程は、6600ドルで全課程を修めることができる——それに対し、ジョージア工科大学のキャンパスで2年間学ぶと、4万5000ドルかかる。コーセラはジョンズ・ホプキンス大学およびライス大学と組み、データ・サイエンスで同様の資格が得られる課程を開設している。

これによって、だれでも低いコストで教育が受けられるようになった。教育の「パイが大きくなった」とブレイスはいう。「社員が夢見ていた職務を得るのを、私たちは手助けしている」

これが知的支援だ。「年間2億5000万ドル相当の訓練を行なっています」とブレイスはいう。

電柱での作業、設置サービス、小売店の経営方法を教えることも、訓練の大きな部分を占めてはいますが、いまではデータ・サイエンス、SDN、ウェブ開発、プログラミング入門、機械学習、IoTの訓練のほうがさらに大きな部分を占めています。もしもSTE

M〔科学・テクノロジー・エンジニアリング・数学〕全般の課程をやりたければ、その費用も提供します。学びたければ、全面的に支援します。なぜなら、熱心に仕事に取り組む社員が増えれば、顧客サービスがそれだけ向上し、安定した顧客が増えれば、株主価値が向上するからです。私が社内教育で成長していたころには、こういうものはありませんでした。

こういった支援は、年間給与が6万～9万ドルの職務向けだ。社員が得た資格や学位をすべて、会社は社内プロフィールに記録していて、ビッグデータのツールで簡単に検索できる。それに、上級学位や資格を得たいというやる気を示したときには、「職務に空きができれば最初にチャンスを与えます。学ぶ意欲をはっきりと示せば報われるということを、社員に知ってもらう必要があります」とブレイスはいう。

このシステムの仕組みについて、ブレイスは説明した。

たとえば、マネジャーが、技術職を10人求めているとします。人事部へ行くと、まず社内で探すようにといわれます。そこでオンラインでプロフィールを見て、その職務をやりたいという希望を示しているか、できることを実証している候補者を見つけるのです。すると、スキルの大部分を持っている人間も含めて、その職務遂行可能な10人を人事が選び出します。上昇志向の人々や、ぴたりと当てはまる人々がわかるので、人事は、人材探しをしているマネジャーに、それらの人々を試用するよう勧めます。

選ばれた社員は周囲の社員に、私は新しいルールのとおりにやって報われた、という話をするはずだと、ブレイスは説明する。

それが会社と社員の契約になります。新しい取り決めです。勤務評定でAを獲得したければ、〝どこまでやるか〟と〝どうやってやるか〟が肝心になります。〝どうやってやるか〟は、仲間と協調して、効果的に変化に関与し、チーム作りをして、先導し、成果をあげることを意味します。自分の仕切りのなかに座っているのではなく、他の社員を介して［ともに］変化をもたらす必要があります。〝どこまでやるか〟は、自分の仕事に熟達しているだけではなく、スキルを磨き直して、能力を改善し、学びつづけて、いまの地位よりも上を目指そうとする野心を持つことを意味します。たとえば営業マンの場合は、技術的な面にも詳しくなることで、会社にとって貴重な存在になるのです。ただ製品を売るだけではなく、わが社のネットワークの仕組みも理解しているからです。最高の社員は、それを理解し、〝なにをどこまでやるか〟を心得ています。

新しい社会契約について、ドノバンは次のように述べた。

生涯学習をやる覚悟があれば、生涯社員になれます。私たちは社員にプラットフォームをあたえますが、参加を決めるのは本人です。……全社員に個人学習ポータルが用意されていて、「どのようなスキルセットを取得するかに応じて」ゴールとそこへ到達するためのコースがわかります。さまざまな未来と、そこへ到達する方法を選べるのです。でも、それには参加を決意しなければなりません。そこで、将来の展望を明示するのが、経営幹部の役割になります。会社には、社員が目標に到達するためのツールとプラットフォームを用意する責任があります。選択とモチベーションは、個人の役割です。私たちがプラットフォームを提供しなかったために、「そうせずに」会社を辞めるようなことが、あってはなりません――モチベーションがなかったからそうなるのだということを、はっきりさせる必要があります。

AT&Tは大企業なので、この社員教育の手法には、大きな影響があった。ブレイスがいうように、「いまでは大学側が市場に歩み寄って、私たちと話し合うように、態度を変えています。私たちは新しい設計図を描いているのです」。大学が関心を示したときには、「大学にとっても利益性が高く、さらにこのモデル向けで費用対効果が高い」学位や資格を創出する。

　この社会契約は会社のスキルの標準とモラールを向上させると、ドノバンは確信している。「私たちはわが社の最高の部分を選び、それを標準にしようとしてきました。いまはそれが標準になりかけています。［新しいアイデアが出る］サイクルが、かなり速まっています。ソリューションをだれかが見つけると、全社でそれを規模拡大します。わが社の従業員エンゲージメント調査は、年間の病休が30％改善されたことを示しています。権限委譲され、経営参加の意識が持てて、帰属意識が強まったために、休むという電話連絡が減りました」

　一生ずっと社員でいるためには、一生学びつづけなければならないことをもっともよく理解している人物の実例を、私は調査中に見つけた。ボストン・コンサルティング・グループ（BCG）の社内シンクタンク、ヘンダーソン・インスティテュートを指揮しているマーティン・リーブズだ。マーティンはある日、私に名刺を渡したが、名前の下には肩書ではなく、そのときに彼が考えていたアイデアや研究が記されていた。

「名刺は毎週変えています」マーティンは説明した。だから、2017年3月13日に会ってランチを食べたときに、彼はまず謝った。「すみません。今週の名刺がなくて」そして、2017年3月1日の〝古い名刺〟を渡してくれた。それには、次のように記されていた。

マーティン・リーブズ　BCGヘンダーソン・インスティテュート、シニア・パートナー兼マネジング・ディレクター

考えている5つのこと（2017年3月1日付）

1　多様性と業績の関連性
2　複雑適応系に介在する理論
3　レジリエントなサプライチェーンの構築
4　セレンディピティの数理を利用する方法
5　仕事の未来を想定する

カリキュラムの活性化

AT&Tのモデルは、教育界全体に幅広い影響を及ぼした。その一例が、ジョージア工科大学と協力して、低コストのオンライン修士課程を設立したユダシティだ。現在、ユダシティがAT&Tと共同で立ちあげたビジネスは、全世界に同様の知的支援を提供でき、教育に本格的な革命の種を蒔いている。

ユダシティの設立者はドイツ生まれのセバスチアン・スランだ。ロボット工学の権威で、スタンフォード大学でＡＩを研究していた元教授のスランは、ダラスのＡＴ＆Ｔ本社でランドール・スティーブンソンとはじめて会ったときのことを、好もしく回想する。スランがノートパソコンを使って、ミニ・オンライン授業もしくはナノ学位について説明しやすいように、２人はスティーブンソンの特別室の床に座り込んだ。これにより最新テクノロジーをＡＴ＆Ｔの社員に教え、能力向上を図れると、スランは売り込んだ。実演が終わると、スティーブンソンは床から立ちあがって、その場でスランと契約した。ジョージア工科大学と組んで、授業料６６００ドルのコンピュータ科学のオンライン講座を創り上げたときにスランが知ったのは、キャンパスで受ける修士課程のほうがずっと授業料が高いが、オンライン講座によって潰されはしない、ということだった。まったくべつの市場が２つあるのだ——１つはキャンパスを経験したい人々のための市場、もう１つは手軽なコストで空いた時間にできるような生涯学習をつづけたい人々のための市場だ。「私たちのオンライン講座の学生の平均年齢は34歳です。キャンパスのほうは23歳です」スランは説明した。生涯学習のプラットフォームをもっと増やしてほしいという需要は、明らかに存在していて、多くの人々がそれに飛びついた。現在、ユダシティは、ウェブサイト構築プログラミング入門、機械学習、アンドロイド・モバイル機器用アプリ開発、アップル・モバイル機器用アプリ開発などのナノ学位プログラムを提供している。

しかし、もっと興味深いことがある。ユダシティはいま、グーグルのエンジニアの力を借りて、いくつかの講座を開発している。たとえば、2015年10月にグーグルは、TensorFlow（テンサーフロー）と呼ばれるプログラムの基本アルゴリズムをオープンソースで公開した。TensorFlowは、高速コンピュータがビッグデータを活用した〝深層学習〟を行ない、人間よりも速くタスクを実行できるようにするアルゴリズムだ。「2016年1月に私たちは、オープンソースのTensorFlowのプラットフォームを使って、深層学習アルゴリズムを書き、機械にいろいろなこと――原稿整理、飛行機の操縦、証拠開示手続き――をやらせる方法についてのオンライン講座を立ちあげました」スランは説明した。これはコンピュータ科学の膨大な新分野だ。TensorFlowは、10月に荒野に解き放たれ、翌年1月にはユダシティはグーグルのエンジニアとじかに協力して、ユダシティでスキルを教えていた。「私たちは現在、あなたがたのスキルをムーアの法則の速さで最新のものにすることができます。産業界とおなじ速さで」とスラムはいう。昔ながらの「学問の世界では不可能です」。大学がTensorFlowの講座を開設するには、おそらく1年はかかる。もっと長くかかる組織もあるだろう。

ユダシティは、オンライン学生の宿題を採点するために、オンデマンドで使えるフリーランスを世界中で集めた――そして、学生の側も採点者を採点する。「採点者を世界中から1週間に1000人、雇うことができます」スランはいう。「試用して、採点者の上から200人を選び、あとの800人は採用しません」こうすれば手っ取り早く採点の質を高められる。ユダシティのフリーランスの採点者は、世界中の学生から寄せられるコンピュータ関連のプロジェクト——たとえばグーグルGPSから地図を作成するというようなこと——を採点して、ひと月に数千ドルを稼ぐ。「ひと月に2万8000ドルを稼ぐプロジェクト採点者が1人います」スランはいう。「ギグ・エコノミー（インターネットを通じて単発の仕事を請け負う働き方）は上昇気運にあります。もうタスクラビット（便利屋のような仕事のマッチングサイト）のような雑用ばかりではありません」

また、ユダシティは、AT&Tのような企業だけに知的支援を行なっているのではなく、〝あなたのスタートアップ〟のための知的支援も創出している。〝あなた〟は対象を選ばない。2015年秋、私はパロアルトにあるユダシティ本社の小ぶりな会議室で——スカイプを使い——ユダシティのオンライン講座でウェブページ・デザインのスキルを向上させた30歳のレバノン女性、ガーダ・スレイマンをインタビューした。クライアントの高度な注文に応じられるように、彼女はベイルートの自宅で、パロアルトのユダシティの講座を受講した。クライアントは、ほとんどがオーストラリアやイギリスにいて、会ったことはまったくないという。

東ベイルートの「アシュラフィーフにあるAUST（アメリカン・ユニバーシティ・オブ・サイエンス・アンド・テクノロジー）で、グラフィック・デザインを学びました」

とガーダは私に説明した。「卒業後、ウェブ・デザインの講座を探していて、ユダシティを見つけ、試してみることにしました。去年［2014年］にはじめました。それまでは［ウェブでは］個別指導だけを受けていました」しかし、ユダシティのプラットフォームには、「コミュニティ意識があり、ほかの人たちとコミュニケートできたので、ずっと面白く、お互いに影響をあたえ合うことができました」。

この講座をオンラインで受けなければならなかった理由はなんですか？ と私は質問した。

「ベイルートにある大学は、グラフィック・デザインとコンピュータ科学は教えていますが、ウェブ・デザインの講座がありません」ガーダは説明した。「まったく新しい分野なので、大学がまだ追いついていないのです……私が［ユダシティで］学んでいる講座は、ウェブ・デザインとプログラミングです。デザインは得意なのですが、プログラミングとウェブ開発の部分では、もっと深く学ぶ必要がありました。それが仕事を補完しています」

オーストラリアには、どんなクライアントがいるのですか？ 私はたずねた。

「スタートアップ企業の広報、ビジネス関連のブログ、母親になったばかりの女性がテーマのブログ、それにオーストラリアのソーシャル・メディア企業です」ガーダは語った。本人は愛称の〝Astra〟と〝artistic（芸術的）〟を組み合わせたAstraestic.comで市場に乗り出している。「最初は両親がびっくりして、ききました、〝どうやって知り合ったの？〟――でも、いまはこういう考え方が気に入っていて、私の将来は明るいと信じています。これによって、外国の人たちと結びつくことができるからです。国内だけでは、グローバルに見つけられるような数のクライアントがいません」

おなじような年代の若い人たちに、なにか助言はありますか？

「まず技術的なスキルを発展させるべきですが、それだけではじゅうぶんではありません。自分を市場に出す方法を知る必要があります。マーケティングは市場で事業を展開する会社だけのものではありません――［それが］仕事を得るのに重要な部分を占めています。自分をうまく働かせる、といったようなことでしょうか」

ガーダの物語は、自分とあらたな契約を結ぶ――セルフ・モチベーションを強めて、あらたなグローバルなフローを仕事と学習に利用する――必要があることを裏書きしていると同時に、学校も学生との新しい契約が必要だということを裏書きしている。ＭＯＯＣの隆盛が教育革命に先鞭をつけたと、人々は思っている。たしかに、１つの革命ではあったが、氷山の一角にすぎなかった。なぜなら、ＭＯＯＣはまだ古いモデルに基づいていたからだ。ＭＯＯＣは基本的に、インターネットと動画を、昔ながらの講義を伝える新しいシステムとして使っていた。スーパーノバは、ユダシティ、ｅｄＸ（エデックス）、コーセラなどの学習プラットフォームに衝き動かされてはじまったばかりの、もっと深遠な革命を可能にしている。それが高等教育の代謝とかたちそのものを変え、アストロ・テラーが促したように適応曲線を上昇させることが期待される。ユダシティのような会社が、グーグルのTensorFlowのような大がかりなテクノロジーの飛躍に対応して、3カ月以内に世界中のだれでも受けられるようなオンライン講座を提供すれば、評判が評判を呼び、市場が変わるだろう。大学のキャンパスでおなじ講座を受けるのに、来年まで待つ必要はないのだ——だいいち、大学がカリキュラムをそんなに早く変えられるかどうかも定かではない。

さらに、ゲームのプラットフォームまである。Foldit（フォールディット）のようなクラウドソーシングのコンピュータ・ゲームでは、重要な科学研究にだれでも貢献でき、それが人気のある学習プラットフォームになりつつある。Folditが設定しているオンラインの〝ゲーム〟は、だれでも参加でき、タンパク質の折りたたみ構造を予測することで、かなりの賞金が得られる。「タンパク質は多くの病気の原因であるとともに、治癒にも関係している。プレイヤーは、重病の予防や治療に結びつくような、まったく新しいタンパク質の設計を試みる」とFolditのウェブサイトに説明がある。このゲームは世界中の競技者数千人を惹きつけていて、なかにはまったく生物学の正規教育を受けていない人たちもいる。彼らは賞金をめぐって競争し、それによって科学の学士号ではなく、やがては市場で重視される可能性のある評価バッジを獲得する。

こういった高速学習の新しい手法は、既存の伝統的な機構にもすでに浸透しはじめていて、急進的な新モデルがいくつか誕生している。一例だけ挙げよう。オーリン工科大学のリチャード・K・ミラー学長は、演説でこう説明した。「1997年に、F・W・オーリン財団が「マサチューセッツ州ニーダムに」オーリン工科大学を創立したときには、優秀なエンジニアリング・イノベーターになるような学生を育成するエンジニアリング教育の新しい実例《パラダイム》を打ち立てるという具体的な目標がありました」きわめて大きい難題に取り組む人材を育てるためだった。「エンジニアが複雑な技術、社会、経済、政治システムの〝システム構築者《アーキテクト》〟の役割を果たすことを、私たちは期待しています。いま私たちが直面しているグローバルな難題に取り組めるような人材になってほしい」

ミラーはいう。そういうエンジニアを輩出するために、オーリン工科大学はインターネットの速度に合わせて行動できるような、きわめて柔軟な構造を維持している。オーリン工科大学は「学問分野ごとの学部に分かれている機構ではなく、教職員の終身在職権はありません」と、ミラーは説明する。「教職員は、更新可能な契約によって雇われ、契約期間もさまざまです」私は2016年に同校の卒業式でスピーチしたが、卒業生の半数が女性であるのが目に留まった——理工系の学校としては、前例のないことだった。

「オーリン工科大学のとりわけ重要な側面は、絶え間ない改善とイノベーションに邁進するという指針です」とミラーはいう。その結果、オーリン工科大学ではほとんどの物事に〝有効期限〟がある。内規やカリキュラムも例外ではない。「オーリン工科大学のカリキュラムは、絶えず進化しています——計画的に。カリキュラムの生まれ変わりは、オーリン・コミュニティがエンジニアリング教育の新しい実例を提供するために最大限の努力をはらっていることを示しています。現在のカリキュラムの有効期限は7年で、積極的に再検討し、改定したりもとのかたちに戻したりすることが求められています」オーリン工科大学の学生はすべて、卒業するためには「小規模なチームで1年間のエンジニアリング・デザイン・プロジェクトを終了させなければなりません。プロジェクトには企業がスポンサーになって、財政支援を行ないます。企業の連絡担当がプロジェクトに加わり、情報非公開に合意することも多く、新製品開発に携わることもあります」。

オーリン工科大学は小規模な新しい学校だが、エンジニアリング専門校として、将来、ほとんどの学校が組み込むことになるような革命的な特徴——終身在職権の廃止、実業界で変革を引き起こすような企業との密接な協力、カリキュラムの頻繁な改定、学部制の廃止、エンジニアリングと人文科学を混ぜた総合的教育の手法——を数多く実証している。知的支援の最高のかたちといえる。それが教育におけるほんとうの革命だし、労働者の知的支援の必要性と需要が高まるなかで、それは身近なコミュニティになっていくだろう。

ミラーは、それを〝探検学習〟と呼んでいる——なにもないところから、自分の知識を創出し、自分のキャリアを切り拓いていくからだ。

「絶え間なく即席で工夫していかなければなりません」ミラーはいう。「問題を基本とする学習や、プロジェクト中心の学習を、はるかにしのぐものです。文字どおり、だれも探検したことがない森林に分け入り、見たこともないようなものを探します」ミラーによれば、1つだけ予測できるのは、「人はそこで、現在では想像もできないような仕事を見つけるということです。その仕事には、迅速で継続的な学習が求められます」。

知的補佐

私が調査で出会った、職場のためのオンライン知的補佐でもっとも興味深かったのは、アレクシス・リングウォルドが共同創業したLearnUp.com（ラーンナップ・コム）だった。リングウォルドは冒険的な若い起業家で、私はインドで最初に出会った。彼女と共同経営者が太陽光発電車で——太陽光発電が電源のロックバンドとともに！——各地をまわり、インドの草の根再生エネルギー計画を宣伝していた。

アメリカで太陽光発電のスタートアップ企業を立ちあげたあと、アレクシスは雇用問題に興味を抱き、求職中の労働者を6カ月かけてインタビューした。予想もしていなかったことがわかった——現在の求人の大部分は、4年制大学の学位を必要とせず、求人数トップ10の職種のうちの9つは、高卒より上の資格を必要としていなかった。だが、初歩的なカスタマー・サービスの仕事なら、面接を受けて元気なところを示すだけで就職できるという、アメリカでひろまっている思い込みが間違っていることもわかった。それらの仕事には、ほとんどの求職者に欠けている基本的なスキルがぜったいに必要なのだ。

アレクシスがいうように、「GAPの店員、マクドナルドでハンバーガーを焼く係、受付でも、基本的な職場のスキルが求められる」。しかし、「求職者のほとんどにそのスキルがない――〝洋服が好きだから、ここで働けるだろう〟と考えている。それに、高校やコミュニティ・カレッジでは、そういうスキルを教えない」。

「システムは全体として人々を取り込むのではなく、除外するよう設計されているということにはじめて気づいて、目からうろこが落ちる思いでした」アレクシスは説明する。「システム全体が、生涯の仕事にしようと押し寄せる人々を雇用主が追い払うように作られています。それで、人々はどっと押し寄せ、一度に100カ所に求職して、断られ、就職できなかった理由もわからない。……雇用主のところへは基本的な仕事にすら適格ではない求職者が殺到し、被雇用者は自分が求職しているのがどういう仕事かもわかっていない、という状況です」

就職しても、被雇用者がその仕事をつづけるのがしばしばきわめて難しい。アレクシスはそのことも見抜いた。病気や車の故障や子供の病気のせいで出勤できないようなとき、マネジャーにそれを説明しようとするのではなく、辞めるしかないと考えるのだ。

こういった問題はすべて解決できると判断して、アレクシスはそのために、2012年にLearnUp.comを共同創業した。職探しをしている人間がそのウェブサイトを見ると、該当する仕事に必要な条件やスキルを、求職する前に学べるミニ講座のオンライン・プラットフォームがある。面接に備える方法や、さまざまな職務に必要な具体的スキルの学習も提供している。AT&Tで顧客との人間関係を築く手順、オールド・ネイビーで服を売る手順、フレッシュ・マーケットで顧客の問題を解決する手順――ぴったりの製品を見つける手助けや、店の評判をよくする方法といったことを教えている。たとえば、ステープルズのような小売店に就職した場合には、コピー機も含めたオフィスの基本的な備品の使い方をおぼえなければならない。わずか1~2時間の教育課程だが、会社のことを知り、役割に必要なスキルを身につけ、適格な人間として求職するには、それでじゅうぶんだ。会社の側も、基本を学ぶ忍耐力があるかどうかを、それで見極められる。この課程を終えた人には志望する就職先との面接もラーンナップが手配する。

「ラーンナップは、じっさいに面接ができるように、特定の仕事の求人とリンクしています」アレクシスは説明した。「私たちと組んでいる企業――オールド・ネイビー、フレッシュ・マーケット、AT&Tなど――に、オンラインで求職したいときには、その会社の求人サイトで、〝申し込みの前に準備します〟と記されているボタンをクリックすればいいだけです」ラーンナップは求職者をふるいにかけるのではなく、具体的な求人に合わせて訓練し、指導する。ラーンナップを通じて仕事の内容を詳しく知るようになった求職者は、出願するか、あるいは〝この仕事は希望しません〟と記されたボタンを押して、中止する。

私の考えでは、ラーンナップでもっとも重要なのは、オンラインで〝指導〟していることだ。相談してくる相手よりも先を見越して、激励し、面接時の注意点を教え、助言し、質問に答えている。知的職業人のネットワークや校友のネットワークもなく、両親はおろか、仕事を持っている人間が周囲におらず、就職の相談もできない人々がおおぜいいることを、だれもが忘れがちだ。「面接のときになにを着ていけばいいでしょうか？　遅刻しそうなときには、どうすればいいですか？」といった些細なことまでコーチに相談されたので、アレクシスはびっくりした。面接に着ていく服の写真をメールに添付してコーチに送り、「これでいいですか？」ときく求職者もいる。

こういった質問は幼稚に思えるかもしれないが、そういう助言を必要としている人々が多いことに驚かされたとアレクシスはいう。「私たちが話をした人たちはみんな、感謝しています」コーチ・ボタンを創ったきっかけについて、彼女は説明した。


就労支援機関の労働力開発専門職が持つコーチのパワーに刺激を受けたからです。彼らの熱意と支援が、求職の成否を大きく左右しています。それで私たちはプラットフォームにコーチを組み込みました。仕事を得るためのフリクションは、かなり大きい――その間も自分や家族の生活を維持しながら、どこに応募するかを決め、応募書類を書き、職場がじゅうぶん近いかどうか考え、求職する資格があることを確認し、準備し、なにかの交通機関を使って面接に行く。服装をふさわしいものにして、適切な話をして、相手の話に対応する。求職中に、それを頭のなかで何度となく反復しないといけません。人間は決断することで疲れるだけではなく、希望がなかったり、どうしていいのかわからなかったりすると苦しみます。選択肢がとてつもなく多い世界では、なにをすればよいのかがわかりづらいのです。周囲に経験者がいないと、よけいにたいへんです。学位のいらない仕事、つまり労働力の70%が、そういう世界にいます。支援はありません。家族やコミュニティから支援が得られないと、非常に苦しい。……ラーンナップのコーチが強力なのは、だれでも手に入れられて、簡単に使えるからです。学位のないアメリカ人の大半は、助言者や指導者を探そうとも思わないでしょう。それどころか、職業安定所へ行って助けを求めるのすら不名誉だと思っています。ほんとうにやりづらいのです。

私はアレクシスに、雇用プロセスでコーチがやることの実例を教えてほしいと頼んだ。すると次のようなリストを示された。

- なにを着ればいいのかを教え、面接当日の天気を伝える。
- グーグルのストリート・ビューで会社を見せ、そこへどういう公共交通機関で行けばいいかを教える。
・面接の時刻と、会社までの所要時間を確認する。
・電話サービスで面接の予行演習をさせて、回答を録音してから、その練習問題で〝最良の回答例〟を教える。
・就職できた人間もしくはマネジャーからの助言を提供する。
・どういう利益があるのかをはっきりさせるために、求職の各段階でやることとその理由を明確にする。
・その会社に就職できた人間について教える。
・会社とマネジャーについて、興味を持てる事実を教える。
・面接する人事担当マネジャーについて詳しい情報を教える。
・求職者に、人事担当マネジャーが興味を引かれるような事実を話すよう促す。
・リフトかウーバーで面接場所への車の予約をする。
・面接者に簡単なお礼のメールを送るよう念を押す。

アレクシス・リングウォルドは、次のような結論を述べた。「みんな、だれかに〝あなたを信頼します〟といってもらう必要があるんです。……スキルの格差だけではなく、信用にも格差があります」

それに、その片方が欠けると、もういっぽうを補うことはできない。

分数では勉強が必要だ

現在の世界でもっとも人気がある知的補佐は、カーン・アカデミーだろう。2006年に教育者のサルマン・〝サル〟・カーンが創業したカーン・アカデミーは、ユーチューブの動画を使い、無料の短い授業を英語で提供している。科目は数学、アート、コンピュータ・プログラミング、経済学、物理学、化学、生物学、内科学から、金融、歴史など、たいへん幅広い。どこのだれでもアクセスして、どんな問題でも知識をあらたに磨くことができる。カーン・アカデミーは、世界中で一般学習の重要な知的補佐になっただけではなく、2014年には、SAT大学入試試験とPSAT模擬試験を監督しているカレッジボードと、パートナーシップを組んだ。両者は、SATの点数をあげて大学にはいりたい生徒のために、知的補佐を創出した。SATの準備試験を無料で提供するだけではなく——これで、大学進学のために私立の準備試験サービスに大金を払う必要がなくなった——生徒の知識格差を埋める驚異的な試験準備プラットフォームを創り上げた。

このシステムの仕組みについて、カレッジボードのステファニー・サンフォードは、次のように説明した。大学志望者は10年生か11年生のときに、SATの模擬試験のPSATを受ける。たとえば、英語と数学が1600点満点の1060点だったとする。その結果がコンピュータに入力され、AIとビッグデータを使って、メッセージが出てくる。「トム、ほんとうにがんばったけど、分数ではもっと勉強が必要だね。そこでかなり伸びる見込みがあるよ。分数についてきみのために特別に作った授業があるから、ここをクリックして」

突然、なにを勉強しなければいけないのかがはっきりわかっただけではなく、明確な弱点に取り組む練習プログラムで知的に支援されるようになった。なにもかもを練習して、山のような見直しで途方に暮れる必要はなくなった。援助が必要だとカレッジボードのAIが指摘した部分だけに、集中すればいい。そんなわけで、カーン・アカデミー・オンラインの無料SAT準備試験にサインアップする生徒は、300万人を超えている。これは1年間に商業的な準備試験の授業を利用する生徒の4倍に相当する。それどころか、有料の準備試験ではなくカーン・アカデミーの準備試験を受ける生徒の数は、所得層のあらゆるレベルで増加している。カーン・アカデミーが貴重な知的補佐になっていることを、それが物語っている。また、50万人以上がカレッジボードのPSATの結果をカーン・アカデミーにリンクし、誤答した問題について個別に作成された指導を受けている。世界のどこにいても、自分の空き時間に練習できるし、携帯電話を使ってやることもできる。

現在のアメリカでは、あまり目立たないが、こういう重要な知的補佐の教育ツールがいくつもあり、無料で利用できる。SATの準備試験——と、大学に入学するための助言——は、成績よりも特権に属する領域だと長年見なされていた。つまり、富裕層だけが利用できるものだと思われていた。

「より多くの生徒が当事者意識を高めるツールを持てるように、私たちは変化をもたらそうとしています」カレッジボードのデービッド・コールマン理事長は説明する。「生徒が才能や仕事人生での将来性を大きく伸ばすために、自由に使える力を強める必要があるときに、私たちは個別化された学習を提供します。カレッジボードは、かつては進捗を数字で推し量る試験をやっているだけでしたが、いまは演習のツールを提供し、将来性を変えるためのコーチをやろうとしています」

だが、それをやるには、仕事の世界が向かっている方向に合わせて、姿勢を変更することが重要になる。「自分の成績に当事者意識を持たなければなりません」コールマンはいう。「成績はあたえられたものではなく、演習を通じて達成したものだという認識が必要です」コールマンは、試験はIQや総合的な適性を測るものではなく、高校や大学でくりかえし使うスキルの集大成であることを明確にして、SATのすべての面を変えることに取り組んできた。「そういう理由でカーン・アカデミーと組みました――試験準備で最高のものを提供できるように」コールマンはつけくわえた。「これで生徒は、自分の成績に当事者意識を持てます。演習のための最高のツールにアクセスできるからです」

それがうまくいっているようだと、コールマンはいう。「カレッジボードは、新PSATと新SATを受け、2017年に高校を卒業した生徒25万人を分析しました。PSAT

の結果を利用して、カーン・アカデミーで無料の個別改善演習を開始した学生は、飛躍的に進歩していました。20時間の演習で、SATの点数がPSATの点数よりも115ポイント伸びています――［演習を］やらなかった生徒の平均向上率の2倍に当たります。演習は、雇用機会を均等にする雇用主とおなじです。高校の成績平均値、ジェンダー、人種、民族、親の教育水準に関係なく、すべての学生を進歩させます。しかも無料です」

こういったことすべてによって、カレッジボードはべつのかたちのIA――〝知的アドバイス〟――を創出した。それは生徒ごとに個別化していて、AIが情報を集める。「生徒と家族の許可を得て、生徒のデータだけではなく、カレッジボードに見えるデータのパターンもアドバイザーに教え、アドバイザーがすべての情報に通じているようにします」とコールマンは述べた。アドバイザーとコーチをもっとも必要としている生徒が利用できるように、カレッジボードはボーイズ&ガールズ・クラブ・オブ・アメリカと組み、国中でできるだけ多くの生徒が無料の演習ツールを利用できるようにした。また、優秀な成績の低所得・中所得層の生徒に、無料で熟練のアドバイザーを組み合わせ、もっとも適した大学を選べるように指導するために、カレッジ・アドバイジング・コーとも組んでいる。さらに、受けられる可能性がある奨学金制度ともつないでいる。このプラットフォームは、高校の3・4年生のAPコース（高校で教える大学レベルの授業で成績優秀者のみが受けられる）を履修して好成績を修められる可能性がある生徒を見分ける。弱気だったり成績に自信がなかったりして、申請できないこともあるからだ。ことに非白人の生徒は、そういうチャンスから押しのけられることが多い。だから、ステファニー・サンフォードはよく、「試験は偏っているという人がいますが、人間ほど偏ってはいません」という。知的補佐には、肌の色は見えない。

このカーンとカレッジボードの共同企画は、真剣に研究するに値する。なぜなら、それはロボットに打ち勝てる小宇宙だからだ――それによって、この加速の時代に、〝質の高い教育－就職－生涯学習〟という社会契約へ移行できる。カーン－カレッジボード革命には、３つの基本的要素がある。①本人の負う責任が大きくなるから、本人がその事実に当事者意識を持ち、あらゆる場所の知的補佐と知的支援を探し求めることが望ましい。②本人が大きな責任を負うからこそ、政府や社会組織はただのツールではなく、よりよいツールを提供することに本腰を入れなければならない。それは、本人のために特別にあつらえられたＡＩによって情報をあたえられ、親身な大人やコーチが、可能なときにいつでも手助けするツールだ。③テクノロジーが役に立つのはそこまでだ。集中力も重要になる。コールマンは、現在は「邪魔者テクノロジーが、集中のテクノロジーを追い抜いている」と表現している。生徒はこれまで以上に集中力を持続する修練を積まなければならないし、演習に没頭する必要がある――ヘッドホンなどかけないで。スポーツ選手も科学者もミュージシャンも、集中した練習なしでは上達しない。そのためにダウンロードできるプログラムはない。自分のなかから引き出さなければならない。

そのあとは、いろいろな物事が築きあげてくれる――AIをIAに変えるのは、年々効率的になっていくだろう。「以前は、たとえば微積分学の教科書を出版しても、なにが役立っていて、なにが役立っていないかということについてのデータやフィードバックが得られませんでした」サル・カーンはいう。つまり、出版して5年間は、細かい改訂しか行なわれない。現在では、カーン・アカデミーが微積分学の個別指導プログラムを公開してから数時間以内に、どれが生徒を正答に導いたかを割り出して、ただちに適用を増やし、それから数時間後には最高の個別指導プログラムをグローバルに規模拡大する。内容を改訂して大幅に改善する能力は、気が遠くなるほどすごいと、カーンはいう。

「高い識字率は先進国の成長の促進剤でしたが、いま、発展途上国にもそういう促進剤ができたと考えてみてください」――発展途上国では、参加と貢献ができる人が5％から50％になると、カーンは説明した。学ぼうという意欲がある若者は、いまやカーンのプラットフォームを利用することができ、好きなだけ速く進めるし、なかにはすさまじい速さで進んでいるものもいる。

「もう天井はありません」とカーンはいった。

聡明な管理人

知的補佐は、ウェブサイト上に存在するだけではない。教育水準や才覚とは関係なく、多くの人々が標準的な適応曲線よりも上で暮らして——ひいてはそこで成功して——いけるようにするために、非凡な新しいやり方でＡＩをＩＡに変えられる携帯ツールもそうだ。

たとえばいま、サンディエゴにあるクアルコム本社に管理人として勤務するのがどういうものか、考えてほしい。ヒント——知的補佐のおかげで、それはナレッジワーカーの仕事になっている。クアルコムのスマート都市プロジェクトの製品マネジメント・ディレクター、アショク・ティピルネニが、その理由を私に説明した。クアルコムは、企業がビル内で起きていることをすべて把握できるように、改良型ワイヤレス・センサーをビルのあらゆる部分に取り付け、リアルタイムのノンストップ心電図かＭＲＩのようにして使う方法を教える、というビジネスを展開している。実演モデルを作製するために、ティピルネニはまず、サンディエゴにあるクアルコムのパシフィック・センター・キャンパスのビル6棟から手をつけた。屋内駐車場、オフィススペース、フードコートなど9万３０００平方メートルに、社員約３２００人がいる。電源内蔵型のクリップ式センサーを、ドア、ゴミ容器、洗面所、窓、照明システム、冷暖房システム、冷却装置、ポンプに取り付け、あらゆるデータを送信させる。受信機がデータをすべてスーパーノバにアップして、保存し、分析し、ビルのメンテナンス・チーム向けの知的アドバイスに変える。「壁の一部を壊す必要などありません」とティピルネニはいった。

この初の実演は、大幅な節約になった。どこがもっとも大きく節約できるかを、ラボ同士が競った。「ラボのパソコンがエネルギー使用の大きな部分を占めていることがわかりました。6棟で使われていないパソコンをスリープモードにするだけで、年間約100万ドルが節約できる――そんな簡単な解決策［が見つかったこと］は衝撃的でした」ティピルネニはいう。「データはそういうインサイトを私たちに教えてくれます――じつにすばらしいことです」

しかし、データをすべてタブレットに連動させ、メンテナンス・チームに1人1台を支給すると、もっと面白いことが起きるようになった。電気回線がショートしたり、バルブがあけっぱなしになっていたりすると、すぐさまそれがタブレットに表示される。そして、なにか異変が起きたときには、タブレットがすかさず修理マニュアルを表示する。なにかが壊れるか、漏れて、メンテナンス・チームが修理方法を知らなかったときには、タブレットで現場の写真を撮る。「このビルのこの部分が、4階のパイプとつながっているということを、システムが知っています。その階に修理担当が割りふられ、行って修理するようにという許可がおります」ティピルネニは説明した。「壁のどこの裏側に問題のパイプがあるかを、機器が正確に知っています」だから、当てずっぽうで壁に穴をあける必要はない。「時間とお金が節約でき、もっとも効率的なやり方で、必要なものだけを使えばいい。対症療法で浮いた時間を、根本的治療を行なうのに使えます」

クアルコムはいま、こういったクリップ式センサーを、サンディエゴ本社のビル48棟すべてに取り付けている。ビルのメンテナンス係は突然、「データ・エンジニアに変身し、彼らも張り切っています」とティピルネニはいう。彼らはデータを「自分たちが理解して行動しやすいように精選しました」。以前は施設の管理マネジャーが、ビルを眺めて、「漏れがあれば、だれかが電話してくるだろう。そうでなければ、この目で見てわかる」といった。かつては受身で、なにかが起きてから反応した。ティピルネニによれば、いまでは、「漏れが起きてトラブルになる前に、漏れそうな場所を指摘する信号やデータを見るようにと、メンテナンス要員を訓練しました。どういうデータを見ればよいのか彼らは知らなかったので、センサーのデータの意味をわかりやすくするのが、私たちにとっての課題でした。大量のデータをむやみに送って、〝自分たちで突き止めろ〟というようなやり方は避けました。〝きみたちが使えるような情報をあたえる〟というのが目標でした」。

「認識負荷が大きすぎてはいけません」ティピルネニはいう。「テクノロジーでユーザーの認識負荷を和らげなければならないのです。全員が専属の補佐を必要としているので、補佐をつけます」

メンテナンス・チームはいままでは、管理人ではなくビル技術員になったと感じている。「彼らは、地位が高まったと感じています」ティピルネニはいう。「インターフェイスに、大喜びしています」

最高だったのは「4カ所の都市から職員40人が実演を見に来たとき、メンテナンス要員の何人かがそれを説明したことです。自分たちが学んだことを彼らが見せたので、市の職員たちは感動しました。ほんの数カ月で、彼らは自信を持って説明できるようになったのです」。

知的補佐には、そういう力がある。

知的アルゴリズム

加速の時代に仕事の世界で知的アルゴリズムがきわめて重要である理由を、私が説明してもいいのだが、それよりも、マスターカードのコンピュータ・サーバー・エンジニアのラシャナ・ルイスが、どうやって仕事を得たかという物語を伝えたほうがよさそうだ。Opportunity@Workが主催した、いかに〝アメリカの労働市場を配線し直すか〟のパネルディスカッションで、私はラシャナと知り合った。

アフリカ系アメリカ人のラシャナは、イリノイ州イーストセントルイスに住む40歳の女性で、母親はシングルマザーだった（ラシャナを産んだとき、母親はまだ15歳だった）。「母は生活保護を受けていて、私たちは公営住宅に住んでいました。周囲の人たちもみんな生活保護を受けていました。家にはあまり物がなく、財産税が資金源の学校にコンピュータはありませんでした」でも、ラシャナは幼いころから、「壊れたものを直すのが得意」だった。家のなにかが壊れると、トースターから流しまでなんでも自分で直した。高校に上がると、コンピュータがあったので、コンピュータ科学の授業を受け、同級生に教えるようになって、教師の目に留まった。教師が、「あなたは大学へ行ってコンピュータを学んだほうがいい」といった。ラシャナはミシガン工科大学の奨学金を得たが、それだけではやっていけずに3年半で中退し、学位は得られなかった。本来なら、1998年に卒業していたはずだった。

「それで家に帰って、コンピュータ関係の仕事を見つけようとしましたが、毎回はねつけられました」ラシャナはいう。「大学を卒業したかときかれ、嘘はつけないので〝いいえ〟と答え、結局、バンの運転手になりました。黒人の生徒に補助講座を受けさせるために、イーストセントルイスで私が通っていた高校と地元のコミュニティ・カレッジのあいだを送り迎えしていました。そこで、バンを運転していると、ある日、補助講座プログラムのコンピュータ科学の講師が辞めたんです。代わりをつとめないかときかれたので引き受け、1カ月たってから、フルタイムでつとめられないかときくと、〝大学を卒業していないかららだめだ〟といわれました。それで、私はがっかりして職業紹介会社へ行き、ヘルプデスクの仕事をもらいました」そこで10年間働き、私のようななにも知らない人間に、パスワード変更のやり方などを教えた。

ラシャナがセントルイスのウェブスター大学のヘルプデスクで働いていたときに、運が巡ってきた。同僚や教職員が、ラシャナの才能に気づいたのだ（ラシャナはＩＴチームと技術者の助手として、よくつきあっていた)。ある日、ラシャナがウェブスターのコンピュータ再教育講座を受けているると、新しい知的補佐──LaunchCode.org(ローンチコード)──のことを知った教授が、それを試してみてはどうかと勧めた。ローンチコードの目的は、「オンラインと自分のコミュニティで最高の資源を見つけて、テクノロジー関連の仕事ができるようにすること」だった。「資格をとるためにあくせくする必要はありません。あなたの可能性を見せてください。ローンチコードの見習い制度にオンラインで登録すれば、あなたのスキルとテクノロジーへの情熱を向上させ、指導者と組み合わせ、進度をフィードバックします」と謳っていた。「ローンチコードは、あなたと企業500社をマッチングさせます。有給の見習い期間は、通常12カ月です。経験豊富な開発者から学んで、その仕事のスキルを磨いてください。見習い期間終了後、10人のうち9人が、フルタイムで雇用されています」

ラシャナは2014年6月にローンチコードに登録し、その年の9月にセントルイスのマスターカードに見習いとして雇われ、11月にフルタイムのアシスタント・システム・エンジニアに昇進し、クレジットカード会社の巨大サーバー・ネットワークの管理を支えた。2016年3月に、システム・エンジニアに昇進した。

そして、目を輝かせて、ラシャナは私にいった。「いまも学士号は持っていません」

アメリカには、ラシャナのように大学に進学しても卒業できなかった人々が、約350

0万人いると推定されている。その3500万人の学んだことを評価し、利用する方法を見つければ、アメリカに絶大な利益をもたらすはずだ。じっさいになにを知っていて、なにができるかではなく、学歴を目安にし、学位の有無でふりわける現在の二進法システムを、私たちはつづけていくわけにはいかない。知的アルゴリズムとローンチコードのようなネットワークの登場で、雇用主は従業員を確実に評価できるようになった。これは人々をふるいにかけてシステムから除外するのではなく、システムに取り入れる仕組みなので、利用されていない人材を掘り起こすことが期待できる。

ラシャナはいう。「仕事ができる人間が、仕事を得るべきです」

さいわい、知的アルゴリズムと知的ネットワークが登場して、新しい社会契約を可能にしている。特定の雇用主が求めているスキルを持つ人々はほんとうに多いのだが、評価の対象となる伝統的な資格を持っていないことがある。そういうスキルを学びたい気持ちがある人々も多いのだが、具体的なスキルや、学習プラットフォームの利用法がわからないことがある。型破りなために、従来の政府の支援ローンが受けられないプラットフォームもある。新しい仕事のスキルを備えているか、そのスキルを身につけたいという野心のある従業員を抱えている雇用主もいるが、そういう従業員を見分けるのは難しいし、ほとんどの雇用主は、彼らにオンライン訓練のチャンスをあたえるような取り組みをしていない。そういったスキルを教えるのがきわめて上手な学校もあるが、どの学校が最高なのかをだれも見分けられない。

バイロン・オーガストは、「労働市場のそういう欠陥を克服する」ような知的アルゴリズムをもっと開発して、もっと多くの人々を仕事につけ、経済と社会にもっと貢献するように、彼らの才能にふさわしい働き方をさせるべきだと唱えている。機械やロボットがいくら増えても関係ない。この知的アルゴリズムとネットワークは、〝オンライン人材プラットフォーム〟と呼ばれている。

労働の梯子の頂点では、専門的な職業に属する人々が、すでにグローバルな知的アルゴリズムを利用している。プロフェッショナル向けソーシャル・ネットワークのリンクトインがそれに当たる。だが、現在、リンクトインの創業者たちは、グローバルな〝エコノミック・グラフ〟を創出して、その知的アルゴリズムを全世界に拡大しようとしている。どうやってやるかを、ジェフ・ウェイナーCEOが、会社のブログで説明している。

リード・ホフマンをはじめとするリンクトインの創業者たちは、おおぜいの人間がプロフェッショナル・ネットワークの価値を活用するためのネットワークを創出し、〝友だちの友だちの友だち〟までその関係を図示できるインフラを開発した。それによって、世界最大のプロフェッショナル・グラフの原型を提供した。

世界中のすべての経済的機会［すなわち雇用］を（フルタイムも一時雇用も）デジタル

化して明示することで、このプロフェッショナル・グラフをエコノミック・グラフに変えるというのが、現在の私たちリンクトインの長期の構想だ。経済的機会を得るのに必要なスキル、その機会を提供している世界中の会社向けのプロフィール、世界の労働力約33億人全員のプロフェッショナルとしてのプロフィールもそこに示される。これらの個人と会社のプロフェッショナルとしての知識を、「個々のプロフェッショナルが専門知識や経験をだれとでも共有できるように」その〝グラフ〟に重ね合わせる。

リンクトインのグローバル・グラフのような知的ネットワークに、だれでもアクセスでき、どういうスキルの需要があるのか、利用できるのか、オンライン講座で提供できるのかを、たしかめられるようになる。編み物、編集、ガーデニング、配管工事、エンジン修理など、なんでも教えられるかもしれない。より多くの人間が、専門知識を他人に提供するよう勧められ、そのための市場が大きく膨張する。

ウェイナーはなおもいう。

エコノミック・グラフの存在によって、特定地域のどこに仕事があるかがわかり、その地域でもっとも急成長している雇用を見分けられる。その仕事を得るためのスキル、そこの既存の労働力集団のスキルもわかり、格差がどれくらい大きいかを測ることもできる。

さらに重要なのは、現地の職業訓練施設や短大にデータを提供できることで、そういった教育機関は求職者向けにジャスト・イン・タイムでカリキュラムを提供し、その地域における過去の雇用ではなく、現在と未来の雇用に応じるのに必要なスキルを身につけさせることができる。

それとはべつに私たちは現在の大学生たちに、大学の先輩たちの仕事の軌跡を見せることができる。どこの会社にいて、どの地域にいて、どういう役職についているか、といったことを。

ためしにlinkedin.com/eduを見てみよう。リンクトインは、労働者1億人のデータベースを研究し、さまざまなプロフェッショナル分野の一流企業に、どこの大学の卒業生が多いかを調べあげた。意外に思うかもしれない。会計？　ビラノバ大学とノートルダム大学。マスコミ？　ニューヨーク大学とホフストラ大学。ソフトウェア開発？　カーネギー・メロン大学、カリフォルニア工科大学、コーネル大学。希望する仕事が配管工でも外科医でも、どの学校の卒業生が一流企業で増えているかを知ることには価値がある。

リンクトインは、すでにいくつかの都市を試験台にして、グラフ作成に取りかかっている。いつの日か、全世界を網羅するそういうアルゴリズムの創出に成功したら、ものすごく貴重な業績を達成することになる。しかし、労働市場の半分は、リンクトインのプロフェッショナルたちのようにネットワーク化されていないし、そこにどうやって知的ツールを提供するのか？　リンクトインの共同創業者リード・ホフマンが、知的アルゴリズムの1つであるOpportunity@Workの主な支援者であることが、その答えになっている。バイロン・オーガストとカラン・チョプラが共同代表をつとめるOpportunity@Workは、労働市場の底辺を改善しようとしている。ラシャナ・ルイスはまさにそこから現われたわけだし、そこにはかなり大きな〝人材裁定取引〟のビジネスチャンスが存在する。自力でスキルを開発したラシャナのような人々は無数にいるが、雇用主が雇う目安として慣れ切っている資格や優秀賞のバッジや学位を得ているとは限らない――現在は自力で学ぶ機会がいくらでもあるのに、雇用する側は古い尺度を捨てられないのだ。

Opportunity@Workは、テクノロジー関連の仕事を効率よくこなす人材が不足していて、雇う用意がある――あるいはなんとしても雇いたい――雇用主を支援する知的ネットワークを、コミュニティ・レベルで創出するという取り組みで、この問題を解決しようとしている。大学の学位には必要なスキルがともなっていないという雇用主は多いが、学位を選別ツールとして使うかぎり、そういうスキルを持っている人材を見落としてしまう。たとえそういうスキルがあっても、その証明とされている卒業証書、学位、優秀賞のバッジを持っていないからだ。

ＩＴシステム管理者かウェブ開発者のスキルを備えている人間に、学歴やプロフェッショナルとしての経歴がない場合、Opportunity@Workは、TechHire.orgのプラットフォームを使ってテストし、さまざまなテクノロジー関連の職業のスキルを修得していることを示す資格証明をあたえてから、適切な企業もしくは適切な訓練と結びつけて、よりよい収入や学習を受けられるようにする。

「私たちは、過去の履歴ではなく現在の専門技能をもとに雇用する方向に進まなければなりません」チョプラは主張する。「学習曲線の傾きを急にすることは可能ですが、学習と得たスキルが労働市場で認められなかったら、意欲も報酬も生まれません」現在はほとんどの企業が、全員の最良の点をもっとも有効に利用できるような学習とマッチングのソフトウェアではなく、学歴を基準にして求職者をふるい落とすソフトウェアに投資している。

それがどれほど馬鹿げているか？　２０１５年のバーニング・グラス・テクノロジーズによる労働市場調査が、興味深い重要データを示している。企業幹部の秘書やアシスタントの新規募集の65％が学士号を要求しているが、現在そういう職種で働いているなかで「学士号を持っている人間はわずか19％」にすぎない。つまり、現職の秘書の5分の4は学士号を持たないので、すでにきちんとこなしている仕事分野の3分の2で、雇用される資格がないことになる。

雇用主は実質的に、次のようにいっていることになる。きみは学士号を持たずにいま秘書として働いているわけだが、転職したいときには、べつの雇用主に採用するかどうかを検討してもらうことになる。だが、その前に仕事を辞めて、8万ドル借金して学位をとり、それから、すでに何年もやってきた仕事につくために、面接を受けなければならない。アメリカの労働市場にようこそ。そこでは、バーニング・グラス・テクノロジーズが指摘しているように、「雇用主が学士号を条件にして基準を高くしているために、求職者の多くが中スキルで中級の職業から締め出されるという憂き目を見ている」。職種や本人の能力とは無関係かもしれないのに、学士号が資格バッジになっているのだ。

Opportunity@Workがネットワークを通じて創出しようとしているのは「人的資本の新しい需要シグナル」にほかならないと、オーガストはいう。そのシグナルは、「この状況でこの水準の仕事ができる人間は、だれでもやってみなさい。どうやってそれを学んだかは問わない。私たちは学歴ではなく専門技能を見て雇う――全員が特定の仕事を得られるとは限らないが、だれでも試すことはできる」と伝えている。そして、あなたに欠けているスキルがあれば、こういう地元の学校や学習プラットフォームがあるから、自分の時間にそれを補えばいい。

現在は、そういうプラットフォームを構築する意欲のある雇用主がいない。だから、Opportunity@Workやリンクトインのような集団が、うまくいく仕組みをみんなに示すような知的ネットワークを創出しなければならない。1人が雇用を勝ち取り、1000人が敗者になる現在のシステムでは、膨大な人的資本が無駄になる。加速の時代には、それは政治的にも危険だ。大多数の雇用主が、履歴ではなく実証されたスキルをもとに雇うように仕向け、先見の明のある雇用主を学校、コーチ、指導者と結びつけて、もっとも需要の高いスキルに対応するようにできれば、労働市場を大きく変えられると、チョプラとオーガストは確信している。

コミュニティ・カレッジの理事にしてみれば、こういった知的ネットワークは、雇用主がなにを求めているか、どういうスキルを教えるべきかを知る絶好の方法だ。それによって、知的ファイナンスにイノベーションをとりいれられると、オーガストはいう。たとえば、低収入の才能ある学生の〝コーディング・ブートキャンプ〟では、15週間の指導料と生活費に、マイクロ・エクイティ投資を割り当てる。ソフトウェア開発者として就職できたときにはじめて、それが負債に転換される。現在の公的・民間奨学金の時代遅れの枠組みを、もっと個人中心で才能を基本とし、親切の輪を広げていくペイ・イット・フォワードなローン方式へ変えることができれば、雇用機会を増やし、スキルのミスマッチを解決し、膨大な価値がある人的資本を掘り起こすことができる。教育機関や雇用主が需要の多い職務の人材を確保するために、自己資金を投資して学生に給料を支払うという仕組みができる。

「アメリカの機関は、かなりの時間をかけて、金融資本のリターンを最適化する方法を模索してきました」オーガストはいう。「そろそろ人的資本のリターンの最適化を考えはじめる時期です」

革命の訪れ

本書では一貫して、テクノロジーがプラットフォームから次のプラットフォームへと、1歩ずつ上昇していることを強調してきた。だが、すべてのプラットフォームが平等に創られるわけではない。また、私たちの最後の2歩――接続を高速に、無料に、簡単に、どこにでもあるようにした1歩と、2007年ごろに複雑性を高速に、無料に、簡単に、そして見えないようにした1歩――が、人間、機械、集団、フローのパワーの基本的な転換点になったというのが、私の論旨でもある。この転換点は深い部分まで関わっていて、産業革命以来ずっと私たちがなじんできた職場を根本からバラバラにして、同業組合中心の職場を崩壊させた。スーパーノバのおかげで、職場はグローバル化され、デジタル化され、ロボット化された。私たちが経験したこともない速さ、範囲、規模で、そうなった。このプロセスの影響を受けていない職種は考えられない。だから、仕事に向くように人々を教育し、仕事場で人々を組織し、最後の2歩がもたらしたあらたな現実に人々が適応するのに手を貸す方法を考えなければならない、という基本的な難題が持ちあがった。

現在の実入りのいいミドルクラスの仕事――アウトソーシング、自動化、ロボット化、デジタル化できないもの――は、科学《サイエンス》と技術《テクノロジー》と共感《シンパシー》を合わせた〝ステンパシー〟とでも呼ぶべきものになるだろう。テクノロジーと対人関係のスキルの両方を利用する能力が求められ、それで報酬が得られるような仕事だ。複雑な演算と人間（あるいは動物）の心理を組み合わせ、ワトソンと話をする。癌だと診断して、患者の手を握りながら、それを伝える。搾乳はロボットにやらせるが、とくに世話を焼かなければならない牝牛をやさしくなでて面倒も見る。

「19世紀には、アメリカ人の大半が国内にいて、戸外で動物や植物を相手に働いていた」《アメリカン・インタレスト》2013年5月10日号に、〝雇用危機：考えられているよりも深刻〟と題する小論で、ウォルター・ラッセル・ミードは述べている。

20世紀には、アメリカ人の大半が、オフィスで書類仕事をやるか、工場で機械を相手にしていた。21世紀になると、大半が人と協力して働き、お互いの生活を向上させるサービスを提供している……

人間対モノではなく、人間対人間の仕事に本来あるべき尊厳を、私たちは見つけなければならない。他人と交わって、相手の望みや必要を理解し、自分のスキル、知識、才能を駆使して、相手が支払える値段で、相手が望むものをあたえるのが、正直な仕事だということを、認識する必要がある。

仕事はもっと〝手から頭に、そして心に〟移り変わっていくだろうというダヴ・サイドマンの主張が正しいと思う理由は、そこにある。「心ができるあらゆる事柄」にまつわる仕事は増えるだろうと、サイドマンは説明している。「機械は確実な相互運用が可能だが、人間には深い信頼を築けるという特徴がある」いまも私たちは人間の手による労働を必要としているし、機械と協力して並外れた物事をやりつづけるだろう。テクノロジー革命は心とともに、また、心と心のあいだに、さらなる価値を生み出すことを人間に強いると、サイドマンは単純明快に主張している。

ここ数年のあいだにもっとも急な成長を遂げているアメリカのレストラン・フランチャイズは、お酒を飲みながら絵を描く教室を成人向けに提供している〈ペイント・ナイト〉だ。《ブルームバーグ・ビジネスウィーク》２０１５年7月1日号の記事によれば、〈ペイント・ナイト〉は、「趣味を持ちたがっている弁護士、教師、テクノロジー関係者を中心とする客に、退社後のパーティを用意している」。週に5夜、そこで教える美術教師は、人々の心をつなぐことで年間5万ドルを稼いでいる。

経済は人々が価値を創出する主な方法によって分類されると、サイドマンは指摘した。したがって、産業経済では「労働者を雇うことが重要だ。知識経済では頭脳を雇うことが重要になる。テクノロジー革命は、私たちを〝人間経済〟に押し込んだ。そこでは心を多く雇うことで、価値創出が拡大される――それが備えている情熱、個性、協力の精神などの特質は、いずれもソフトウェアにはプログラミングできない」。

21世紀のテクノロジー革命は、科学革命とおなじように必然の結果だと、サイドマンは唱えている。「それは私たちに、もっとも深遠な疑問——私たちが以前は一度も思い浮かべたことのない疑問——に答えるよう求めている。〝知的な機械が存在する時代に人間であることは、なにを意味するのか?〟」機械が思考で人間と競い合うような場合、人間をまたとない存在にしてくれるものはなにか? また、私たちが社会と経済の価値を創出しつづけるのを手助けするものはなにか? 答えは、機械にはぜったいに持てないもの、つまり「心だ」とサイドマンはいう。

最新の研究が、それを裏付けている。〝保育園で学んだことが、仕事で重要な理由〟と題する《ニューヨーク・タイムズ》2015年10月18日付の小論で、クレア・ケイン・ミラーが指摘している。「いまや機械にできるあらゆる仕事は——外科手術であれ自動車運転であれ調理であれ——明らかに人間の特質である1つのことが欠けている。機械には社会的スキルがない。しかしながら、協力、共感、柔軟性は、現代の仕事ではますます重要になっている」

強力な社会的スキルが必要な職業について、ミラーは次のように述べている。

最近の研究によれば、そういった職業は、1980年以降、他の職種よりもずっと大きく成長してきた。2000年以後も着実に賃金が伸びている職業は、認知と社会的スキルの両方が求められるものだけだ……

しかしながら、働き方の変化に備えるように学生を訓練するには、学校が教えているスキルを変える必要がある。従来の教育では、社会的スキルはめったに重視されることがなかった。

「機械はあらゆる物事を自動化しているので、人間の特質を知り、テクノロジーを補う、ソフトなスキルを持つことが重要になる。私たちの教育制度は、そういう仕組みになっていない」クレイトン・クリステンセン研究所共同設立者で教育を研究しているマイケル・ホーンはいう。

ミラーは、ハーバード大学の教育学と経済学の准教授で、この問題に関する研究を先ごろ発表したデービッド・デミングに相談した。ミラーの説明によれば、デミングの研究は、テクノロジー産業では「テクノロジーと対人関係を組み合わせた仕事が、急成長している」ことを示しているという。「たとえば、グループ・プロジェクトに協力できるようなコンピュータ科学者が求められている」ミラーは、労働問題が専門のMITの経済学者、デービッド・オーターの言葉を引用した。「テクノロジーのスキルだけでは自動化される確率が高いし、共感や柔軟性だけが備わっている人間はいくらでもいるから、高給はとれない。そのふたつが相互作用していることが高く評価される」

学習にとってなにが重要か

こういったことはすべて、教育と学習にきわめて大きい影響を及ぼす。ビジネス戦略家のヘザー・マゴーワンがいうように、ムーアの法則とデジタル・グローバリゼーションの加速はいまでは、「仕事が職と分離され、仕事と職が企業と分離されて、その多くがプラットフォーム化している」段階に達しているという。

それはどういう意味なのか？　マゴーワンは説明する。「職とは、個人が雇われて契約に縛られることで、かつては製品やサービスを大規模に生産するのに、もっとも効率的な手段でした」そして、すくなくとも2世紀にわたり、私たちは〝職〟と呼ばれるもののほとんどすべてを、〝企業〟という容器《コンテナ》のなかでやってきた。マゴーワンはつづける。「産業革命から発展した私たちの仕事環境は、製造ラインのように組織化されていました。ですから、そういうたぐいの仕事――特化した専門職――を人々がやれるようにする学習システムも、同様に組織化されていたのです」

しかし、加速の時代が定着すると――そして、ムーアの法則がすべてをデジタル化し、供給、デザイン、製造のすべての要素を分離させてグローバル化すると――職という概念そのものが変容しはじめた。

「複雑でなおかつデジタル化できる仕事の場合、分離したサブコンポーネントを、最低のコストの供給者によって世界のどこでも実行できるようになりました」マゴーワンは説明した。社内と社外でたちまちプラットフォーム——アップワークやタスクラビット、ウーバー、アワリー・ナードなど——が出現し、「細かく分離された仕事の生産が可能になりました」。

マゴーワンが、〝仕事が職と分離された〟というのは、そういう意味だ。仕事の生産はもう職を収めるコンテナを必要としない。どこでもやることができる——「また、職と仕事は、一企業から分離されています。だれでも、どこでもやることができます」

ハーバード大学の経済学者のローレンス・カッツと、プリンストン大学の経済学者、アラン・クルーガーの2016年の研究で、「過去10年間の総雇用増加の94%が非典型就業《オルタナティブ・ワーク》に分類されることがわかった」とクルーガーは述べている。「また、60%以上が、インディペンデント・コントラクター、フリーランス、会社の契約社員「の増加」による」だからこそ、ヘルスケアを雇用と切り離そうとしたオバマケアのようなプログラムは、きわめて重要になっている。

「かつては雇用が労働者の生産管理のもっとも効率的な手段であり、企業が価値創出のもっとも効率的な容器でした」マゴーワンは説明する。しかし、いまはそうではない。デジタル化によって、仕事を社内と社外でおなじように効率的にやれる、とマゴーワンは述べた。だから現在の躍動的な新しい会社の多くは、固定したコンテナ内で価値を創出するのではなく、たんなるプラットフォームのかたちをなし、自営の労働者がそのプラットフォーム上で価値を創出している。

もっとも顕著な例はウーバーだと、マゴーワンはいう。「昔ながらのタクシー会社は、資産にも負債にもなる自動車を多数保有しています。社員か固定的な契約労働者との人間関係も抱えています。ウーバーはそういった資産や負債を持たず、タクシーに乗る必要がある人々（顧客）と、自分の活動（運転）によって車を輸送手段として提供したいと考えている人々との取引を実現しています」

教育と学習にまつわるすべての議論は、こういう背景のもとで行なわれなければならない——さらにいえば、生涯学習が必要な理由の議論だけでは、生涯雇用を確保する基盤としてじゅうぶんではない。

「仕事が予想しやすく、変化の速度が一定していれば、現在の知識やあらかじめ定められたスキルを体系化して移し替えるだけで、その仕事をやる準備が整い、安定した労働力を配置することができました」マゴーワンはいう。「いまではテクノロジーとグローバリゼーションの幾何級数的な増大が重なって、変化の速度が加速しているので、人生のはじめの3分の1で受けた教育では、とうていじゅうぶんな学習とはいえません」大学の学部課程の知識の半分は、5年以内に時代遅れになる可能性があることを、数々の研究が示している——多くの学生は、学位をとるのにそのくらいかかる。マゴーワンはなおもいう。「人生の前半に画一的な学位を苦労して取得しても、10年とたたないうちに時代遅れになるおそれがあります――大学を卒業するために抱え込んだ負債を返済して、あらためて自分に投資する前に、そうなってしまうのです」

マゴーワンのお気に入りのいい方では、加速の時代には「学習のほうが知識よりもずっと重要になっています」。それが実情であるなら、「ものすごく魅力的な新スキルセットとは、知ることよりも学ぶことを重視する柔軟な考え方です。この考え方では、個人が一生学びつづけるのは当然だと見なされます。共感、社会的・感情的な知力、判断、創造性、多様な思考、起業家のような展望に力を注いで、適応しようとします。最近の研究では、5種類の産業、最高20種類の職種で、長い仕事人生が見込まれます」。

つまり、個人、政府、企業が、すべて適応しなければならない。「かつては模範的なスキルと知識を移し替えることで、労働者に仕事への準備を整えさせました――職人と見習いのあいだで」マゴーワンはいう。「その後、企業は労働者を雇って価値を生み出しましたが、たとえばフォードの場合は、成果ももたらしました。製造ラインで労働者に作らせた優れた自動車を労働者に売りつける能力があったからです」現在では、テスラの目標は車を製造して売ることだけではない。より優れた車を売り、あわよくばデジタル化されたデータ・フローからまったく異なる製品を生み出すために、たえずデータを収集して運転行動を知ろうとしている。「テスラ・モデルSの自動運転機能は、将来の自律運転車の安全性を高めるために、運転と経路に関する人間の相互作用からデータを収集しています。それによってGPSの精度を高め、よりよい運転モデルを研究できます」とマゴーワンは指摘する。

アマゾンがAIアシスタントのアレクサを売るのは、消費者をより賢く、迅速にするだけではなく、アマゾン自身を賢く、迅速にして、消費者がほしがっている本や衣服にくわえて、消費者が必要としているかどうか、ほしがっているかどうかがわからない新製品も売れるようにするためだ。

「これとおなじパラダイムシフトが、労働者にも起きなければなりません」マゴーワンはつづける。現在のもっとも高価値の労働者は、複雑になるいっぽうのタスクを引き受けられるだけではなく、そのタスクをやることで学び、そこから枝分かれした新しいビジネスチャンス、市場、製品、サービスを——自分たちと会社のために——創り出せる労働者だ。

だから私はいつも娘たちにいい聞かせる。私が大学を卒業したときには、職を探さなければならなかった——それをもう40年近くつづけてきた。でも、これからは、娘たちは職を創り出さなければならない。そして、変化のサイクルのたびに、創りつづけなければならない。新しい雇用機会はすべて学習機会と見なされなければならないし、新しい学習機会を活用して成果を新しい職に盛り込まなければならない。さまざまな職種がバスケットボールのジャンプボールのようになり、人間、機械、ロボットがボールをめぐって競争するような時代には、それに飛びつく意志と能力がなければならない。マゴーワンはさらに、最良の企業になれるかどうかは、製品やサービスのみではなく、売っている製品や相手にするすべての消費者から学んで、より多くの製品を作り、より多くの消費者を引き込めるかどうかに左右されると述べている。

そういうわけなので、現在の若者や大学生にきいてはならない質問が3つあると、マゴーワンは忠告している。それらの質問をすれば、彼らの考え方が凝り固まってしまうとともに、質問した人間が無知であることがばれるからだ。

質問その1：大人になったらなにになるつもりですか？「彼らがやることになるかもしれない仕事の多くが、まだ存在していないかもしれないのですから、これほど馬鹿げた質問はありません」とマゴーワンは説明した。

質問その2：専攻はなんですか？「高等教育機関が学生に、彼ら自身と彼らがこれから住むことになる世界の状況やリスク度合いや知識とは無縁の専攻を選択させる傾向が強まっています」マゴーワンは説明した。「学生は賞味期限がきわめて短い専攻に縛り付けられ、めまぐるしく変わっているのに、仕事の性質と企業の性質が、現在のようにめまぐるしく変わっているのに、あっという間に時代遅れになる観念や考え方に凝り固まります。奨学金の返済が終わる前に、はじめて就いた仕事や産業がなくなってしまう可能性があります」。

質問その3：仕事はなんですか？「これでは自意識が決まり切った役割に固着してし

まいます」マゴーワンはいう。「いまのように多くの産業が内部崩壊したり、変容しているとき、そういう自己認識では共倒れになりかねません」

マゴーワンは、〝大人になったらなにになりたいか？〟と質問するのは時間の無駄だと指摘する。それよりも、「大人になったらどんなふうになるか？」「大好きなことはなにか？」（進化する質問）、「大好きなことを生産的にするのに、どうするつもりか？」と質問すべきだという。つまり、大好きなことや目標を新規起業のビジネスチャンスに変えるにはどうすればよいのか？　職を見つけるだけではなく創り出すには、どうすればよいのか？　と問いかける。

またしても、教師が生徒にあたえ、親が子供にあたえる最高の贈り物は、〝物の考え方〟だという話に戻る。グローバルなフローにどう向き合うのか？　そこから学び、それに貢献するには、どう身を処すのか？　フェイク・ニュースやジャンクな情報を取り除いて、ほんとうの知識や事実を取り出す備えはあるのか？

いまは政治スペクトラムの右寄りもしくは左寄りのどこにいても、関係ない。重要なのは、開かれた－閉ざされた、学習好き－学習嫌いのスペクトラムのどこにいるかだ。

家族が必要

こういった数々の理由から、加速の時代によってかたちを変えられた新しい職場は、多数の新しい社会契約を必要とする。１つは雇用主と従業員のあいだの社会契約だ。雇用主は、求職者がひけらかす学歴ではなく、その求職者が間違いなくやれることを基準に雇うようにしなければならない。さらに、会社の枠組みで、生涯学習ができるような道すじをいくつも提供しなければならない。次は本人の自分自身との契約だ。雇用主が学習の機会を設け、授業料を援助してくれたら、その両方を利用する気概と動機を示さなければならない。自分の学習と絶え間ない再学習に、当事者意識を持たなければならない。この最後の点は、いくら強調してもいい足りないほどだ。結局は自分しだいなのだ――なにを学ぶかを見極め、じっさいに学ぶ。〝デジタル・デバイド〟はじきに消滅するはずだ。近いうちにほとんどの人間が画面とインターネット接続を操れるようになる。未来学者のマリーナ・ゴービスはいう。その世界では、大きな格差《デバイド》は「やる気の格差になるでしょう」。セルフ・モチベーション、気概、忍耐力のある人間は、無料もしくは低コストのオンライン・ツールで、一生ずっと創造し、協力し、学びつづける。宿題はやったのかと念を押す親がいなくなっても。

そして、こういう姿勢や価値観はダウンロードできない。昔ながらのやり方でアップロードするしかない――健全ないつくしみ深い地域やコミュニティに支えられ、できれば両親がそろっていることが望ましい。知的支援、知的補佐、知的アルゴリズムにできることは多い。しかし、子供に本を読み聞かせ、セルフ・モチベーションと気概と忍耐という価値観を植え付ける親のいる安定した家族が存在しなかったら、加速の時代に受ける重圧はいっそう強まる。

あらゆる物事が加速しているこの時期、リーダーシップの舵取りに些細な過ちがあると、国そのものが脱線しかねない。親の舵取りの過ちも、子供におなじような影響をあたえる。1人の人間からべつの人間へと、ゆっくり築いていくしかない昔ながらの物事が、いままで以上に重要になっている。

したがって、これまで述べてきたようなさまざまな理由から、教育者と学生のあいだにもあらたな社会契約がなければならない。大学が市場を見極めて、カリキュラムを修正し、適切な教授を雇い、新しいスキルを学生に教えるのを待つような辛抱強さは、いまの企業にはない。まして、新興のオンライン教育プラットフォームが、それを初日からもっと速く提供しているのだ。だれもが生涯学習を求めるような世界で、昔ながらの短大や大学がすたれないようにするには、教育者が、実行可能な速度と魅力的な価格帯で、オンデマンドの機動性を持たせて、そういう学習機会を提供する必要がある。最後に、政府と市民のあいだにも新しい社会契約がなければならない。生涯学習のための知的支援、知的補佐、知的ネットワーク、知的ファイナンスをすべての企業が提供し、すべての労働者が利用できるように、考えつくあらゆる規制改革や税優遇措置を設けなければならない。

ロボットが勝つのは、勝たせてやるときだけだ

私たちはいま、正確だとは思えない未来予想のとりこになっている——雇用の〝47％〟（なぜ48％ではないのか？）が、２０５１年までに失われるというのだ。当てになるものか、と私はいいたい。未来予想は、いずれにせよ、もっと控えめであるべきだろう。２０５２年までに雇用の48％が、もっと満足のいくかたちで作り直されたらどうなるのか？　もっと可能性の高い未来予想はいくらでもある。新産業、あらたなかたちの仕事、人間が自分の情熱を利益に変える新しい方法を生み出す、人間の工夫と意志の力を見くびってはいけない。

それよりも、いま私たちが目の当たりにしている労働者の完新世の終焉に涙する前に、新しい職場の明るい面も考えてみよう。適切な基盤を設置すれば、これが多くの労働者にとってじっさいに都合よく機能することを示すために、未来研究所のマリーナ・ゴービスはメモを書いた。そこには次のような記述がある。

> 労働者であるあなたが、自分のスキル、能力、これまでに完遂した仕事の情報が載っているプラットフォームを使い、いつどうやって収入を得るかを決められるとしたら、どうでしょうか。収入機会を最適化できるような仕事と、シームレスに組み合わされることに

なります。そのプラットフォームかべつのプラットフォームが、収入を最大にする可能性があるか、あるいは自分が身につけたいスキルを学ぶのを手助けしてくれる学習機会へ導いてくれるとしたら、どうでしょうか。オフィスに出勤する必要はなく、自宅か近所にある共用の仕事場で働けばいい。社会との接続、コミュニティ、仕事を支えるのに必要なインフラが提供されるような場所で。社会のセーフティ・ネット――あらゆる社会保障の給付金――が、雇用主とは関係なく、持ち運べるような世界を想像してみてください。プラットフォームや組織とは独立して、賃金を得るために働くとき、給付金の原資は個人の社会保障口座に積み立てられます。この新しい生態系の一部は、すでに形をなしはじめていますが、まだまとまりがなく、欠陥や過失が見られます。

２０１７年夏、10年前にカリフォルニアで新しい〝プラットフォーム〟の企業2社が出現したと、私はコラムに書いた。大きく取り上げられていたのは、なんといってもウーバーだった。ウーバーは携帯電話の画面に触れるだけで、タクシーを呼び、運転手に指示し、料金を払い、運転手を評価するプラットフォームを創り出した。車を持っている人間はみんな、空いた時間にタクシー運転手になれるので、あっという間にひろがった。しかし、最終目標は自動運転車だと、ウーバーは明言している。もう1社はＡｉｒｂｎｂだ。世界中の人々が空いている寝室を赤の他人に貸すのにＡｉｒｂｎｂを使うのは、それがきわめて効率的な信頼のプラットフォームを築いたからだ。Ａｉｒｂｎｂは急成長し、いまでは年間の貸し部屋数が、ヒルトン・ホテル・チェーンに匹敵するほどになっている。

だが、ウーバーが自動運転車を熱望しているのに対し、Ａｉｒｂｎｂにはべつの目標がある。私が自主独立型人間と呼ぶものに可能性をあたえることだ。だから、５年後もＡｉｒｂｎｂが世界最大の一般家庭の部屋レンタル・サービスであるとともに、世界最大の雇用プラットフォームになっていても、意外ではないだろう。Ａｉｒｂｎｂはひそかに信頼のプラットフォームを拡大し、人々が空いた部屋を貸すのを可能にするだけではなく、そういった人々が好きなことを専門的な職業に変えられるようにし、自主独立型人間に力をあたえる方向を目指してきた。

部屋を貸す人々が、カスタマーに次のような話をしたことが、きっかけだった。「部屋を気に入ってくれたかな。ところで、私は料理も得意なんだ。あなたのためにディナーパーティをひらいてあげてもいいよ」あるいは、「私はアマチュア歴史家なんだ。街を案内してあげようか?」こういうトレンドが、いま羽ばたこうとしている。

「私たちは庭をこしらえて、１つの植物を植えました——それがホーム・シェアリングです」サンフランシスコで朝食を食べながら、ブライアン・チェスキーが説明した。「そしていま、べつのものがその庭で育っているのを、私たちは目にしています」

なにが育っているかを見るには、Ａｉｒｂｎｂのウェブサイトへ行って、〝宿泊先〟ではなく〝体験〟をクリックすればいい。まるでバイキング料理のように多種多様なものが見られる。人々が好きなことを利益に変え、熟練の技術を第二の仕事人生に変えている。

その典型が、ルカ&ロレンツォのチームだ。とても感じのいいブロークンな英語で、彼らは説明した。「私たちは100%、イタリア料理が大好きです。子供のころからおばあちゃんといっしょに料理をしていました。好きな料理を長年やってきたので、ラベックスフードという会社を設立したのは当然でした」1人当たり152ドル、定員7人のフィレンツェ旅行を、彼らは企画している。「街の外の森にある古い家で、パスタを粉からこしらえます。庭には香りのいい植物が植わっています。有名なキャンティのワインを生産している山地にあります」

ハバナのリー・マービンは、1人当たり35ドルで、5人までを近所でやる3対3のバスケットボールの試合に参加させるツアーを組んでいる。〝クリスティーナ〟が7月18日にマービンのサイトに投稿し、「ティーンエイジの息子をこれに参加させ、旅行中最高のアクティビティになりました。午後8時に終わる予定でした。でも、息子は大歓迎されたと感じて、バスケットボールが終わったあとも、マービンと彼の仲間と、何時間かぶらぶらしていました。それぞれの暮らしのことを知り、ジョークをいい、スポーツの話をして、強い絆ができました。キューバの文化にすっかり夢中でしたよ」と述べている。おまけに、キューバ人は175ドルからAirbnbの手数料を引いた金額を手に入れる。

チェスキーは、Airbnbの〝体験〟は、ホーム・シェアリングよりも大きくなる可能性があると考えている。私もそう思う。

「人々の最大の資産は、家ではなく、彼らが持っている時間と潜在力です――私たちはそれを解き放つことができます」チェスキーは説明した。「使われていない家があり、使われていない才能があります。どんな新しいインフラを建設する必要があるかを問うのではなく、まだ解き放たれていない趣味や技能を探すほうがいい。大量の経済アクティビティをいま解き放つことができているのですから、これは数百万人の起業家を解き放つでしょう」

まだ35歳のチェスキーはいう。「私が引退するときには、Airbnbは世界中で1億人の新起業家を生み出したといいたいですね」それがだめだというほうには賭けたくない。なぜなら、世界には熟練の職人や趣味に長じた人々がいくらでもいて、解き放たれるのを待っているからだ。だが、アメリカでは、国の雇用に関する議論において恐怖が先走り、想像力が貧しい――なぜなら、「私たちが注意を集中している物事はすべて、消え去ろうとしている」からだと、チェスキーはいう。「これから現われる物事に、私たちは集中しなければなりません。人間が人間のために創造することがなに1つなく、機械だけが創造する最初の時代に生きている、などと思ってはいけません。そんなことはありえないのです。ただ、私たちはそういう人間の物語を、まったく語らなくなってきています」

Ａｉｒｂｎｂのようなプラットフォームだけが、アメリカのミドルクラスの難題の答えだろうか？　もちろんそうではない。答えは１つではない。それが肝心な点だ。１９５０年代と60年代のような幅広いミドルクラスをあらたに作るには、50の正しいことをやらなければならないし、Ａｉｒｂｎｂのプラットフォームは、そのうちの１つにすぎない。チェスキーは結論を述べた。「大半の企業が従来やってきたのは、望みの物を作るために、天然資源を掘り起こすことでした」現在の新プラットフォームは、「私たちが望む人々になるために」人間の可能性を掘り起こすことだ、という。

要するに、９時から５時までという古い労働の時代を懐かしんで嘆いてはいけない。それは去り、二度と戻らない。しかし、移行がはじまったら、道のりは険しいだろうが、新しいものであるＡＩと、つねに変わらず、これからも変わらないよいもの――セルフ・モチベーション、思いやりのある大人や指導者、興味をおぼえたり野心を抱いたりした分野での練習――をうまく組み合わせることができれば、その先にはもっといい公平な職場がある可能性が高いと、私は確信している。

２０１４年の新学期がはじまる直前に、ギャラップは就職してから5年以上たった大卒者を対象とする大規模な調査の結果を発表した。次のような疑問の答えを出すための調査だった――充実した経歴で熱心に働く社員を生み出すのに、大学や理工系大学院での経験で、なによりも役立ったことはなにか？

「どういう大学へ行ったのかが重要だろうと、私たちは考えました」ギャラップの教育部門のエグゼクティブ・ディレクター、ブランドン・バスティードは、私がその調査についてコラムを書いたときに語った。「しかし、どういう教育機関であるか——公立か、私立か、名門校かどうか——は、長期的な結果には関係ないとわかりました。大学教育をどのように受けたかが、もっとも重要でした」

そして、100万人を超えるアメリカの大卒労働者、学生、教育者、雇用主を対象とする調査で、2つの経験が注意を引いた。成功を収めている学生は、メンターとして学生の志望に真剣に興味を抱く1人もしくは複数の教師に出会っていたことと、大学で学んだ内容に関係のある仕事で実習生《インターン》だったことだ。バスティードはいう。熱心に働く社員はかならず、職場で成功している理由として、〝学生を1人の人間として気にかける〟教授や、〝学生の目標や夢を激励する〟メンターに出会ったから、あるいは、〝大学で学んだことが応用できるような実習〟を経験したから、と答える。こういった労働者は、「仕事に熱心に取り組んで、かなり満足のいく状態で成功する可能性が2倍ある」ことがわかったと、バスティードは述べた。

それが瓶に詰められたメッセージだ。

著訳者紹介

トーマス・フリードマン（Thomas L. Friedman）

ニューヨーク・タイムズ紙外交問題コラムニスト

1953年ミネソタ州生まれ。ブランダイス大学卒業後、オックスフォード大学で修士号取得（現代中東研究）。UPI通信に入社し、1979年から81年までベイルート特派員。その後ニューヨーク・タイムズ社に移り、ベイルート、エルサレム両支局長を歴任。その間、ピュリツァー賞を2度受賞。89年に帰国し、ホワイトハウス担当首席記者を経て、95年からニューヨーク・タイムズ紙の外交問題コラムニスト。2002年、テロ問題に関する執筆活動により、3度目のピュリツァー賞を得る。著書に、全米図書賞を受賞した『ベイルートからエルサレムへ』、世界的ベストセラー『レクサスとオリーブの木』、『フラット化する世界』、『グリーン革命』などがある。

伏見威蕃（ふしみ・いわん）

翻訳家。1951年生まれ、早稲田大学商学部卒。ノンフィクションからミステリー小説まで幅広い分野で活躍中。ボブ・ウッドワードの『RAGE　怒り』『FEAR　恐怖の男』『ブッシュの戦争』、トーマス・フリードマンの『フラット化する世界』など訳書多数。

本書は2018年4月に日本経済新聞出版社から刊行
された同名書に序文を追加し、文庫化したものです。

日経ビジネス人文庫

遅刻《ちこく》してくれて、ありがとう㊤《じょう》
常識《じょうしき》が通《つう》じない時代《じだい》の生《い》き方《かた》

2021年2月1日 第1刷発行

著者
トーマス・フリードマン

訳者
伏見威蕃
ふしみ・いわん

発行者
白石 賢

発行
日経BP
日本経済新聞出版本部

発売
日経BPマーケティング
〒105-8308 東京都港区虎ノ門4-3-12

ブックデザイン
鈴木成一デザイン室

本文DTP
アーティザンカンパニー

印刷・製本
中央精版印刷株式会社

Printed in Japan ISBN 978-4-532-19996-8

本書籍に関するお問い合わせ、ご連絡は下記にて承ります。
https://nkbp.jp/booksQA